本书为上海市哲学社会科学规划青年课题"长三角地区特色小镇推进模式研究"（2017ESH007）和国家社科基金重大项目"构建全民共建共享的社会治理格局研究：聚焦人口流入型地区"（15ZDC028）的阶段性成果。

城乡融合发展丛书·镇域研究系列 ｜丛书主编：熊万胜

特色小镇

C h a r a t e r i s t i c   T o w n

李宽 ◎著

社会科学文献出版社
SOCIAL SCIENCES ACADEMIC PRESS (CHINA)

总序 中国社会一体化进程中的区域
差异与"城乡社会"的谱系

一 中国社会区域差异形成机制的历史性转变

作为一个幅员辽阔且人口众多的超大型社会，中国社会形态的区域差异始终是明显的。一个值得注意的现象是，中国社会形态的区域差异的形成机制已经发生了历史性的转变。

传统的区域差异是由于区域分隔或者说联系不够造成的，各个区域基于自然地理和历史文化的互动，形成了区域社会形态的千姿百态。各个区域社会相对独立，人们不需要知道远方的事情。虽然也有中心－边陲或者沿海－内地的区分，但这种区分是一个外在的统治者或者观察者赋予的，当地人民很难有感受。今天，在传统的区域差异的基础上，又形成了一种新的区域差异，这种区域差异不是由于区域分隔，而是由于中国社会的区域一体化。区域差异化作为区域一体化的辩证后果不断地被创造出来。差异化不再是一体化的对立面，而是产物。就好像全球化的过程中也促生了区域性的国际组织一样。传统的区域差异是由于各个区域自成一体，现代的区域差异是由于它们属于某个整体的不同部分。我们把传统的差异称为分隔性差异，把后者称为一体化差异。

之所以在一体化的过程中反过来会制造区域差异，根本上是因为所谓一体化恰是一种对于区域空间的社会建构过程，这种社会建构不可能是空间均匀的。如果是资本主导的，它要考虑投入产出在不同区位上的效率，如果是权力主导的，权力的施用会讲究在不同地方的轻重缓急。当代中国一体化差异的根本动力机制是市场化，在这个基础上产生了工业化和城市化，继而，作为一种反作用力，国家的行政干预也成为制造区域差异的一种因素，尽管它的初衷可能是为了减少区域差异。

二 一体化差异与"城乡社会"的形成

社会学或人类学对于分隔性差异的研究比较充分，对于一体化差异关注得还不够。经济学家对于一体化差异一直很关注，形成了专门的区域经济学来加以研究。地理学是研究区域差异的主要学科，人文地理学或者经济地理学对于分隔性差异或者一体化差异都很关注。当我们关注分隔性差异的时候，就形成了区域研究或者区域比较研究的研究领域，如果关注的是一体化差异，那么就要将区域比较研究进一步推进到一个"区域关系研究"的视域中。"区域关系研究"视野和"区域比较研究"视野的主要差别，在于前者始终要关注区域之间的联系。比如，如果从区域比较研究视野来研究关中和江南，会分别提出关中社会和江南社会的类型，但不必考虑它们之间的联系，但在区域关系研究中，区域社会形态总是在一个谱系中被界定的，因为我们关注的区域社会差异主要是一体化差异。

从一体化差异的角度来建立区域社会形态的谱系，有多种维度或者角度。第一种是人口流动的方向。在这个维度上，我们可以观察到大范围的区域社会差异。由于经济发展水平的不同，引发了人口的流动，形成了大范围的人口流入型社会和更加广大的人口流出型社会，当然，也有一种流入－流出比较平衡的社会形态。在人口流入型社会中，我们看到了活力，也看到了人群冲撞之中的社会组织化，或者本地政府在短暂混乱之后展开的强力社会治理。而在人口流出型社会中，我们更多看到的是衰败和精英流失之后的无序，接着就出现了某些势力或者国家权力的独大。第二种是城乡关系的紧密程度。用吉登斯的理论来说，城乡关系之间存在一种控制与资源的辩证法。在一种稳定的状态下，城市对于某处乡村控制越多，给予也就越多，反之相反。城乡关系的紧密程度与城乡之间的空间距离直接相关，距离城市越近的地方，乡村生活和城市生活也就越是融为一体，生活联接的紧密程度也是城乡关系紧密程度的重要方面。第三种是中央－地方关系，在整体性的中央集权体制中，中央政府对于不同地方的关注程度存在明显的差异，由此形成了特定的地方性体制与社会结构。比如边疆地区的社会形态和内地会有很大的不同。京畿地区或者大都市地区的社会控制力度也是其他常规地区不可比的。一国两制的制度中，又允许一些特区建立比较宽松的区域政治体制。另外，国家政策制定或执行中会有一个示范或者试点的过程，在全国各地形成了重重叠叠的"试验区"、"重点县"之类，这也是一种国家统一治理造成的区域差异。

在这三个维度中，我们团队目前最关注的是城乡关系的紧密程度，兼顾人口流动方向的维度。既然我们可以在不同的维度上对中国社会的区域差异进行解读，那么，也可以在不同的维度上对当代中国社会的一体化形态进行界定。比如我们在人口流动方向的维度上说中国是一个大流动的社会，在央地关系的维度上说中国是一个大一统的社会，而在城乡关系紧密程度的维度上，我们将中国看成一个"城乡社会"。

近来，有学者提出中国正在从乡土中国变成一个"城乡中国"，我们则提出了"城乡社会"，这是基于同样的历史感受。不过，经济学家提出"城乡中国"时，更关注类似于土地制度这样的普遍性制度问题，人类学家提出"城乡中国"突出了一个整体的文化转型问题。我们不仅在一种整体社会形态的意义上理解"城乡社会"，也将它看成一个区域社会形态谱系的总称。

当我们在一种整体社会形态的意义上来谈"城乡社会"时，是基于这样两个事实的同时存在：一方面，几百万乡村聚落的长久持存；另一方面，国家能够强有力地推动社会的一体化，包括城乡一体化。一些学者会强调第一方面的事实，相信乡土社会对于中国社会和文明的持久价值；另一些学者对第二方面的事实进行批判，认为应该解除城乡关系中的某些政治或行政安排，代之以更加市场化的一体化机制。我们会看到，自从中华人民共和国成立以来，中国的城乡关系就进入一种高度紧密也是比较紧张的状态。计划经济时期的乡村几乎完全成为城市的附从，改革开放以后，这种附从地位没有根本的改变，乡村既要为城市廉价地提供种种资源也要准备好为城市承担各种风险。进入城镇化时代以来，各个大小城镇纷纷强化了对周边乡村的控制，形成大大小小的区域性的城乡一体化体制。在这些区域差异的内里，集体土地制度是最为根本的城乡关系联接器。它不仅是各个区域性城乡一体化体制的核心机制，各个地方政府借助这个制度进行大规模的征地拆迁；也是系在外出农民工身上的那根脐带，它使得"农民工"这个词难以消失。从最高层延伸到最基层的单一制国家制度是决定我国城乡关系性质的另一个根本体制，它使得地方之间的权利关系在一定程度上内化成不同级别的政府或领导之间的权力关系，这种内部性的关系相当灵活和模糊。中国人的家庭关系也是中国城乡关系的核心部分，甚至可以说家庭是城乡关系的基本单元。常住城市务工的农民之所以被看成农民工，不仅仅因为城市没有真正接纳他们，也是因为他们没有准备告别自己的原生家庭。实际上，即使他们得到了城市户口，他们也未必就要告别自己的原生家庭。在当代中国，大部分出生在农村的人都停留在一种城乡两栖的生活状态。我们在研究中国城乡关系的时候，会讲到种种的一体化，但要注意这些一体化背后的混沌性或粘连性。

基于这种难以理性化的城乡关系，中国社会也成了一个城乡粘连的"城乡社会"，难以真正进入城市中国的时代。在这种特定的社会形态中，看似城市保持着对乡村地区的强势，但实际上城市始终难以摆脱对乡村地区的依赖，这些年的快速城市化让城市的面积普遍地"长大"了，但真正"成年"的中国城市又有多少呢。这种独特的城乡粘连状态与中国在全球政治经济体系中的位置是相匹配的，它增强了中国应对复杂国际竞争形势的能力，所以，"城乡社会"可能是中国社会形态的长期特征。

"城乡社会"形态也在转型过程中，这种转型的一个基本方向，就是要适度改变城乡粘连的状态，使得城乡关系趋于理性化。在这个方向上我们可以理解"城乡融合发展"的实质内涵。国家提出的"城乡融合发展"的核心在于要进一步将乡村的资源变成资产，将农民变成市民。这其中的核心制度变革出现在土地制度和户籍制度上，是要在保持原有的城乡粘连的前提下，增加土地或人力等市场要素的流动性，使得乡村的资源和人力可以更加自由地流动，也使得城市的资本可以更加顺畅地进入乡村集体。在这个过程中增加乡村发展的活力，让人民得到好处，让国家更加安全。

当我们在一个区域社会形态谱系的意义上使用"城乡社会"一词时，指的是各种城乡社会粘连或者融合的具体形态。作为一个重点关注乡村问题的团队，我们特别注意整体城乡社会中的各类乡村社会形态。包括：郊区社会、城市群中间的乡村社会、普通农业乡村地区和小城镇社区。如果我们把"城乡社会"也看成一大类研究领域的代称，那么农民在城市中的生活形态以及逆城市化现象也是"城乡社会"这个提法可以涵盖的范围。

三 "城乡社会"的谱系

"城乡社会"的谱系是依据两个维度来划定的，城乡关系的紧密程度、人口流动的方向，尤其是城乡关系的紧密程度。所谓城乡关系紧密程度，既体现在城乡关系的系统层面也体现在人民的生活层面。在系统层面上，城市既管控乡村也帮助乡村；在生活层面上，人民生活相互交融。无论系统层面还是生活层面，城乡空间距离都是城乡关系紧密程度的主要变量。距离城市越近的地方，受到城市的管控和给予就越多，反之就越少；距离城市越近的地方，家庭不同代际的成员居住就越容易靠近，反之就更容易出现天各一方的情况。所以，我们会区分郊区社会、城市群中间的乡村社会和普通农业乡村地区。

在我们的定义中，郊区社会指的是一个城市所辖的被称为某某区的地域范围，同时又不是被街道办事处管辖的范围（在城乡建设部的统计口径中，被街道办事处管辖的地方叫作城区）。另外，县城的城关镇范围内城镇建成区之外的地方也是县城的郊区。从城乡建设部门的统计口径来看，郊区社会的空间范围在中国达到了215万平方公里，人口规模超过了4个亿。在被确认的大城市群地区中间，同时又不属于某个城市或者县城郊区的地方，我们称其为城市群中间的乡村社会。通常我们所说的东部地区的三大城市群，面积有30万平方公里左右。在郊区和城市群地区之外，是广袤的普通农业乡村地区。比如苏州市所辖的5个区和4个县级市，其中5个区所辖的镇域范围就属于我们说的郊区社会，4个县级市的城关镇之外的镇域范围属于城市群中间的乡村社会。而安徽阜阳所辖县市的乡镇范围就是我们所说的普通农业乡村地区，它们可能代表了中国乡村的基本面。

这种分类方法看起来有点机械，是为了和官方的统计口径对应起来，也便于对研究对象进行清晰的界定。这种分类方法和通常所说的一个城市的外面有郊区和乡村还有所不同，我们这里不是讲具体某个城市范围的社区区域类型，而是在讲整个中国的区域划分。显然，一个大城市的郊区与一个县城的郊区的社会形态会有很明显的差异，但在城乡关系的紧密程度上，两者之间的共性也很明显。

小城镇社区指的是各种镇的镇区。这样的地方一般不设街道办事处。镇区的社会形态不同于城市的城区，但也确实不同于村庄内部。这里的生活实实在在是一种亦城亦乡的状态。大部分居民其实都是农业户籍人口，在村里有房有地。那些非农业户籍的人和村里的人之间也有紧密的联系，他们往往依靠通过交换城乡资源来谋生。小镇居民的食品中有很大一部分是本地生产的，实际上，大多数镇区往往也具有乡村集镇的功能。在这样的地方，我们可以思考的是，在乡村社会瓦解之后，取而代之的主流社会形态是不是只能是城市社会，还可以是什么？村庄位于"乡下"，镇区属于"镇上"，镇上的生活对于我们这个文明的意义是什么？

大多数有能力的农民都会选择进城，成为城里人，而不是留在乡下或者镇上。这些新的城里人中有一部分人实现了人、房、户的空间统一。但还有很大一部分跨省流动的农民工，或者虽然不跨省但没有在城里买房子的外出农民工，这两类人是全部1.7亿外出农民工中的大多数。他们的工资和当地房价的差异是巨大的，而且是难以消除的。结果，他们总是某个异地社区的常住人口或者暂居人口，成不了户籍人口。这也是一种亦城亦乡的生活形态。这样的人在城市里是如何生活的？他们可能租住在当地人的家里，可能居住在工厂的宿舍里，可能居住在农民工公寓里，或者任何一个暂时容身的场所。这类人的状态得到了社会舆论界、决策层和学术界的广泛关注。我们团队的特点是：强调这种状态的长期性和稳定性，重点不是把它看成一种农民工市民化的过程，而是把它看成一种城乡融合的生活状态。现在和未来，流动本身就是人生的常态，固定于一处反而是偶然的和暂时的。

既然我们团队已经把流动当作了常态，人生就得在多个空间中安置，生命就必须在迁移中延展，那么，所谓的逆城市化现象，无论是在乡下或镇上长住，还是在某个民宿里小憩，就和前面讲到的农民在城市里的生活状态一样，都是多空间生活方式的某种类型，差异在于这种现象具有更加浓厚的生活色彩。逆城市化现象比较鲜明地体现了中国人的生活性自由，也是一个值得注意的研究领域。

四 华东理工大学中国城乡发展研究中心的研究计划

华东理工大学中国城乡发展研究中心成立了八年，延续了华东理工大学由曹锦清先生等人在三十年前开创的华理农村研究传统。团队发的愿是："从中国提问题，到乡村搞调研，向西方学方法，坚持集体学术，推动学术自觉。"

如果以曹先生带领的团队为主线，把华理的乡村社会研究传统划分为三个十年，可以对我们团队的研究主题做这样的区分。

在第一个十年（1988 年至 20 世纪 90 年代初），乡村被看成一种"社会"形态，关切的重心在"变迁"。主要研究的问题是东部地区的工业化和城镇化带来的乡村变迁，代表作是曹先生等人的《当代浙北乡村的社会文化变迁》（1995）以及张乐天的《告别理想：人民公社制度研究》（1998）。在第二个十年（1996~2008年），乡村被看成"三农"问题的发生地，关切的重点在城乡二元体制下的乡村"困境"。主要研究的问题是中部地区在工业化和城镇化时代遇到的困难和挑战，代表作是曹先生的《黄河边的中国》（2000，2013），2007年申报的国家社科基金项目"社会主义新农村建设背景下的农民合作问题研究"则代表了曹先生试图解决农民组织困境的一种探索。在第三个十年（2008~2017年），乡村被看成一种需要被治理和建设的场域，关切的重点在"治理"。税费改革终结了对于"三农"问题进行一揽子解决的理想，那么治理就成为唯一的发展路径。高速的城市化和人口大规模流动又引发了乡村乃至整个国家的深刻变迁，同时，中国的和平崛起召唤更加清晰的知识自觉和更加坚定的文化自觉。这一阶段的核心主题是在国家、市场、社区和土地制度四维框架下研究乡村治理、农业治理乃至更为广泛的国家治理问题。典型代表是曹先生的《如何研究中国》（2010）、熊万胜的《体系：对我国粮食市场秩序的结构性解释》（2013）、曹先生主持的国家社科重大课题"构建全民共建共享的社会治理格局研究：聚焦人口流入型地区"（2016）等。

在第三个十年中，治理问题是一个核心的主题，围绕着它初步形成了有特色的学术贡献谱系。这个谱系是由一系列有影响力的研究概念或者主题构成的，既有团队领袖曹锦清先生早前提出的"农民善分不善合"命题，近年提出的"天命"问题，最近提出的国家"治体"问题，也有团队年轻一代成员在研究中发展出来的"带动"、"体系"、"农民农"、"职业化农民"、"示范"、"过日子"、"广场舞研究"、"郡县制治理传统"等概念和主题，还有对农民家庭经营制度和社会治理体系的研究，这些都具有团队鲜明的特色。在理论框架上，我们提出了"系统－生活"的研究视角，它正在成为团队分析问题的重要范式。在方法论上，我们提出了一个"本土知识传统"的命题，以此来诠释学术自觉的内涵，重要的不是经验或者观点的"出处"，而是学者价值倾向与文化立场的"归处"。

在接下来的第四个十年，团队将延续华理乡村研究传统的内在线索，研究十九大以来的形势与政策的变化。在理念上将"城乡社会"看成一个整体形态，形成的核心问题意识是如何通过城乡融合来推动乡村振兴。"振兴"就成了团队未来最重要的关键词。治理问题依然很重要，它和振兴问题是一体两面的关系。对于大多数的乡村地区甚至包括郊区的多数村庄来说，产业的振兴都不具有很大的现实性，而治理的振兴却是普遍性的要求。在操作上，我们则分类研究前述的"城乡社会"谱系上的各个部分。

具体到我们的重点研究领域，和团队所在地有很大关系。团队位于上海，也位于长三角城市群的腹地。这个位置让我们对大城市群范围内的"城乡社会"形态更加熟悉，比如郊区社会、城市群中间的乡村社会、城市群中间的小城镇社区，以及在城市群中发生的多空间生活形态，等等。为此，我们会出版一系列的研究成果。首先出版的是城乡融合发展丛书之镇域研究系列以及郊区社会研究系列，然后不断地丰富或扩展。

熊万胜

2018 年 8 月 8 日

目　录

引　言

　　中国的特色小镇经历了初现真容的 2014 年、显山露水的 2015 年、风风火火的 2016 年以及遍地开花的 2017 年，逐步进入稳定发展期。也许，大家对"特色小镇"这个概念并不陌生，但对于它的内涵、产生背景、建设机制以及存在的问题，则众说纷纭、莫衷一是。在特色小镇蓬勃发展的同时，对其的批评似乎更能吸引人们的目光。特色小镇还没有发展起来，"谨防"的预防针已经被打了好几次。到底该如何认识特色小镇、如何认识相关的支持与批评呢？这给我造成了极大的困扰。

　　带着这份疑问，我开始了阅读，既搜集国外特色小镇的资料，也阅读国内的相关文献，还去国内特色小镇的现场"走马观花"。所以，呈现在大家面前的这本小册子，更像是一本游记，而不是严谨的学术著作。它记录了特色小镇的概况、建设历程以及经验启示，是我在调查过程中的所见、所闻与所思，非常的简单与粗浅。

　　为了更好地了解特色小镇，首先对其产生的源头以及重要的推动力量进行了梳理。"特色小镇"虽然是个新名词，但对它的探索早已开始，只不过不用这个词罢了。原来，更多的是使用"专业镇"或者"特色镇"。在经济比较发达的东部沿海地区，有大量围绕着某个产品而形成的工业强镇。受经济格局和产业分工的影响，这些企业以加工类为主，很难见到什么特色，工厂、工人是这些镇的标配。当然，人口聚集所带来的社会管理问题、环境治理问题，也让这些地区的美感大大降低。

中西部地区，由于经济发展相对缓慢，反而保留了大量历史、生态和民族风貌，展现出独特的一面。所以，它们早就利用自己独特的优势发展旅游业。在发展旅游业的初期，这些地区只是建设风景区、游览区等，而没有镇的概念，没有将其作为开放的文化区域进行打造。这也就造成了虽然某些地区具有特色，但只局限在某些区域，而缺乏整体性的状态。当然，更多的是受到消费习惯的影响，对于刚走出家门的人来说，到其他地方走走、转转、看看就可以了，留下来体验的需求不是很强烈。

随着发展不断深入，经济社会情况发生了很大的改变，需要反思和改进原来的发展模式，中国要从"制造大国"向"制造强国"迈进。经历改革开放近40年的发展，中国的工业水平已经处于世界前列，成了制造大国。受到国际经济局势的影响，中国的出口增长率呈回落态势。同时，产品的附加值低，企业的利润微薄，加工型企业的发展受挫。这就意味着，单纯的加工型企业已经没有发展的空间，必须向设计、研发迈进，由制造的中心变成创造的中心，在整个产业链中占据龙头地位。在这种背景下，许多制造业小镇纷纷转型，以高端制造、创意创新为突破口，彰显自己的魅力。随之，小镇面貌也有了很大的变化，处处体现出美感。

富裕起来的人们有了更强烈的对美好生活的向往。人们对美好生活的向往可以说是催生特色小镇的又一大动力。一方面，表现在对制造小镇的环境要求上。现在的工人不再只是为了获得较高的工资而努力，他们还希望自己能够在工作的城市落户并长久地居住，而且环境还要优美。当然，当地的居民也有着同样的需求。在此情况下，制造小镇的转型也就成了趋势，高耗能、高污染的低端产业已经没有办法维系，只能发展那些绿色、环保的产业。另一方面，人们对传统、自然、生态的环境更加向往。这主要表现在逐步发展起来的乡村游和度假游。人们的钱包鼓起来了，都希望到外面去看看，并且能够住上一段时间，体验一下当地的文化。城市人也厌烦了高楼林立、钢筋水泥环伺，希望能够与大自然亲近，呼吸新鲜的空气，品尝有机食物，到野外去健身、跑步。近几年出现的"乡愁"也是这种情绪的表达。当年，费尽千辛万苦要逃离农村，到城市中去，如今却希望回到农村。但他们无法真正地回去，即便回去也不适应当地的生活方式了。他们希望既拥有农村的亲密、自然的氛围，又享受城市的各种便利、舒适条件。在人们的这种需求下，一大批的生态、康养、体育、文化小镇诞生了。

新事物、新业态、新需求不断地涌现，需要有落地之处。当前，产生了许多的新事物、新技术，也催生了新业态，需要给它们找一个"窝"。这些业态不同于传统的产业，原来的工业园区模式已经不适合它们了。并且，从事这些产业的人员对生活的要求也比较高，希望自己生活的环境在各方面都是优良的，当下的特色小镇模式就比较适合。从这个角度来说，特色小镇是一种发展模式，但仅仅是空间上的存在。

所以，特色小镇的形成是多方面因素共同作用的结果，是时势造就的产物。不同的地区、不同的行业对特色小镇有着不同的理解，这也就决定了特色小镇的多种样态以及模式。特色小镇有建制镇和部分区域之分。从已经公布的两批特色小镇培育名单来看，都是以建制镇为单位，将"小镇"等同于"镇"。可是，有些镇真是不小，无论是面积还是行政级别，都等同于其他地区的县。这些镇均有自己的特色，但这个特色是否在全镇范围内都存在，在镇内能够占据多大的比重，都是需要认真思考的。从产业设置的角度看，有些地区将镇的某块区域以某个产业、园区为主打造"特色小镇"。本书既关注了那些已经被列入名单的建制镇，也考察了一些未被列入名单但知名度比较高的区域性特色小镇。

对于特色小镇类型的划分存在着多种标准，均有一定的道理。本书从特色小镇的形态和基础方面大致将其分为古镇更新、产业升级、生态开发和区域新建四种类型。这只是从感观上对其进行的划分，以求尽量囊括已经调查的小镇类型，随着调查研究的深入，划分标准也可能会调整。

在特色小镇建设中，古镇更新是一个很重要的类型，许多地区借助自身的历史文化优势，打起了"传统牌"。但是，这些古镇不仅仅拘泥于"古"，而是在"古"上立新，展现出新的生机和活力。本书主要选取上海枫泾镇、北京古北水镇和贵州安顺旧州镇作为典型案例进行介绍。虽然三个镇都是古镇，但打造的主体和出发点有很大的不同。枫泾镇是在政府的引导下，以古镇更新、产业更新、社区更新和乡村更新的方式，在全镇范围内进行整体的提升。古北水镇则是利用独特的自然、文化优势，借鉴乌镇的开发经验，以市场化的方式进行建设。旧州镇则根据地方特色，进行镇村联动，打造一个不一样的古镇。

产业升级类的特色小镇应该是数量最多、影响最大的一类特色小镇，也是国家鼓励重点发展的一种类型。这类特色小镇的建设不是一朝一夕的事情，而是经过长期发展的结果。此类特色小镇是产业转型升级的重要载体和抓手。本书选取广东顺德北滘镇、浙江绍兴大唐镇和江苏常州丁蜀镇作为典型案例进行介绍。北滘镇号称"家电王国"，拥有美的和碧桂园两个千亿级的企业。大唐镇则号称"世界袜都"，与周边的乡镇共同打造了"袜

业王国"。丁蜀镇则以紫砂闻名海内外，陶瓷业是其发展的不二
选择，特征鲜明，底蕴深厚。

生态开发类的小镇主要是依据本地优良的生态资源进行特色
小镇的开发。生态是其最大的特色，深刻体现了"绿水青山就
是金山银山"的理念。保护生态并未阻碍当地的发展，反而成
了最大的卖点，吸引着各地的游客纷至沓来。本书选取了有
"国际慢城"之称的江苏南京桠溪镇、民宿界的翘楚浙江湖州的
莫干山镇以及"田园综合体"的首创地江苏无锡田园东方进行
介绍。严格来讲，慢城只是桠溪镇的一部分，民宿也是集中在莫
干山镇的几个村庄，但它们足以让整个镇的特色鲜明起来。田园
东方在性质上难以确定，可以说它是美丽乡村建设，但它与其他
的村庄有很大的不同。它已建成的部分比较小，占阳山镇的面积
比较小，还不能代表整个阳山镇。当前，田园东方已经规划了多
期，计划建设成为文旅小镇。它代表阳山镇也好，建设文旅小镇
也罢，都可以作为生态开发的成功案例进行认识。

区域新建的特色小镇不是建制镇，只是其中的一块特定区
域。这类特色小镇有可能在某个乡镇中，有可能属于城市的某个
街道，也有可能属于某个村居或者园区，只要特色足够明显，能
够满足相应的条件即可。本书主要选取杭州玉皇山南基金小镇、
嘉兴甜蜜小镇歌斐颂、楚雄市文化小镇彝人古镇来进行介绍。玉
皇山南基金小镇位于杭州市上城区，是在旧厂房、旧仓库和旧民
居的基础上改建而成的，由数个分散的部分组成，只能算是
"小镇"，绝对不是镇。歌斐颂是巧克力的名字，这个小镇是依
托工业企业、围绕着甜蜜主题发展而来的，和周边的镇、村没有
太多的关系，自成一体。彝人古镇虽名字中含"古"，但实际上
并不古，它是以彝族文化为核心建设的主题公园，以崭新的形式
容纳古老的元素，取得了不错的效果，也算是区域新建中的成功

案例。

本书主要选取了瑞士达沃斯、英国斯特拉福德、法国艾克斯、德国弗莱堡、荷兰阿尔克马尔和美国的格林尼治进行介绍。这六个小镇分属不同的国家，承担着不同的功能，代表了国外特色小镇发展的不同类型。达沃斯是论坛小镇，每年的一月下旬，全球经济界的重量级人物都会齐聚这里，共同商讨经济发展的大势。斯特拉福德是文化小镇，因为养育了莎士比亚而大放异彩。艾克斯是生态小镇，也许很多人对它比较陌生，但提起法国的普罗旺斯，没有人不向往，它就是普罗旺斯大区的首府。弗莱堡是产业小镇，太阳能是这里主要发展的产业，如何更好地利用太阳能、保护自然也成了居民的生活习惯，还形成了相应的文化。阿尔克马尔是奶酪小镇，是荷兰的骄傲。格林尼治是基金小镇，面积不算大，但是名声不小，其资金数量也是惊人的。

上述只是对代表性特色小镇进行浮光掠影式介绍，没有进行深入分析，这是本书的不足之处。为了对特色小镇有更深刻的认识，还需要对政府、企业、社会组织、居民等相关的主体进行详尽的访谈，描述内在的机制，并不断上升到理论层次。本书只是一个开始，还有大量的后续工作需要做。

第一章　特色小镇的缘起

中国是一个幅员辽阔、历史悠久的多民族国家，拥有完整的工业体系，每个地区在自然风光、文化风俗、生活习惯和产业类型上都有各自的特色。小镇中的"特色"意味着什么呢？

当谈及"小镇"时，则意味着不是农村，也不是城市，而是拥有相应特征的某个区域。非农则预示着产业的非农化，至少不是大田粮食作物的生产；非城市则主要是从与自然的亲近程度、环境的美好程度和宜居角度来理解的。

从当下的实践来看，特色小镇的建设主要有三个进路：一是以产业转型升级为核心的小镇建设；二是以开发地方特色旅游资源为中心的城镇化建设；三是地产企业追求社区生活的小镇建设。这三种进路具有不同的背景、特点和目标。

第一节　产业升级中的特色小镇

在特色小镇建设的理念和实践上，浙江是将小镇作为产业转型升级发展平台的典型代表。在浙江的相关文件中，特色小镇"非镇非区"，不是行政区划单元上的建制镇，也不是产业园区中的一个园区，而是按照创新、协调、绿色、开放、共享发展理念，聚焦信息经济、环保、健康、旅游、时尚、金融、高端装备七大新兴产业，融合产业、文化、旅游、社区功能的创新创业发展平台。[①] 这样的认识与当地经济发展所面临的问题有关，最先产生的云栖小镇即最好的例证。

一 云栖小镇的诞生

云栖小镇，不是地名学上的地理概念，也不是行政区划单元上的建制镇，而是云计算产业栖息的园区。[②] 它的前身是杭州市西湖区转塘工业园，园区中开设了许多的传统型企业。2005 年，西湖区委、区政府以及园区的管理者就意识到，园区身处国家级旅游度假区——之江国家旅游度假区（始建于 1992 年）之中，仅靠发展工业已不能适应未来经济社会的需要，纯工业园区的发展模式必须尽快转型，不然就会被时代淘汰。

根据西湖区的整体产业发展规划，园区找到了转型发展的出路，就是要吸引更多的科技型企业，把原先传统的工业赋予科技的力量，发展以生物医药、电子信息、机电一体、新能源为主的高科技产业和企业总部型产业。[③] 由此，转塘工业园的第一波产业转型拉开序幕。2010 年，通过与阿里云战略合作，园区把云计算、大数据和智能硬件作为主要的发展方向。

2012 年，园区第二次产业转型顺利完成。云计算产业正是从这里开始慢慢进入大家的视野。2012 年 12 月 24 日，对于中国云计算发展来说，是个值得纪念的日子。西湖区政府下发《关于促进杭州云计算产业园发展的政策扶持意见（试行）》，加快建设第一个市级云计算产业园——杭州云计算产业园，"推进云

---

① 李强：《特色小镇是浙江创新发展的战略选择》，《中国经贸导刊》2016 年第 4 期。
② 海川：《智能硬件生态圈》，《新经济导刊》2015 年第 8 期。
③ 菲遥：《云栖小镇：梦想在云端启程》，《商业文化》2016 年第 25 期。

计算模式下的信息软件、电子商务、软件开发等新兴产业的快速发展"。转塘科技园借此机会成为新兴的云计算产业园,其实这也是浙江省首个云计算产业专业园区。① 将云计算这个高新技术产业落户于此,与本地的环境有交相辉映之妙。此地背靠五云山,由于地理环境的特殊,五云山上的五彩祥云,常飞集坞中栖留,并经久不散,称"云栖"。扬眉诗云:五云山上五云祥,云栖坞里云栖暝,云栖竹径生天雨,天雨淅沥落云栖。产业园附近的新西湖十景之云栖竹径就由此而来。

"云栖小镇"这一概念是入驻这里的科技企业领军人物们最早提出的。包括王坚博士在内的行业专家们认为,企业需要的是抱团发展,随时沟通,共同打造云计算时代的聚合生态。所以,不如跳出原先产业园的概念,打造一个以云计算产业生态为主的小镇。这里的"居民"不仅仅是企业,还要有更多的生活元素,让大家安心工作、生活、学习。与此同时,因在这里举办了三年的阿里云开发者大会故就此改名为"云栖大会"。

2014 年 10 月 17 日,时任浙江省省长的李强在考察云栖小镇的梦想大道后高兴地感慨:"让杭州多一个美丽的特色小镇,天上多飘几朵创新'彩云'。"这是首次提出特色小镇的概念,特色小镇也由此诞生。这之后,李强多次力推特色小镇,并将特色小镇与驱动新经济的七大产业发展相提并论,将特色小镇定位为浙江产业创新的重要载体之一,其对特色小镇的重视程度可见一斑。

除了对特色小镇有着清晰的规划和想法,李强还做起了特色小镇的"把关人"。2015 年 6 月,由他参与审批的首批 37 个浙江省级特色小镇创建名单公布。李强对特色小镇还有着深刻的解

---

① 郑希均:《云栖! 云起!》,《浙江日报》2015 年 2 月 5 日。

读，并多次撰文发表。他在《特色小镇是浙江创新发展的战略选择》一文中这样形容："这些创建中的特色小镇既是一个个产业创新升级的发动机，又是一个个开放共享的众创空间；既集聚了人才、资本、技术等高端要素，又能让这些要素充分协调，在适宜居住的空间里产生化学反应，释放创新动能……让创业空间变成梦想与情怀的承载地。"① 李强这份独具新意的"造镇计划"引起了中央财经领导委员会办公室的关注，并提出要积极推广特色小镇的发展模式，鼓励各地学习。

其实，李强在 2014 年 7 月就已经提出了特色小镇概念，并将其作为一个理想型的概念来思考。他对这个问题的思考与当时浙江的经济发展形势以及要进行的创新有关。

二 浙江特色小镇建设的背景与特点

30 年前，浙江人用自己的智慧培育形成了一大批块状经济和区域特色产业，走出一条"聚集与特色"的农村工业发展之路。然而，这些以"块状经济"和"特色产业"出名的强镇，由于过度依赖低端产业，出现过多依赖资源和创新能力缺乏的问题，在激烈的市场竞争中日益失去活力，需要进行新的突围。

第一，产业投资在不断下降。2014 年前后，浙江的投资增长为 14% 左右，固定资产投资量约为 2000 亿元，总量比较大。其中，基础设施投资占了很大比重，而产业投资所占的比重以及它的增幅比较少，在 5% 左右。民间投资增长速度更是可怜，只有 2% ~ 3% ，部分地方有些年份还是负增长。如何促进经济的持续、健康发展是当时浙江所面临的一个重要问题。

---

① 转引自常晓华、屈凌燕《钱潮云起畅想，小镇独领风骚——特色小镇推进浙江创新创业速写》，《杭州科技》2016 年第 2 期。

第二，产业落后需要转型。浙江工业经济总量中约 70% 是传统产业，传统产业里比重最大的是纺织、服装类。浙江人生产鞋子、帽子、袜子，产品附加值比较低，一双袜子只能赚到几厘钱。巴黎也是生产鞋子、帽子、袜子，却变成了奢侈品。巴黎的产品是奢侈品，浙江的则是地摊货，传统产业的转型升级还有很大空间。中国已经走过了依靠大规模投资带动密集型产业、建设"世界工厂"的阶段，需要不断地进行产业升级，强化技术改造和科技创新，增品种、提品质、创品牌，寻找新的增长点。

时任浙江省省长李强对浙江的特色小镇建设提出了如下的要求：产业定位不能"大而全"，力求"特而强"。产业选择决定小镇未来，必须紧扣产业升级趋势，锁定产业主攻方向，构筑产业创新高地。定位突出"独特"。特色是小镇的核心元素，产业特色是重中之重。找准特色、凸显特色、放大特色，是小镇建设的关键所在。每个特色小镇都紧扣信息、环保、健康、旅游、时尚、金融、高端装备制造等"七大万亿产业"和茶叶、丝绸、黄酒、中药等历史经典产业，主攻最有基础、最有优势的特色产业，不能"百镇一面"，同质竞争。即便主攻同一产业，也要差异定位、细分领域、错位发展，不能丧失独特性。[①]

特色小镇的核心是产业，形态是小镇。

从浙江的经验来看，将特色小镇定义为一个空间载体，必须具备四个特性：一要有明确的产业定位，因为其核心是产业；二要有文化内涵；三要有旅游功能；四要有社区的成分。特色小镇不是一个小城镇的概念，而是产业发展的一个载体。

特色小镇的区位也不是固定的。第一，特色小镇可以是城市

---

① 李强：《特色小镇是浙江创新发展的战略选择》，《今日浙江》2015 年第 24 期。

的一个街区。因为它的定位是一种产业，所以可以在城市里面，云栖小镇、梦想小镇都是这种类型。第二，特色小镇也可以在城市周边，交通便利、基础设施完善的地方。第三，特色小镇可以在小城镇的边缘，甚至还可以在农村区域、城镇之外。例如龙泉的青瓷小镇，在山沟里面，跟城镇一点关系都没有。

特色小镇与特色小城镇没有直接的关系。当然，有的地方在特色小城镇里面，如果有有特色、有产业支撑，可能会成为一个特色小镇，但并不是所有的特色小城镇都能成为特色小镇，更不能把一个特色小镇变成一个特色小城镇。这两点没有必然的关系，更不是一个等同的概念。特色小镇的特点主要体现在如下几个方面。

第一，特色小镇就是为产业服务的，它不是为人的居住而服务的。特色小镇是产业发展在先、人口居住在后。

第二，特色小镇不是一个产业园区，而是同类的企业协同创新、合作共赢的一个企业社群。原来的开发区都是很多产业结合在一起的，所以它很难推动产业要素升级。浙江要做的特色小镇，就是一个产业，甚至是一个企业，把它的产业链拉动，让它吸引人才来进行产业升级。例如，计划建设的沃尔沃汽车小镇就是这样一个思路。沃尔沃汽车在台州有一千亩地，建了一个可容纳40万辆车的汽车生产基地，可以谋划一个小镇，将面积再扩大一千亩，在汽车生产的基础上，增加体验，做旅游。这样通过产业延伸，才能形成一个集生产、生活、生态于一体的产业、文化、旅游三位一体的空间载体，而不是把所有产业装进去的一个园区。

第三，特色小镇不是政府大包大揽。它是一个以企业为主体的、市场化运作的、空间边界明确的创新空间、创业空间。浙江在特色小镇谋划的过程中，非常强调的一点就是投资主体必须是一个，可以是政府的，也可以是民间的。因为小镇的主题是产业发展，需要尊重市场规律，政府可以进行规划，为企业提供全方位的服务，但不能大包大揽，否则还会走到原来的传统工业区开发的老路上去，无法形成合力。在发展过程中，应该更多地将主动权交给企业。

功能叠加不能"散而弱"，力求"聚而合"。功能叠加不是机械的"功能相加"，关键是功能融合。林立的高楼大厦不是浙江要的特色小镇，"产业园＋风景区＋文化馆、博物馆"的大拼盘也不是浙江要的特色小镇，浙江要的是有山有水有人文，让人愿意留下来创业和生活的特色小镇。要深挖、延伸、融合产业功能、文化功能、旅游功能和社区功能，避免生搬硬套、牵强附会，真正产生叠加效应，推进融合发展。

建设形态不能"大而广"，力求"精而美"。美就是竞争力。无论硬件设施，还是软件建设，要"一镇一风格"，多维展示地貌特色、建筑特色和生态特色。求精，不贪大。小，就是集约集成；小，就是精益求精。根据地形地貌，做好整体规划和形象设计，确定小镇风格，建设"高颜值"小镇。

制度供给不能"老而僵"，力求"活而新"。特色小镇的建设不能沿用老思路、老办法，必须在探索中实践、在创新中完善。改革突出"试验"。特色小镇的定位是综合改革试验区。凡是国家的改革试点，特色小镇优先上报；凡是国家和省里先行先试的改革试点，特色小镇优先实施；凡是符合法律要求的改革，允许特色小镇先行突破，政策突出"个性"。①

三　浙江特色小镇建设中面临的问题

尽管浙江省的特色小镇建设取得了不错的成绩，也被许多地区视为标杆，纷纷前来学习，但它也存在一定的不足。

---

① 徐军、周慧敏：《特色小镇是供给侧结构性改革的浙江探索》，《中国改革报》2016年3月10日。

第一，重数量，轻质量。原来，浙江省计划 3 年培育 100 个特色小镇。截至 2015 年，特色小镇已经达到 79 个。在建设的过程中，增长过快会出现一定问题，表现在真正好的特色小镇还不够多。虽然数量上在增加，但建设质量参差不齐，有的资金难以到位，说明原来的谋划没有到位。

第二，重管理，轻改革。在特色小镇建设过程中，地方看重的是土地指标和财政分红，省里看重的是硬条件和硬标准，这导致全省各地都在谋划特色小镇。但浙江不能回到村村点火、镇镇冒烟的时代，没有一个大产业支撑，特色小镇是谋划不出来的，没有产业的支撑不可能建好特色小镇。所以浙江特色小镇建设存在顶层设计不够的问题，产业布局做得不够合理。特色小镇的谋划必须在省一级，通过顶层设计，在产业和经济转型升级的过程中推动产业布局的优化，这样特色小镇才会建得更好。

第三是重规划，轻谋划。特色小镇的空间规划固然重要，但更重要的是特色小镇的谋划，也就是策划，一个特色小镇到底是什么，到底干什么，它的突破点在哪里，这才是应该着力的地方。

依靠产业打造特色小镇，在国外已经有许多成功的案例，浙江在很大程度上受到了外国产业特色小镇建设的启发。德国的小镇大业就是很好的榜样。在德国 35 万多个各类企业中，有相当多的企业没有分布在大中城市，而是在小乡镇，再加上配套的第三产业，创造了大量就业岗位，德国的城镇化率有 90% 以上是由它们贡献的。汽车产业是德国人最为自豪的产业，可是，很多汽车巨头的总部并不在繁华的都市。大众总部在沃尔夫斯堡，人口 12 万；奥迪的总部在因戈尔施塔特，人口 13 万；欧宝的总部在吕塞尔斯海姆，人口只有 6.3 万。按人口来看，这些城市在中国都是乡镇级别的。德国排名前 100 的大企业中，只有 3 个将总部放在首都柏林，大部分的制造业巨头依然扎根在它们的诞生地，耕耘长达数百年。德国之所以能形成小镇大产，产业城镇集群起到了至关重要的作用。德国产业小城镇集群的内涵不仅在于空间形态的聚集，更在于有高效率、低成本的服务网络支撑，能够为行业提供服务，将相关的小城镇联系起来。①

德国产业小镇的成功之处不在于让产业获得了发展，而在于让小镇受益，依靠产业构筑了小镇的骨架和文化气质。德国不同类型的小镇在发展策略上有很大的差异。比如，对于有知名企业的工业小镇来说，要打造成工厂圣地，利用自身的优势，让其成为同行们必到的取经之处。对于一些重化工小镇来说，则要内外兼修，在实行生产一体化、物质闭路循环的同时，还要加强绿化、艺术建设，让人们感觉这是美丽宜居的小镇，忘记这是一座化工城。针对新的快速转型中的小城镇，则在城镇建设之初，就带动人们参与，开展全方位的营销活动。由于是在新的环境中，面对新的技术和产业，人们也具有很强的好奇心，希望全程参与和体验。德国的发展可以为我国以产业转型升级为核心的特色小镇建设提供诸多的经验。

当然，产业小镇以浙江最为典型，但并不只是浙江才有，东部地区的许多小镇都有这种特征，这与中国"世界工厂"的地位有关。许多地方在某些因素的作用下，成了生产某种产品的"车间"。随着世界经济形势的变化以及中国国际地位的上升，中国不再仅需要生产的车间，还需要研发中心、设计中心，提高产品附加值，这就迫使企业、专业镇不断地升级，将产业链条拉

---

① 李莉：《工业小城镇的胜利：德国工业产业城镇群的制胜秘诀》，《北京规划建设》2017 年第 3 期。

长，谁不能升级谁就得被淘汰。从这个意义上来说，特色小镇成了产业"重生"的必由之路。

第二节 旅游发展中的特色小镇

在旅游发展中的小镇建设，可以分为几个不同的方向：一是边疆地区的民族风情小镇建设；二是具有深厚文化积淀的古镇建设；三是以乡村旅游为依托的生态小镇建设。旅游小镇在特色小镇中占据了很大的比重，是最容易显出特色的一部分。

一 地域风情游

在地域风情游的开发中，云南和海南两省进行了大量的探索，走在了全国前列。两个省都以建设旅游大省、旅游强省为目标，在全省范围内开展旅游城镇建设。

云南地处西南边疆，少数民族人口众多，经济还不是很发达，山区、半山区面积占到了全省面积的90%以上。自然、经济、社会条件决定了云南城镇化进程不能单纯依靠城市特别是大城市的扩张，而是必须从实际出发、结合省情，积极发展具有地方色彩的小城镇。同时，西南边疆民族地区自身蕴含的人文特色（少数民族）、区位特色（边境县）和小规模特色（袖珍型）与东部沿海地区有很大的区别，东部沿海地区的城镇化模式并不符合西南边疆民族地区小城镇建设的实际，西南边疆民族地区的小城镇建设应突出自己的特色。所以，云南省从2003年开始，就进行了60个旅游城镇建设的试点工作。2004年，时任建设部部长汪光焘在云南视察工作时指出"云南的小城镇建设应该依托现有风景名胜和历史文化资源，走出一条云南特色小城镇建设新路子"，这更加坚定了云南省在这方面的探索和推进。①

2005 年 3 月，云南省政府明确提出，"要把历史文化名镇保护和旅游小城镇建设结合起来，通过对现有历史文化名村镇的改造，高水平规划建设一批特色旅游名镇，促进群众脱贫致富，带动当地经济发展"，并要求将特色旅游村镇建设成为云南旅游新亮点。在云南省政府清晰的战略思路指导下，省建设厅、省政府办公厅相继发布了《云南省特色旅游城镇规划纲要》《云南省人民政府关于加快特色旅游城镇建设的指导意见》。②

2005 年 6 月，时任云南省委副书记、常务副省长秦光荣主持召开了全省城乡建设规划领导小组全体会议，听取省建设厅、省政府办公厅汇报，就云南省特色"旅游小镇"建设问题进行了讨论。他认为"旅游小镇"建设是促进云南省城镇化建设和旅游经济发展的一个富有创意的举措；利用云南省独具特色的人文景观和自然景观旅游资源，依托市场化运作，把旅游开发与小城镇建设结合起来，既为有效促进云南省城镇建设找到一条创新之路，又为云南旅游深度开发、提质增效提供新思路、新办法；同时，在云南省文化产业发展势头良好之际，为云南省发展文化产业提供新载体，并为加快地方社会经济发展、脱贫致富提供新的支撑。③

针对云南省相关部门提出的 32 个"旅游小镇"名单，秦光荣要求做到"政府引导、企业参与、市场运作、群众受益"；对这些小镇要分类指导、分步实施；成熟品牌巩固提高，在建项目

① 云南省建设厅：《加快"旅游小镇"建设，走云南特色城镇化发展道路》，《小城镇建设》2006 年第 7 期。
② 张文戈：《把"旅游小镇"打造成特色品牌》，《云南日报》2005 年 6 月 17 日。
③ 秦光荣：《突出特色、创新发展——关于云南旅游小镇开发建设的思考》，《中国信息报》2006 年 3 月 2 日。

开发保护并举，有潜在资源优势的项目备案规划；依靠实力企业进行市场运作，各有关部门要紧密配合，做到围绕"旅游小镇"建设，加强配套基础设施建设，在土地使用政策、税收优惠、资金扶持方面服务于投资者；积极整合旅游、媒体资源，研究策划"旅游小镇"品牌形象，做好市场推广，推选出一批"旅游小镇"品牌。

2005 年 8 月，云南省召开旅游小镇建设工作座谈会，部分小镇进行了经验交流。会后，省政府出台了《云南省人民政府关于加快特色旅游城镇建设的指导意见》，根据统一部署安排，建设厅、旅游局把加快旅游小镇开发建设当成小城镇建设和旅游"二次创业"的重点工作积极推进，成立了相应的机构，编制了《云南省特色旅游城镇规划纲要》，并及时下达了 2005 年省财政预算内旅游小镇贷款贴息补助计划，搭建平台，使招商引资取得了良好效果，有效地吸引了社会资金参与开发建设活动，使旅游小镇建设进展顺利，取得了阶段性成果。① 在旅游小镇的建设模式上，形成了民族文化建设型、历史遗存保护型、生态环境营造型、特色经济培育型、复合型五种模式。

2011 年 5 月，云南省人民政府出台了《关于加快推进特色小镇建设的意见》（云政发〔2011〕101 号），云南小镇建设从旅游小镇向特色小镇转身。云南省政府提出，在"十二五"期间，争取建成一批镇区人口超过 1 万人、非农产业产值占 GDP 比重达到 50% 以上的重点特色小镇，成为引领区域和农村经济发展的龙头；力争全省每个县（市、区）培育 1 至 2 个产业特征突出、功能配套完善、人居环境优美、发展活力强劲、带动

---

① 刘柔：《推动"特色旅游城镇"建设》，《中国旅游报》2005 年 7 月 11 日。

作用明显的特色小镇，进一步丰富云南省城镇类型、完善城镇体系；使部分经济实力较强、影响范围较广、示范带动作用突出的特色小镇成为"云南特色名镇"，形成特色小镇集群效应，使丰富的资源得到更好的开发利用，促进城乡经济社会又好又快发展。①

不只是云南省提出了旅游特色小镇的发展计划，海南省在此方面也进行了探索。2010年，海南省提出建设国际旅游岛的目标。2011年12月，完成了《海南国际旅游岛建设发展规划纲要》确定的22个特色旅游小镇总体规划的修编和控制性详细规划的编制工作。海南省通过城中村改造、"市民化"工程等一系列措施提升城镇化的水平。为适应新型城镇化发展要求，海南省集中突破制约城镇化发展的"四道槛"，依托独特的产业与区位特点，试点建设8个"风情小镇"。这种模式是以特色产业为支撑，配套发展可持续增值旅游地产，拉动现代服务业，逐渐形成农民转产就业的良性循环。在风情小镇建设过程中，以先改再建的方式让群众得到实惠。②

二 古镇乡村游

古镇是地方经济、文化、生活、习俗的有机整体。它是古建民居、历史街区及民间工艺等有形旅游资源和空间环境、民族艺术及节事活动等无形旅游资源的综合体。古镇独特的文化资源，特别是与现代文明隔离所保留的传统环境迎合了现代游客求异的心理。③

---

① 连芳：《小镇建设，从"旅游"到"特色"》，《云南日报》2011年6月24日。
② 魏骅：《海南特色产业支撑"风情小镇"崛起》，《中国特产报》2013年2月6日。
③ 程君：《关于西递村落的商业空间与古民居保护利用研究》，《安徽建筑》2013年第4期。

在古镇旅游的开发中，"江南六镇"可以作为最为典型的代表，其将古镇游推向了一个新的高度。

1984年，陈逸飞以水乡周庄为素材创作的油画《故乡的回忆》，连同他的其他37幅作品，在纽约哈默画廊展出。当年11月，画廊主人、美国西方石油公司董事长阿曼德·哈默访华，将自己收藏的这幅作品作为礼物赠送给了邓小平同志。《故乡的回忆》立即成为世界性的名画，周庄因此一跃成为世界知名的中国江南名镇。

1985年，周庄决定进行旅游开发。经过5年的艰难修复，1989年4月1日，周庄的清代建筑"沈厅"正式对外开放。稍后，又有明代建筑"张厅"（1994）、"澄虚道院"、"迷楼"、"棋苑"（1995）、"全福寺"（1996）、"天正收藏馆"（1997）等经过修复或重建，逐步对外开放。[1]

1986年，同里也决定发展旅游业，不断修复开放退思园、世德堂等历史景观，以旅游开发公司为主体推动旅游事业发展。用直则制定了古镇保护计划，将旅游开发纳入了日程。[2] 1995年，周庄、同里、用直被列为江苏省历史文化名镇，旅游小镇进入了快速发展阶段。

1997年，西塘开始开发旅游，逐步修复了烟雨长廊和西园等景点。1999年，乌镇开始旅游保护和开发工程；2000年，开始推向市场；2001年，正式对游客开放。同时，南浔也建立了全镇文物遗产管理档案，制定了古镇保护规划和旅游业发展详细规划。

---

① 李丽雅、黄芳：《论江南水乡古镇旅游资源的开发与保护》，《桂林旅游高等专科学校学报》2003年第2期。
② 王云才：《江南六镇旅游发展模式的比较及持续利用对策》，《华中师范大学学报》（自然科学版）2006年第3期。

2001 年，江南六镇（江苏周庄、同里、甪直及浙江乌镇、南浔、西塘）共同被列入世界文化遗产预备清单，水乡古镇的品牌效应不断显现。2003 年和 2005 年，建设部、国家文物局相继公布了两批共 44 个历史文化名镇。在这股热潮的带动下，我国各地开始大规模地发展古镇旅游，江西、湖南、四川、重庆、安徽都在打造各自的品牌，目前较为出名的有江西婺源古镇、湖南凤凰古镇等。[①]

　　在古镇游发展如火如荼之时，乡村旅游也呈现方兴未艾之势。1998 年，国家旅游局把该年的旅游活动主题确定为"华夏城乡游"，掀起了我国乡村旅游的高潮。旅游者到乡村旅游是对大自然的追求，对融入自然并与之和谐共存的人文环境和人类活动的追求。他们把这种追求视为人类对自然的一种回归。[②]

　　乡村旅游集中在景区边缘区、老少边穷地区和都市郊区。景区边缘区是在景区辐射带动下最先发展起来的乡村旅游区。老少边穷地区则是受到了国家开发政策的影响，将旅游业作为重点的经济发展方式，如云南、贵州和海南等地。都市郊区由于距离市区比较近，满足市民们周末出游的需要。郊区的农业已经不再以生产粮食为主，更多的是满足城市人的休闲与观光需求。

　　当前，乡村旅游表现出对旅游景区、农业生产的收获活动和传统节庆活动的极大依托。国内游客参加频率和重游率最高的乡村旅游项目是：以春节、元宵节、端午、重阳节等民间传统的节庆活动为内容的乡俗节庆旅游；以收获各种农产品为主要内容的

---

①　李倩、吴小根：《古镇旅游开发及其商业化现象初探》，《旅游学刊》2006 年第 12 期。

②　王兵：《从中外乡村旅游的现状对比看我国乡村旅游的未来》，《旅游学刊》1999 年第 2 期。

采摘旅游；以"住农家屋、吃农家饭、干农家活、享农家乐"为内容的民俗旅游。[1]

旅游产业的发展主要得益于 1995 年开始实行的双休日和 1999 年开始的"黄金周"。在 1997 年，亚洲金融风暴之后，中国的外向型经济发展受到影响，亟须扩大内需，以促进经济的健康发展。国家适时地延长了劳动节、国庆节和春节三个法定假日，为人们的出游提供了时间上的保障。同时，由于中国经济的持续发展，人们的口袋鼓了起来，也具有了消费能力。在物质生活基本满足的情况下，许多人也希望走出家门、国门，增长见识、愉悦身心。双休日的实行则直接促进了乡村旅游和都市郊区游的发展，让人们可以拿出时间到城市的周边走走转转。

熟悉的地方没有风景。以旅游为目标建设的特色小镇，就是要与大众的、现代的、城市的区别开来，给人不同的感觉与体验。对于许多对城市生活感到厌倦的人来说，这些地方很有吸引力，能看到与自己生活环境不一样的地方。所以，这类小镇的主要发展方向是土、古、原，即具有浓厚乡土气息、传统特征、原生态元素，只有这样才能吸引游客。

第三节　地产开发中的特色小镇

地产企业是城镇化的重要推动者和实施者，在特色小镇建设中扮演着重要的角色。它们以"小镇"为单位进行建设，始于 21 世纪初。

---

[1] 陈军：《发展乡村旅游　建设新农村》，《农村经济与科技》2006 年第 7 期。

一 效仿国外的小镇建设

2000 年，在全国范围内兴起小城镇建设。当年 6 月 13 日，中共中央、国务院印发《关于促进小城镇健康发展的若干意见》，《意见》指出"当前，加快城镇化进程的时机和条件已经成熟"，"力争经过 10 年左右的努力……使全国城镇化水平有一个明显的提高"。

2001 年 1 月 5 日，上海市政府印发了《关于上海市促进城镇发展的试点意见》，明确上海"十五"期间重点发展"一城九镇"，即重点建设松江新城和安亭、浦江、朱家角等 9 个中心镇。根据《意见》中"综合考虑城镇的功能定位、历史文脉等因素，借鉴国外特色风貌城镇建设的经验，引进国内外不同城市和地区的建筑风格"的要求，"一城九镇"很快确定了自己的"风貌特色"：松江新城建成英国风格的新城；安亭镇建成德国式小城；浦江镇以意大利式建筑为特色，结合美国城镇风格；高桥镇建成荷兰式现代化城镇，融入法国和澳大利亚风情；朱家角镇既凸现本土水乡古镇风貌，又有现代城镇的格调；奉城镇建成西班牙风格小城；罗店、枫泾、周浦、堡镇建成欧美特色的小城。①

泰晤士小镇是松江新城的一部分，总占地面积 1500 亩，总建筑面积 50 万平方米，是一个集居住、旅游、休闲等多项功能为一体的大型社区。2001 年，由上海松江新城建设发展有限公司与上海恒和置业有限公司等几家开发商联手，计划打造一个高端、英伦风格的别墅区，拥有 10 万平方米的商业街和公共配套设施，定位是幸福小镇、艺术小镇和风情小镇，于 2006 年 10 月

---

① 欧阳亮辉：《关于上海卫星城建设的若干思考》，《广西民族大学学报》（哲学社会科学版）2006 年第 S2 期。

竣工开镇。

后来，在相当长的一段时间，泰晤士小镇成了免费婚纱外景地的"代名词"，每天约有百对新人在小镇里拍婚纱照，占到了上海婚纱拍摄总数的 1/5。这种"潮汐式人流"不仅没有为开发商带来收益，还给小镇居民的正常生活造成了极大的影响。2008年，为解决日益增多的游客与小镇居民的矛盾，小镇成立了松江新城旅游发展有限公司，开始对泰晤士小镇进行旅游功能的定位以及旅游产品的开发，小镇的转型由此开始。

在主题旅游蓬勃发展的同时，小镇的商业运营却出现了问题，大量商铺无人问津，艺术类业态人气低落，没有达到预期的效果，小镇逐渐成为商业的"空城"。为了改变这一局面，2010年6月，松江新城建设发展有限公司从上海恒和置业手中收回小镇主导权，以债权回购方式完成了核心商业区 3.4 万平方米的资产回购，对小镇的整体业态进行了重新定位，希望重点发展影视产业和时尚产业。

2011年底，泰晤士小镇被列入第二批授牌的上海市文化产业园区，从此成为"泰晤士小镇文化产业园"。在随后出台的主题招商策略中，小镇的商业规划被分为婚庆产业区、时尚艺术区、度假休闲区和餐饮会所区 4 个商业业态功能区。如今的泰晤士小镇，已不再只是居住型小镇，还是旅游目的地和工作场所。地产界有关人士已将泰晤士小镇作为通过引进"居家型商铺"，利用主题旅游带动项目开发、用途转换的成功案例。现在，泰晤士小镇的功能和发展轨迹早已脱离当初的规划与设想。① 从这个案例中可以看出，人口的导入不足使新城镇无法发展起来，是很多新城镇目

① 曾倩文：《泰晤士小镇：山寨小镇"变形记"》，《中国房地产报》2013年9月9日。

前面临的共同难题，需要不断地调整思路来解决。

当然，除了上海以整个区域推进的方式效仿欧美的小镇建设模式之外，许多的地产企业以小区为单位进行欧洲风情建设。比如，北京金地地产于 2002 年在北京建设的格林小镇；中国五矿 2011 年在广东省惠州博罗县建设了"五矿·哈尔施塔特"项目，效仿的就是奥地利的哈尔施塔特镇，瑞士英特拉根小镇、意大利托斯卡纳兰溪堡、威尼斯湾德国新天鹅城堡等都可以在国内找到它们的影子。建筑风格或许会成为住宅一时的卖点，但对新城镇的长远发展来说是无用的。只是具有了外在的形式，没有实质性的内容，也没有相应的文化，很难走得远。

二　追求社区生活的小镇建设

在地产界，有"东良渚、西麓湖、北阿那亚、南聚龙"的四大名镇说法。其中，麓湖的特色主要体现在设计的风格和品位上，而其他三个的亮点则在社区文化上。

最早被视为房地产主导小镇"样本"的杭州万科良渚文化村，是我国第一个可居、可游、可学、可创业的具有多种功能的复合生活小镇。良渚因万科而名，万科因良渚而鸣。良渚文化村，实践田园城市、有机疏散、复合功能、有机生长、都市村落等核心概念，传承新田园城镇的规划理念，创造了一个具有独特魅力的新田园城镇形态。①

2006 年 8 月 15 日，万科在杭州宣布收购并正式控股南都房产之后，一个坐落于杭州市的西北端、良渚文化遗址附近、距离武林广场约 20 公里的远郊大盘的命运发生了根本改变。

良渚文化村，南接主城，东接塘栖，西南接余杭，西北接径

---

① 陈旭东：《大城市近郊新市镇发展模式研究》，浙江大学硕士论文，2014。

山风景区，总占地 12000 亩，其中山地 5200 多亩，旅游用地 1200 多亩，公建用地 680 亩，房产用地 3400 多亩。在总建筑面积的 230 万平方米中，规划住宅 180 万平方米，公建 50 万平方米，其中商业用地 10 多万平方米。良渚文化村围绕打造一个 3 万～5 万的人口规模，以 4～5 层为主的建筑尺度，以步行 5 分钟的尺度建立配套服务体系，以每小时 5 公里的步行速度建立的小镇规模，建设一座可持续发展、满足美好居住理想的生活之城。

良渚文化村超越了楼盘概念，以小镇的尺度、步行的时距、主题村落式的布局，成为郊区新镇建设的示范区、田园城市理想与新都市主义的试验场。良渚文化村的核心构架是"二轴二心三区七片"，二轴是指文化村东西主干道和滨河道路串联主题的村落，二心是指东西分别设旅游中心区和公建中心区，三区是指分别设立核心旅游区、小镇风情度假区和森林生态休闲区，七片是指分布在山水之间的主题居住村落。良渚文化博物馆以及良渚圣地公园构成了良渚文化村的精神内核，良渚国际度假酒店、玉鸟流苏商业街区则充分展现了小镇商业、休闲和娱乐的多元和丰富。[①] 在社区居民的集体讨论下，还诞生了村民公约，大家用规则守护共同的家园。

"阿那亚"来自梵语阿兰若，意即一个离城市不远的灵修之所，也可称之为返璞归真之地。它位于秦皇岛的北戴河新区，占地面积为 3300 亩，内含中国马术协会颁发的中国首个社区马会、全球度假 NO. 1 的 club med 酒店、红酒庄社区院线和一个 1500 亩的欧巡赛规格的高尔夫球场等豪华生活空间。该社区原定位为北中国一线私人海岸秘境，进行度假村开发。在 2012 年面市时，

---

① 金俊：《我国城郊大型居住区功能复合探析——以万科良渚文化村为例》，《建筑学报》2014 年第 2 期。

遭遇了房地产转型的低潮期，效果很不理想。

2013 年，阿那亚提出了去地产化的概念，进行了转型。为了解决人气问题，先后办起了业主食堂、儿童农庄、骑行营地、马术俱乐部、儿童之家、日出美术馆、观鸟书屋、四季温泉会馆、孤独图书馆等公共空间，还建立了名为九州会的服务结构和各种类型的业主群，试图通过这种方式增加人们之间的交往，让人们感受来自家人的温度，建设充满人情味的社区。

物业的开发商也变成了美好生活服务商，从赚快钱到赚慢钱，从卖房子到卖服务，打造以服务为核心竞争力的商业模式。管理者提出了以配套服务人、以社群连接人、用精神吸引人的理念。精神的产品是阿那亚最核心的产品形态，社区告别资本地产时代，开启社群空间模式。

聚龙小镇位于福建泉州，离市区 30 公里，不是建制镇，而是一个大型的封闭社区，始建于 2007 年，业主来自全国各个省市区。小镇总规划面积约 2 万亩，集居住、运动、休闲、文教等功能于一体，以"构建世外桃源真品质人居幸福小镇"为宗旨，倾力营造没有陌生、邻里如亲的社区文化。聚龙小镇由东篱、陶然居、甘泉居等六个小区组成，取的名字充满了"世外"之意。

其创始人是福建省聚龙养生发展有限公司的董事长郭无争。他最早在西藏做石匠。1995 年，在最短的时间里完成了布达拉宫的翻建工程，同时成立了西藏南方建设集团。他多次为家乡惠安的公路、学校建设等进行捐款，后来在政府的招商引资政策下，回惠安建设美丽家乡。他回来的原因主要是发现家乡依然贫穷，没有发展，而他内心也有一种对家乡的情结。他在成都、三亚等很多城市都有房子，发现邻里是陌生的，物业是糟糕的，熟人社会在消亡，人与人之间的距离越来越远，小时候那种走街串巷、吃百家饭长大的岁月早已逝去。所以，他想挑战没有人情味的都市生活圈，做一个"有人情味的社区"，按照他想要的生活去做一个项目。

郭振辉是郭无争的同村人，两个人有着共同的梦想。在郭无争的游说下，时任某国企总经理的郭振辉辞去了职务，加入了这个团队。在项目初期，两人就没有打算靠这个项目赚钱，即便赚了钱，也要投入小区的公共建设上，进行滚动发展。2007 年 3 月 31 日，小镇破土动工。经过数年的建设，聚龙小镇呈现一幅世外桃源的景色：山水如画，邻里如亲，没有隔阂，夜不闭户，路不拾遗，是与都市迥然不同的富有人情味和人文气息的小镇，许多人将其称为现实中的"乌托邦"，一个"人与人心里没有围墙的社会""来了就不想走的地方"。①

当前，许多开发商不单纯是在卖房子，还在营造一种温馨的生活环境，让人在社区中找到温度。地产走过了大规模依靠面积、建筑质量取胜的阶段，正在走向对社区生活的追求，更加注重柔性建设。当前，政府也在积极地介入，营造社区文化。

三　新时代的地产小镇

地产企业不单在住宅项目建设上打出了"小镇"的旗号，也大举进军功能性的单体小镇建设，这成为特色小镇建设的一支重要力量。国家发改委出台的《关于实施"千企千镇工程"推进美丽特色小（城）镇建设的通知》，从政策层面为企业进行小镇建设指明了方向，提供了保障。

2016 年 5 月，为静安公馆站台之时，绿城集团的宋卫平首次公开披露了他的小镇理想。按照他的设想，未来五至十年做出 5 ~ 10 个农业小镇样板，主要位于上海、杭州和北京周边 35 公

---

① 钱昊平：《一个社区的"桃源"梦》，《南方周末》2017 年 1 月 19 日。

里的范围内。这类农业小镇需要 3 平方公里土地，其中农业及相关产业占 2 平方公里，建筑规划占 1 平方公里。在建筑规划中，90% 是住宅，10% 是配套设施，包括医疗、教育、餐饮、娱乐和文化等。农业小镇的实质就是一个微缩型的城市，在 3 万的居住人口中，城市与农村各占 50%。农业小镇最大的特点集中在对基础农业的规划上，依靠小镇中房地产开发建设部分获得收益，并带动周边的农业改造，进而形成富有地方特色的大型农业基地。同时，将周边的农民转化为现代农业工人，使他们也成为小镇的一部分。①

虽然宋卫平的"小镇"理想是通过绿城这个平台得以广而告之，但在此之前，小镇计划已在蓝城酝酿了近 13 年，2016 年 6 月 27 日之前，蓝城累计开发在建的小镇项目 17 个，包括医疗小镇、教育小镇、养老小镇和农业小镇等不同的类型。

随着蓝城重组方案在 6 月份公布，绿城中国确立了绿城房产、代建管理、小镇集团、资产管理的业务架构，新推出的"小镇集团"业务由宋卫平担任"总工程师"，而重组之后归置宋卫平名下的蓝城在代建优质板块被剥离之后也提出了十年"百镇万亿"的小镇计划，无论是依凭绿城平台还是蓝城小镇，宋卫平的小镇计划正逐步由理想变为现实。

2016 年 5 月，华侨城表示将与政府、城镇和社会资本合作，结合当地农业观光产业，导入文化旅游和公共事业，优化产业结构和形态，构建 100 个具有中国传统民俗文化特色的小镇，重点布局在深圳、云南、厦门、福州、北京周边、西安周边、成都周边，已对四川天回镇、安仁镇以及黄龙溪镇，深圳甘坑等进行投

---

① 彭耀广：《绿城春风长乐：探索农庄卖家模式》，《北京商报》2017 年 7 月 27 日。

资。① 华侨城采用的小镇建设模式主要是以旅游和文化为主导，把一些特殊小镇做成旅游景区，把靠近城市的地方做成文创产业园区。

当月，华侨城牵手龙岗文化产业基地甘坑客家小镇，"聘礼"达 500 亿元。未来的甘坑新镇将扩容到 4 万多平方米，打造"铁道飞鹰"等大型 VR 游戏，建造一个"文化 + 科技"的 VR 产业园区等。这是华侨城打造的首个"文化 + 旅游 + 城镇化"小镇，也是深圳的首个特色城镇，被称为中国文创第一镇。②

11 月 3 日，华侨城与深圳光明新区开发了一个 11 平方公里的文化旅游特色小镇。据了解，光明小镇项目依托新区丰富的山水田林生态景观，以及以古村落、碉楼、宗祠、古井为代表的人文景观，深度挖掘华侨文化、农耕文化、岭南文化、美食文化等特色资源。这标志着华侨城光明小镇项目进入实质性阶段。

2016 年 8 月 9 日，碧桂园"产城融合战略"发布会暨"科技小镇"项目启动会在广东顺德举行。碧桂园要打造以人为本、产城融合、宜业宜居的智慧型、枢纽型"双创"新社区。碧桂园计划在五年内投资千亿，按照森林城市的标准，在国内建设数个智慧生态科技小镇。当时，开动了 3 个科技小镇项目，分别是惠东稔山科技生态城项目、惠州潼湖创新小镇项目、惠州潼湖科学城项目。③ 10 月 24 日，碧桂园及其合作单位百富东方与东莞市黄江镇政府进行了"科技小镇"合作框架协议签约仪式，这是碧桂园签下的第四个"科技小镇"框架协议。相关人士表示，"科技小镇"的打造标准将不亚于新加坡旁的森林城市。

---

① 王晓雯：《让新城镇散发文化魅力》，《人民日报》2016 年 6 月 16 日。
② 许倩：《华侨城胡海林谈特色小镇建设：关键是找到能长期经营的模式》，《中国房地产报》2016 年 10 月 31 日。
③ 《碧桂园"科技小镇"有新意》，《领导决策信息》2016 年第 33 期。

按照碧桂园的规划，全新的科技小镇将选址在一线城市周边及强二线城市的 30～80 公里范围内的重要区域，占地 2～5 平方公里，最大的特色是生态、智慧、创新。未来的科技小镇，地面都是公园，车辆在地下穿行，建筑外墙长满垂直分布的植物，整个小镇以生态、智慧、创新为特色，实现城市功能与创新产业共生共荣。同时，为了配合科技小镇的产业发展，碧桂园一方面依托自身资源，建立专门的产业孵化基金，另一方面也同大量第三方机构、公司达成合作，为科技小镇注入新的血液。①

　　2016 年 8 月，宏泰集团称近年将逐步投身于特色航空小镇的建设，正努力打造一个集航空制造、维修保养、航空体验于一体，并发展适航中心、产业孵化等工作的通用航空一条龙运营服务品牌。他们将"通航小镇"打造成通航产业市镇，基于通航核心业务与基础设施，可具备生产、居住、商务、休闲、旅游、会展等多种功能的城镇化集聚区，是特色小镇中的特色小镇。已经开始建设的石家庄栾城区航空产业市镇，规划面积为 20 万平方公里，以"一体两翼三支撑"的产业结构为基点，将实现通用飞机制造与运营、航空配套产业区、航空新城镇三大功能。②

　　2016 年 11 月 4 日，中国特色小镇发展研讨会暨华夏幸福特色小镇战略发布在南京举行，南京空港会展小镇签约仪式亦同步举行。南京空港特色小镇占地面积为 2 平方公里，建筑面积 50 万平方米，是华夏幸福在全国以 PPP 模式来开发建设和运营的第一个特色小镇项目，总投资金额将达 80 亿元。小镇的发展目

---

① 王小明：《大象起舞：碧桂园千亿投资"科技小镇"》，《中国经营报》2016 年 8 月 15 日。
② 赵晓兵、王芳：《中国宏泰：占据先机，让"航空小镇"蓄势起航》，《中国民航报》2016 年 9 月 14 日。

标是：1 年成为江浙会展的聚集地；3 年之内成为一个全国会展特色标杆；5 年之内成为亚洲空港的专业会展中心。

事实上，在南京空港小镇之前，华夏幸福已经陆续布局了一系列的小镇。华夏幸福在大厂、嘉善和香河等地打造的影视小镇、人才创业小镇和机器人小镇等已初具规模。包括葡萄小镇、足球小镇、健康小镇等在内的一系列特色主题小镇也已经被提上了日程。①

同日下午，新华联文旅发展公司在北京宣布，该公司将加速转型，着力深耕文化旅游产业，并通过发展这一产业构建新的营利平台。文化旅游开发项目主要围绕古镇展开，即以古镇为平台，提供文化景点、演艺、亲子、餐饮等服务。为了增加旗下文化旅游项目人流量和赢利能力，未来新华联将加强与旅游机构、演艺机构等合作伙伴的联动。事实上，上市之初，新华联不动产提出转型，从专注住宅领域转变为"文旅+金融+地产"三大业务共同发展的格局。随后，该公司开发了芜湖鸠鹚古镇、长沙铜官古镇和韩国的锦绣山庄等文化旅游项目。

地产企业加入特色小镇的开发，主要有以下几个原因：一是城市开发达到了成熟的阶段，扩张速度降了下来，企业利润在不断地下滑；二是人们的居住、生活理念发生了改变，不仅追求住房的面积，也求生活的质量，更加追求宜居；三是国家政策的指引，政府希望企业加入进来，通过 PPP② 的方式来进行特色小镇建设，而不是由政府单独承担这个责任。

虽然，"特色小镇"是个比较新的词，是近几年才出现的现象。但它的基础早已奠定，许多地方进行了探索，只是不具规模

---

① 文青：《华夏幸福开启特色小镇之路》，《中国房地产》2016 年第 32 期。
② "Public-Private Partnership" 的缩写，即政府与社会资本合作，是公共基础设施建设中比较常用的模式。

和影响力。从浙江的经验来看，特色小镇是产业逐渐升级的结果；从云南、贵州的实践来看，则是在利用自己特有的资源来发展经济，运用求异的方式获得外部的认可；从地产企业的介入来看，也是企业在寻找新的突破口，从卖房子转到营造生活、文化氛围等。每个主体从自己的发展角度考虑，推动着特色小镇的建设。所以，特色小镇不是某个地区、主体的独有，而是各方面共同推动的结果，只是出发点和发挥作用的方式不同而已。

第二章　古镇更新

　　古镇是特色小镇中的一个重要类型，以古典为美，主打文化牌、传统牌。但是，这些古镇也不仅仅拘泥于"古"，而是在"古"上立新，展现新的生机和活力。本章主要选取上海枫泾镇、北京古北水镇和贵州安顺旧州镇作为典型案例进行介绍。虽然三个镇都是古镇，但打造的主体和出发点有很大的不同。枫泾镇是在政府的引导下，以古镇更新、产业更新、社区更新和乡村更新的方式，在全镇域范围内进行整体的提升。古北水镇则是利用独特的自然、文化优势，借鉴乌镇的开发经验，以市场化的方式进行建设。旧州镇则根据地方特色，进行镇村联动，打造一个不一样的古镇。

第一节　千年古镇——上海枫泾镇

　　枫泾是座古镇，始建于元代的致和桥横卧在小河上，诉说着千百年来的风云变幻；数万平方米的明清建筑群，依然缭绕着浓浓的烟火气息，展示着它曾经的繁华与兴盛。枫泾是古镇，但不是亘古未变，而是在不断更新。以古镇更新、产业更新、社区更新和乡村更新为内容的小镇更新正在全镇域范围内展开。从这个角度来说，枫泾这个"小镇"并不小，它不局限于古镇区域范围，而是在全镇域进行的特色建设。

一 枫泾镇简介

古镇枫泾，位于上海西南。历史上，地处吴越交界之处，素有吴越名镇之称；与沪浙五区县（市）交界，是上海最重要的"西南门户"。枫泾镇为典型的江南水乡集镇，有"三步两座桥，一望十条港"之说，镇区多小圩，形似荷叶，故又称"清风泾""枫溪"，别号"芙蓉镇"。

枫泾镇历史悠久。2000 多年前，已有百姓生息。南朝梁天监元年（公元 502 年）已成集市，名白牛市。唐宋以来，这里寺院道观遍布，人烟渐多。在元朝至元十二年（1275 年）正式建镇，谓白牛镇。明宣德五年（1430 年），枫泾镇南北分治，南属浙江省嘉兴府嘉善县，北属江苏省松江府华亭县。直到 1951 年 3 月，经新中国华东军政委员会批准，南镇并入北镇，枫泾镇才结束分治历史。1966 年 10 月，枫泾镇由松江县划入金山县（1997 年 5 月起改为金山区）。1993 年 12 月 10 日，枫泾镇和枫围乡撤二建一。2005 年 3 月 28 日，枫泾镇和兴塔镇撤二建一。枫泾镇陆续被评为国家历史文化名镇、国家卫生镇、全国文明镇、全国环境优美镇等。

枫泾镇域总面积 91.66 平方公里，其中，镇区面积 7.31 平方公里，现辖有 23 个行政村、9 个居委会，户籍人口 6.4 万人，常住人口超过 10 万人。枫泾陆路交通非常便捷，G60 公路、沪杭铁路、沪杭高速铁路、320 国道、朱枫公路、申嘉湖和 A7 亭枫高速贯穿境内，距上海虹桥机场和浦东国际机场分别为半小时和一个小时的车程。

枫泾对于小城镇建设的探索已有 20 多年，从它的城镇化发展历程来看，可以分为规划研究、发展探索和定位实施三个阶段。规划研究阶段，主要以 1995 年被列入全国 500 家小城镇改革试点镇为标志，启动了总规、土规、工业园区开发建设，重点是通过工业园区的建设来推动小城镇发展，是小城镇建设的"草创"时期。发展探索阶段，主要以 2001 年被列入上海市"一城九镇"建设试点镇为标志，完成了现代化风格的发展规划。定位实施阶段，主要以 2010 年 5 月开始的枫泾特色镇建设为标志，对小城镇建设重新定位，确立了"特色制造、生态宜居、总部商务、休闲旅游、文创教育"五大功能区。同时，枫泾还开展了以古镇更新、产业更新、社区更新和乡村更新为主要内容的小镇更新建设，实现了科技创新、社会治理创新和美丽乡村建设的有机结合。

2016 年 10 月，枫泾镇被列入国家首批培育的特色小镇。

二 小镇更新的内涵与缘由

枫泾的特色小镇建设立足特有的文化底蕴、区位条件和发展基础，坚持"长三角区域综合性节点城镇"的定位，提出"众创 + 古镇"的发展模式，打造古镇人居示范镇，承载起居民的幸福生活；打造旅游休闲目的地，承载起游客的水乡情怀；打造大众创业首选地，承载起创客的梦想抱负。总的来讲，就是实施小镇更新。

小镇更新，是基于城市更新的概念提出的，是为了让小镇与大都市相适应而做出的有必要、有计划的改建活动。小镇更新对其他的城镇不太合适，但对枫泾来说尤为恰切，因为它始建于南北朝梁天监元年（502 年），是一个具有 1500 多年历史的古镇。当前，在主镇区尚存有 4 万平方米的明清建筑群，以及元代以来的众多历史遗迹。枫泾有能力建设多个新城，但绝无能力再建一个千年古镇。所以，他们更希望从更新的角度来认识城镇的发展与建设，而不是单纯地平地起高楼。小镇不更新，就会失去生机和活力，但更新绝不是大拆大建，更不是去割断文化脉络。

小镇更新既包括对小镇基础设施、公共服务设施等实体的改造改善，也包括对生态环境、人文环境等的优化美化，希望达到"提升小镇功能、激发小镇活力、改善小镇环境、增强小镇魅力"的目标。相比古镇的保护和开发，小镇更新更多是从"人"的需求出发的，希望能让人们的生活更美好；而古镇的保护和开发，大多是围绕"物"来开展的，更多关注的是古镇上的各种历史文化遗迹。小镇更新是在保护与开发共生基础上进行的更新，是在对物进行一定的修缮和维护之后的重新设计和建设。更新不干扰、不破坏对古镇的保护，反而是为了更好地保护。

枫泾的小镇更新是全方位的，除了古镇更新之外，还有产业更新、社区更新和乡村更新。从这个角度讲，枫泾的特色小镇建设并不"小"，不局限于某个特定的范围，而是涵盖了全镇域、全社会。从类型学上来说，它是全镇域进行特色小镇建设的代表。

枫泾是个古镇，拥有悠久的历史，也有成片的明清建筑群，文化底蕴深厚，让人能感受到文化的魅力。但美中不足的是基础设施比较薄弱，要满足现代人的生活需求就必须对其进行改造提升。枫泾的古镇和其他古镇有很大不同。枫泾的古镇不是严格意义上的景区，而是居民区。这里还有大量的居民生活其中，所以，适合观光，不适合休闲度假。因此，枫泾古镇更新的思路是从观光旅游向休闲旅游转变，由古镇旅游到全域旅游转变。不只是让游客在这里看，还能让他们留下来，住段时间，有更深刻的体验。

枫泾的古镇更新主要分为"度假＋休闲"精品民宿区、"漫创＋古街"特色文创区域、"古建筑＋慢生活"历史风貌保护区域、"黄酒文化＋主题体验"黄酒博物馆区域、"旧式仓

库 + 文化创意"仓库文化休闲度假区域、"互联网 + 路演"七印旧厂房改造区域和跨时空省级合作开发区域。古镇更新发生的范围主要在镇区，上述的几个区域基本上涵盖了镇区的主要范围。前三个主要是在古镇范围内，利用古建筑做文章，将它们与创新、创意结合起来，让历史资源焕发出新活力。同时，还积极地开发高端民宿，让人们的脚步慢下来，细细品味慢生活的味道。黄酒博物馆区域主要是以金枫酒业为依托，发展出比较成熟的工业旅游线路。它拥有"和酒"和"石库门"两个黄酒领域的著名品牌，是枫泾的一张名片，目前已经建设了传播黄酒文化的酒事馆。如果按照某些小镇的发展思路，枫泾完全可以主打"黄酒小镇"的名头，但是这种做法不符合枫泾人的个性。

仓库文化休闲度假区和七印旧厂房改造区域则是对破产的集体企业留下的场地进行改造。随着经济的转型，有些落后的产业被淘汰了，剩下了很多仓库和空地。对于这些资源，枫泾镇计划将仓库建设成为文创园，为年轻人搭建释放激情的舞台。七印旧厂房是原来印刷厂的资产，计划建设成为长三角地区最大的农创路演中心。上海拥有长三角地区最雄厚的农业科技力量，但是新技术寻找不到生根发芽的土地，而长三角地区的农民渴望获得先进的技术指导，但是找不到能够帮助他们的人。路演中心就是搭建一个这样的平台，进行农业技术的供需对接，将封存在实验室的技术带到大田里去，将纸转化为钱。同时，也为农民提供翅膀，让他们的产品能够飞起来，提高产品质量和档次。因为枫泾地处浙沪交界处，也自然地成为嘉兴对接上海的第一站，所以，跨时空省级开发区域主要为省际交流设置，推进协同发展。

产业更新的着力点还是在经济发展上，这也是特色小镇必须承担的功能之一。原来，枫泾镇的纺织业比较发达，也发展过一段加工业，当前则聚焦在新能源等新兴产业上。比如，重点发展以普瑞玛为龙头的高端装备制造产业，以康迪为龙头的新能源与智联网联汽车产业，以汉钟精机为龙头的关键基础部件产业，以金枫酒业为龙头的生命健康产业以及以浠梵机器人制造为核心的智能装备制造产业。在不断的选择、培育新产业的同时，枫泾还在不断地延伸产业链条，提高产品的科技含量和附加值。比如，枫泾以蔡同德中药材为核心打造全产业链，与上海中医药大学合作发展中医药基地，引入科技力量；在家庭农场中种植中草药，并将中草药种植园打造成乡村旅游点，发展第三产业；还将中草药销售与古镇结合起来，在古镇中设置中医药馆，也发展成为旅游景点；还与农科院、路演中心合作，寻求技术支持和推广中医药技术；将龙华医院枫泾分院作为落脚点，为居民提供医药服务；等等。这就打造了比较完整的产业链条，丰富了产业的内涵。

枫泾的镇区不单有古镇，还有居民区，这也是小镇更新的重要组成部分。社区更新是让生产的条件更加完善，促进经济发展；也让居民的生活更加便利，提高居民的满意度和获得感。社区更新主要是在镇区的居民区进行，通过基础性、功能性项目的建设，加强与毗邻地区的联动，使社区成为创新创业的汇聚地、联动发展的共赢地。枫泾社区更新的主要措施是启动新幼儿园建设、引进新镇区城市商业综合体项目、与上海建工合作启动"城中村"地块开发、与上海二工大合作筹建上海劳瑞德大学、推进沪杭铁路改建成城际快铁、与嘉善"五个一体化"战略合作等，形成城镇基础功能的"新支撑"。在这个过程中，不断完善道路、交通、电力、排水、通信、燃气等基础设施建设，加强教育、医疗、卫生、社区服务等功能性设施建设，让枫泾拥有中心城区的功能。

枫泾在进行镇区建设的同时，也没有忽视乡村建设，而是希望把乡村建设得更加美丽。为了实现这个目标，他们进行了农村环境综合整治、村庄改造、生活污水纳管、违法违规建设项目的淘汰工作，和建立镇、村级河道"河长制"管理治理机制等。推进乡村更新，主要的抓手是实施"十个一"美丽乡村行动，即一条路（便捷顺畅的道路网格）、一条河（水清岸绿的景观河道）、一个门头（文化浓郁的村牌路标）、一个宅基示范点（乡愁印记的美丽村落）、一个模范家庭（向上向善的道德示范户）、一支文化队伍（乡风文明的宣传团队）、一部村规民约（自制共守的行为规范）、一个公共活动场所（有效运转的"三室一点"）、一套环境整洁机制（有序回收的垃圾处置方式）和一个乡村旅游点（风光旖旎的田园观赏区域）。这项行动实施以后，枫泾的乡村更加宜居宜业宜游，充满活力。

枫泾还将乡村纳入以中国历史文化名镇为核心的全镇域旅游系列之中，让全镇区、每个村都成为旅游的景点，并且各具特色。具体来讲，就是打造东北部韩坞村"中国历史文化名镇"历史文化游、东南部下坊村"下坊渡"茶园生态休闲游、中部新义村"中国故事村"生态休闲游、西南部团新村"潮泥滩"集市游和西北部中洪村"中国农民画村"观光游。枫泾的农民画已经远近闻名，成了上海农村艺术的一块招牌。法国街头涂鸦艺术家柒先生在枫泾留下的 20 幅墙绘更是串起一个"寻画之旅"，让枫泾成了艺术爱好者的向往之地。

枫泾小镇更新在规划上也可以用"一心四片一网"来描述。"一心"即规划在"跨时空、跨省"的特色上做足文章，打造界河文化体验区、南镇休闲居住区、吴越门户广场区、佳酿美食体验区、书画艺术博览区、嘉善一体化合作区等功能区。"四片"

为四大外围主题片区，包括以田间寻画为主题的中国农民画村，以"米香、庙会、禅修"等乡村民俗文化为主题的潮泥滩－大茫－新义片区，以"酒香、船舍"为主题的韩家坞－泖桥片区，以"茶香、药铺、布艺"为主题的下坊渡片区。"一网"为由市河、白牛塘、枫泾塘、秀州塘等构成的水网，规划功能布局回归水脉，让水乡更立体生动。

枫泾小镇更新的方向也可以用三个比较时髦的词来概括，建设"人文小镇"，着力于古镇的保护和开发，延续历史的文脉；建设"生态小镇"，在古镇里和周边乡村营造更好的生态环境，突出市郊小镇的优势，打造宜居的环境；建设"创新小镇"，吸引人们前来创新创业，吸纳相关的产业逐步集聚，找到新的产业支撑。枫泾的创新不是单方面的，而是在科创、农创和文创上同时发力，协同发展。①

三　枫泾特色小镇建设的启示

在特色小镇建设中，重要的是该如何引进社会资本、要不要发展房地产的问题。在这个问题上，枫泾以自身的发展经验，给出了明确的答案。枫泾特色小镇的建设是与上海临港集团和上海建工集团的进入分不开的。2015 年 6 月 16 日，枫泾正式启动上海临港·枫泾"科创小镇"建设。这个科创小镇主要是枫泾提供土地，由临港集团具体操盘，打造"产、学、研、创、孵、投"的大平台、大联盟、大集成，把科创、文创、农创融于一体。只要有一技之长，就可以到"科创小镇"来，创业所缺少的要素都可以在这里配齐。从这个角度来说，"科创小镇"概念

---

① 黄勇娣：《上海枫泾："小镇更新"拉开序幕》，《解放日报》2016 年 5 月27 日。

的提出比"特色小镇"还要早。或者说，当时枫泾的一个特色就是要建设科创小镇。没有临港集团的进入，就不会产生科创小镇，枫泾特色小镇就缺少一个亮点。

2016年12月28日，金山区与上海建工集团签订战略合作框架协议，枫泾镇与上海建工集团签订合作协议，开始全方位的合作。三方以枫泾古镇保护与开发以及与之综合平衡的枫泾车站小镇的打造和新枫泾地产开发为切入点，开展合作，以"政府主导、市场运作、优势互补、合作共赢"为原则，践行政企合作模式（PPP形式），将多方优势和特点进行有机整合，加快推进资源共享，不断拓展合作领域，实现共同发展。此外，枫泾镇还与上海韵创文化公司签订"长三角路演中心开发建设与运营管理合作框架协议"，与上海山麓酒店管理有限公司签订"合作开发古镇民宿框架协议"，与上海8号桥投资管理有限公司签订"关于建设'漫创+古街'特色文创区域战略合作协议"。

枫泾与上海建工集团的全方位合作将分"三步走"。第一阶段（2017年），启动"度假+休闲"精品民宿区域、"漫创+古街"特色文创区域、"古建筑+慢生活"历史风貌保护区域、"互联网+路演"七印厂旧厂房改造区域的设计和建设。第二阶段（2017年底至2019年），启动"城中村"地块开发建设工作和南镇综合开发区域、320国道周边区域与嘉善县惠民街道合作开发区域的规划设计和改造建设。第三阶段（2019年底至2022年），完成古镇建设控制区的保护与开发，基本完成"城中村"改造与开发，启动车站小镇建设。

枫泾与上海建工集团的合作是在枫泾被批准为国家首批培育的特色小镇之后发生的，这也拉开了枫泾特色小镇全面建设的序幕，让小镇更新有了更加坚实的基础。从上述信息来看，如果没有建工集团的加入，就不会有小镇更新的全面实施。因为，以枫泾镇的财力来看，可以负担基础设施建设，不断地改善民生，但不可能做好大面积的镇区更新。一些有市场前景、有风险的项目主要还是由企业来承担，这也符合企业的本质。在乡村更新方面，也发生着类似的状况，有些企业正在与枫泾镇洽谈，希望利用集体建设用地、民宅和耕地建设田园综合体。此类项目的投入也非常大，动辄数十亿元、上百亿元。很显然，没有这类资金的投入，枫泾就不可能进行更新。

在进行更新的过程中，自然而然地就会涉及房地产的问题。特色小镇的建设可以不依赖房地产，但并不意味着不需要房地产。没有住宅的话，"镇"在哪里，产业该如何落地？特色小镇一定要有住宅，只是住宅不是特色小镇发展的重点，不能打着特色小镇的名义圈地。镇区更新很大部分也是住宅更新，将旧的住宅进行修缮，然后再以旅游住宿的形式"卖"出去，否则更新住宅就没有意义。即便是在乡村发展田园综合体，也会涉及住宅的问题。因此，对于要不要发展房地产的问题，枫泾的经验是只要把握好发展的方向与利益分配的原则就好，但不能因小失大、本末倒置。

枫泾的特色小镇建设可以说是全镇域的典型，也是比较成功的案例。枫泾镇和其他镇的不同在于，其他镇只有一个主要特色，也是围绕着某个特色在打造特色小镇，当提到某个镇时，就能一下子想到它的特色。枫泾是古镇，但不拘泥于古，它将最前沿的科创融入，还进行了产业更新，聚焦新业态、新模式；它也不局限于镇区范围，让乡村同步发展，让整个镇域范围都有特色，这是难能可贵的地方。

第二节　星空小镇——古北水镇

古北水镇被称为"长城下的星空小镇"，这既说明了它的位置，也道出了它的主要特点。雄关、漫道、星空，确实给人无限遐想，也让人充满了期待和向往。对于已经习惯水镇出于江南水乡的人们来说，对北方的水镇该是什么样子平添了几分好奇和疑惑。

一　古北水镇概况

古北水镇是古北口镇的一部分。古北口镇位于北京市密云区东北部，地属燕山山脉，东与新城子镇接壤，西与高岭镇为邻，南与太师屯交界，北以长城为界，与河北省滦平县巴克什营镇相邻。京通铁路斜贯镇境西北部，镇域内的国道和京承高速是连接北京与河北承德之间的主要通道，是北京与河北、内蒙古及东北等地交往的重要窗口，自古有"燕京门户""京都重镇"之称。[①]

全镇总面积 84.71 平方公里，呈现"七分山两分田一分水"的地貌格局。古北口历史上曾称"虎北口"，自古以来就是京北燕山山脉中的交通要冲，南下直达京畿，北上可通塞外蒙古高原。在数千年的历史中，一直是华北平原、东北平原和内蒙古高原之间相互往来的交通要塞之一。

古北口镇有个司马台村，是在原守卫长城军民混建而居的古堡基础上发展起来的，现存的"司马台古堡"是北京市重点文物保护单位。[②] 2010 年 6 月，中青旅与原密云县政府签署正式战略合作协议，开发建设"古北水镇国际旅游综合度假区"项目；7 月 16 日成立项目公司，进行筹备。之后就对司马台三个自然村进行了整村搬迁，将 9 平方公里的区域整体规划为"六区三谷"，分别为老营区、民国街区、水街风情区、卧龙堡民俗文化区、汤河古寨区、民宿餐饮区与后川禅谷、伊甸谷、云峰翠谷。

---

① 张宝秀：《"京北锁钥"——古北口的历史演变》，《北京联合大学学报》1998 年第 3 期。
② 草家：《北方水镇古北口》，《住宅产业》2014 年第 5 期。

古北水镇的开发计划是将其建设成为集观光游览、休闲度假、商务会展、创意文化等多种旅游业态于一体，参与性和体验性较好，服务与设施水平较高的综合性、特色休闲国际旅游度假目的地。① 经过了四年的建设，2014 年 10 月正式对外营业，2015 年，古北水镇全年接待游客量超过 160 万人次，旅游综合收入近 5 亿元，可谓一举成名。

有人认为，古北水镇背靠中国最美、最险的司马台长城，坐拥鸳鸯湖水库，是京郊罕见的山、水、长城结合的区域。它实质上是古镇形态的主题公园，并且是其中的经典之作。它成功的关键是选择了具有较高观光价值和品牌吸引力的司马台长城作为依托，让古老的长城作为"古北水镇"的背景，打造了一个古镇的环境与氛围。同时，自身又兼具观光、休闲与度假功能，创造了一个类似迪士尼的梦想之地。② 这种模式既包括传统古镇旅游的基本内容，又有转型升级的成分，秉承着资本运作市场化、设计开发专业化、市场拓展多元化的"三化"原则，形成了集观光旅游、休闲度假、商务会展、文化创意于一体的多重营利模式，是对古镇旅游的拓展和深化，这种模式变得越来越普遍了。

古北水镇的开发模式，整体上借鉴了乌镇的经验。它以"整体产权开发、复合多元运营、度假商务并重、资产全面增值"为核心，"观光与休闲度假并重，门票与经营复合"，实现"高品质文化型综合旅游目的地建设与运营"。③ 中青旅通过增资控股的古北水镇旅游公司是该项目的经营主体，先后引入乌镇旅

---

① 刘思敏、赵艳艳：《我国古镇旅游开发的另类路径》，《中国旅游报》2016 年 8 月 30 日。
② 赵方忠：《古北水镇长成记》，《投资北京》2015 年第 5 期。
③ 周盼：《以乌镇为例浅谈旅游开发模式中历史街区的保护与发展》，《工程建筑与设计》2012 年第 7 期。

游、IDG（美国国际数据集团）、北京和谐成长投资和京能集团等的战略投资，集合了政府、企业和基金公司的力量进行共同开发。中青旅直接控股 25.8%，并通过乌镇旅游间接持有 15.48% 的股权，实际控股比例约 36%（25.81% + 15.48% * 66%）。

确定设立司马台长城保护专属区和旅游专属区，保护区与旅游区严格隔离。保护区与旅游区的分离是完全有必要的，大量游客的进入可能让保护措施失效，会对文物造成破坏，也降低了旅游价值。当然，分离也不意味着不发生关系，人们到这里来旅游，很大程度上就是看保护区内的风貌，看不到就失去了部分旅游的意义。有了旅游的收入，才能更好地进行保护，二者应该是相得益彰的关系。

景区塑造的原则是整旧如故，腾笼换鸟，古镇现代化。具体的做法可归纳为"迁、拆、修、补、饰"五个字。对于许多新建的小镇来说，由于缺乏深厚的历史积淀，给游客的感觉是比较现代，使游客找不到那种小镇或古镇的体验。古北水镇在此方面考虑比较周全，在建设之初就避免了上述的问题。走进小镇，让人几乎感觉不到新建的痕迹。在建设过程中，大多采用了"修旧如旧"的手法，力求再现小镇的历史风貌，尽量将小镇那种久远历史的和深厚的文化积淀展现给每位游客。有相当部分的建筑材料显示出使用过很久的痕迹，似乎像个老人，讲述着那些远去的故事。从斑驳的墙体和大门可以看出，有些院落明显是从其他地方整体收购并在此原样复建，它们充分展示了设计者的匠心独运，设计者在此方面是花了很多心血的。

此外，以长城书院、杨无敌祠、震远镖局、司马小烧、八旗会馆等为代表的建筑群的重建，都最大限度地实现了场景化营造，展示了北国边塞小镇的历史风貌和民俗文化。它们与司马台长城有机地融为一体，形成独一无二的特色，对游客产生了极大的吸引力。古北水镇还十分重视对地方民俗文化的挖掘，通过对造酒、染布、镖局、戏楼、祠堂等情景化活动或景观的再现，让游客更真实地体验和感受古镇生活。这些都充分展现了对区域历史、文化、民俗的理解与尊重。①

古镇的旧和新是辩证统一的。从整体的氛围来说，需要"旧"的，越旧越能展现出与现代生活所不同的一面，从而更加有吸引力。但是从功能需求的角度来说，则需要"新"，因为对于已经习惯了现代生活的人来说，只是通过"旧"来寄托情怀，而不是真的喜欢"旧"，要是真生活在古代，他们也许会感到很不适应，是要逃离的。

在古北水镇经营上，采取观光与度假并重、门票与景区内二次消费复合经营的商业模式。门票只是进入景区的门槛，并不是消费的全部，经营者们更看重的是游客在景区内带来的二次消费。现在，古北水镇已形成门票、索道、游船、温泉、餐饮、住宿、演艺、娱乐等多种业态复合经营的良好态势，多种业态齐头并进，既丰富了旅游的内容，满足了游客的需求，也增加了收入。这种模式极大地降低了门票在整个经营收入中的比例，成功地破解了"门票经济"所带来的困境。古北水镇景区内的商业业态主要分两种：一是零散分布的特色小吃、书、服装等店铺，此类店铺多分布在民宿周边，通过购物加深游客对水镇风情的情感体验；二是老北京特色商业街的商铺，此为古北水镇最大的特色。开发公司负责所有经营权的审批和整体管控，并积极吸纳原住民成为公司工作人员，将其安排到客栈及店铺工作，解决其就业问题。② 此外，古北水镇为了解决北

---

① 张定青：《古北水镇是如何操盘的》，《中国房地产》2016 年第 35 期。
② 潘颖颖：《乌镇模式开创浙江民宿的新纪元》，《旅游纵览》2013 年第 4 期。

方景区在冬季经常出现淡季的问题，还积极开发了雪地长城观赏、庙会、冰雕节、美食节、温泉等一系列冬季旅游产品，呈现"淡季不淡"的面貌。①

在景区的设置上，将观光区与度假区分开也是很必要的举措。因为，观光游客与度假人群所追求的目标不同。观光游客需要在短时间内将能够看的景点都看完，这类人群追求的是时间，来也匆匆，去也匆匆，这就导致观光区内人流量特别大。度假人群则是希望在这里慢慢地享受，他们更加注重住宿的品质，不希望吵吵闹闹的人群干扰到自己。当然，度假人群所需要的服务要更加周到、物品会更加精致。

整个水镇范围内，总体规划有 43 万平方米精美的明清及民国风格的山地合院建筑。住宿业态主要分两种。一类为民宿，通过整体改造，形成准四星标准的度假酒店，以客栈命名，由开发公司统一经营管理，工作人员为原住居民，公司给他们餐饮服务的经营权，但严格控制经营规模。工作人员还需要对客房进行打扫和清洁，以此盘活民宅，提高就业率。目前，已有 400 多间民宿。另一类为标准的星级酒店，提供高端的商务配套，满足商务游客的需求，目前共有 2 个五星级酒店和 6 个小型精品酒店。除此之外，后期还规划了高尔夫场地、别墅地产、度假公寓等多种业态和设施，保证项目的可持续发展。

在小镇特色上，乌镇展现出来的是江南水乡的温润如玉，而古北水镇则是沧桑粗犷，展现出来的是历史上北国边塞小镇的风貌。对于华北地区多数景区来说，水是一种比较稀缺的旅游资源，古北水镇概莫能外。水镇本也少水，仅有一条流经镇区且流

---

① 《一座特色小镇，开业 3 年收入 7 个亿，就是因为做到了这 6 点！》，《公共世界》2017 年第 11 期。

量很小的小河沟。在打造小镇的过程中，设计者们巧妙利用堤坝、堰塘等设施，打造了一个个首尾相连的水面。最终形成了令人叹为观止的"北方水乡小镇"，水镇之名可谓实至名归。[①]

古北水镇的成功除了管理模式先进之外，与它的环境、文化和地理位置也有很大的关系。水镇所在地为原生态的村落，受外界影响较少，周边自然环境保护完好；司马台长城曾被誉为中国最美的长城，观赏游憩价值极高；作为曾经的边塞小城，这里自古以雄险著称，有着优越的军事和地理位置，多元的军事文化和民俗文化等在此聚集。古北水镇所在地距离北京市区仅100多公里，车程仅一个多小时，又位于（北）京承（德）黄金旅游干线上。这样的基础条件，让古北水镇优先拥有了一个有两千多万潜在旅游消费者的巨大市场，同时还可以通过北京这一知名旅游平台，间接拥有数千万乃至上亿的潜在客源市场。借助这种优势，古北水镇的知名度大大提高，市场前景广阔。

二 古北水镇开发模式的启示

古北水镇的开发借鉴了乌镇的经验，或者也可以说是乌镇的翻版。在众多古镇的开发中，乌镇是走在前列的，在许多方面探索出了可以复制、推广的经验。乌镇的发展不是本来就有的、一成不变的，而是经过很长时间摸索，才走上了今天的发展道路的。但即便是现在，也不能说乌镇的开发就定型了，它还在不断地探索。所以，要认识古北水镇的开发模式，首先要了解乌镇的发展历程。

要说乌镇的发展，不得不提一个人，那就是陈向宏。他是土生土长的乌镇人，在这里出生、成长、工作。1999年，一场大

---

① 周红：《说说古北特色小镇融资案例》，《国际融资》2017年第9期。

火将乌镇的老房子烧了不少，陈向宏临危受命，主持古镇的修缮工作。在这个过程中，他思考了一个问题，到底要将古镇修成什么样子，修好之后又该怎么办。为了得到答案，他跑遍了当时已经在开发的所有古镇。走完之后，他认为那些古镇已经开发了好长时间，有了一定的知名度，如果还是参照它们的模式，乌镇就走不远。于是，他就决定走一条与其他古镇不同的路，将原住居民全部迁出，进行整体开发。其实，乌镇分为东栅和西栅两个景区，东栅还有原住民，而西栅则成了全封闭式的景区。将居民迁出去只是第一步，接下来，他们对景区按照修旧如旧的方式进行修复。在修复的过程中，他们尽最大可能用旧物件，能用旧的就不用新的。当把老房子修缮之后，这里还只是一个景区，与其他的古镇没有太多区别。不过，经过修缮之后，乌镇就成为最具江南水乡特色的镇，小桥流水，茂林修竹。成为景区之后，乌镇成立了旅游开发公司，进行统一管理，所有的商户采用统一的原料供应和服务标准，保证品味和质量。

在成为景区之后，需要对其增加文化内涵，于是他们把木心请了回来。乌镇也是木心的故乡，让木心念念不忘，但回去了一次之后，他再也不想回去了。因为，他回去见到的乌镇已不再是记忆中的样子了，让他很失望。当陈向宏将乌镇修缮之后，力邀木心回来再看一次。木心回来之后，就不想再离开了，最后选择在这里定居。因木心在文学界、美术界的影响，乌镇受到了许多文艺人士的关注。这对乌镇来说，是一个不错的宣传。木心辞世后，乌镇又专门兴建了木心美术馆，该馆成为乌镇的一个文化地标，许多人怀着朝圣的心态来到这里。

对于乌镇来说，仅有木心是不够的。因为特有的江南韵味，乌镇成为许多影视作品的取景地，成了影视界的宠儿。因为对乌镇的喜爱，黄磊、赖声川和陈向宏等人又筹划了乌镇戏剧节。这个戏剧节每年都会举行，吸引世界各地的戏剧爱好者来这里演戏、看戏，乌镇还专门建了几座剧场，常年都有戏剧演出。在戏剧节期间，街头巷尾随处可见戏剧人的演出，有空地处即是舞台。乌镇成为江浙沪地区青年戏剧爱好者的聚集地。

更让乌镇名声大噪的是它成为世界互联网大会的永久会址。因为世界互联网大会的召开，乌镇每年都会吸引世界的目光。在这个古镇上，不断上演着最新的技术、最新的思维、最新的模式，古镇一方面因为传统、久远而显得更有韵味，另一方面则因为现代、先进而显得更有活力。在这里，并没有什么对立，更多的是统一，让人们领略中国的魅力，领略科技的魅力。

世界需要中国，中国需要乌镇。随着经济社会的发展，中国在国际上的影响力越来越大，在国际事务上中国的话语权在增大；中国在科技上的突飞猛进，也在一些领域引领着世界的潮流。这就需要有个向国际社会展示中国的平台，需要有一个体现中国神韵的舞台，既能展示中国的成就，也能表达中国的声音。从上述的要求来看，乌镇无疑是个不错的选择。它具有典型的江南水乡风情，能够代表婉约的中国文化，同时又地处发达的长三角地区，靠近区域中心城市，基础设施完善，可以为会议提供良好的资源和服务。乌镇只是中国的一个窗口，展现了中国的一个方面。随着时代的发展，中国需要更多的窗口向世界展示已经取得的成就和提出的倡议，从这个角度来说，类似乌镇这样的特色小镇太少了，需要建设更多的"乌镇"。

不管是乌镇还是古北水镇，都是市场选择的结果，都在随着人们消费方式的变化而变化。乌镇刚开始只是在发展观光旅游，只是做到修旧如旧，打造了一个传统的壳子，让那些没有见过古镇的人和厌倦了城市生活的人，去看看原来的人是怎么生活的，只是满足了看。后来，人们的要求提高了，不只是想看，还要住下来，体验一下这里的生活，这就催生了度假旅游。这就意味着，古镇不单要保持古朴的一面，还要有便利的生活设施，能够让人们住下来，民宿、酒店等就出现了。等人们住下来之后，还要让生活充实起来，不满足观光所看到的东西了。观光的事物在短时间内就能看完，而住下来会体验到更多。所以，必须为古镇注入文化的元素，建立一些艺术的场馆，举办一些艺术活动，等等，能够让人们驻足，慢慢地体味。这也就是"一样的古镇，不一样的乌镇"口号的来由。虽然，从外貌上来看，古镇没有什么太多的差别，但是在内里上是不一样的，乌镇就有了更丰富的文化内涵。许多古镇在开发的过程中，推出了许多体验性的节目，希望让人们融入生活环境中，有更多的收获。但只有这些还是不够的，古镇不能仅仅吸引普通的游客，还要探索多种模式。也是因为世界互联网大会的到来，乌镇成了高端、大气的会展中心。也许，许多古镇都要不断探索，实现可持续发展。

第三节　梦里小江南——安顺旧州镇

一　旧州镇简介

旧州在战国时为夜郎国属地，秦时为夜郎县属地。始建于元朝，元至正十一年（1351 年）起为安顺州治所。明朝成化年间，因迁安顺府与普定卫同城而至，治所迁往阿达卜（今安顺城），安顺州遂改名"旧州"。旧州距省会贵阳 80 公里，距安顺市区 37 公里，全镇总面积 116 平方公里，总人口 4.4 万人，苗、布依、仡佬等少数民族人口占 38.1%，平均海拔 1356 米，全年空气质量优良率为 100%。旧州镇生态良好、环境优美、文化资源丰富，是中国屯堡文化的发源地和聚集区之一，是全国第一批建制镇示范试点镇、中国历史文化名镇、全国文明村镇、全国美丽宜居小镇和国家 4A 级生态文化旅游小镇，被誉为"梦里小江南，西南第一州"①。旧州镇也是贵安新区六大功能区之一，被定位为"贵安新区后花园"，以高端养生、休闲度假、文化旅游为特色。

明洪武十三年（1380 年），云南梁王巴扎刺瓦尔密反叛。洪武十四年（1381 年），朱元璋派大将傅友德和沐英率三十万大军征南，经过三个月的战争，平定了巴扎刺瓦尔密的反叛。② 为了稳定西南和大明王朝的长治久安，太祖皇帝命前往征讨的大军就地屯军，还将一些中原、湖广和两江地区的工匠、平民和犯官等强行迁至今贵州安顺一带居住。在岁月的长河中，征南大军、迁入居民及其家属带来的各地文化与当地文化融合，经过六个多世纪的传承、发展和演变，逐渐形成了"屯堡文化"。

屯堡人在执着地保留着先民文化个性的同时，也在耕战、耕读的过程中创造了富有地域特征的文化。他们的语言还保持着原来的语腔语调，并未被周围的语言同化；屯堡妇女的装束，沿袭了明清时期江南汉族服饰的特征，不免让人产生穿越之感；屯堡食品具有便于长期征战、给养的特征，易于长久储存和收藏；屯堡人的宗教信仰与汉民族的多神信仰一脉相承，经常可以看到汉族的神祇；屯堡人的花灯曲调还带有江南小曲的韵味，时不时会蹦出来吴侬软语；屯堡人的地戏原始粗犷，对战争的反映栩栩如生，再现了战争的宏大场面；屯堡人以石木为主营造的民居建

---

① 曹晓霞：《旧州：探索山地特色小镇发展之路》，《地球》2016 年第 11 期。
② 张秀娟：《宗法关系在清代经济活动中解体的时空差异》，《贵阳学院学报》（社会科学版）2011 年第 3 期。

筑，也是受到了防卫性需要的影响，质朴的外形加上高雅的气质，成了安顺特有的地方民居风格。①

旧州镇从实际出发，注重发挥文化和生态优势，从修复古建筑开始，进行特色城镇建设，彰显旧州的"旧"。旧州镇内按八卦布置的葫芦形古城格局，极具典型性与唯一性。古旧州城内有钟鼓楼、清元宫、万寿宫、城隍庙、胡广庙等古建筑，同时私学和官学众多。旧州人秉持"修旧如旧不是旧，似旧非旧；建新非新且作新，此新不新"的原则，对旧街、旧景进行修复。为恢复屯堡建筑整体历史文化风貌，旧州镇投入资金对古镇周边的民居进行了外立面景观整治。让古街依然保存着"下石、上木、石片瓦，小窗、屋檐、穿斗墙"的历史风貌；电线、电视、通信"三线"入地，让小城镇的天空变得清朗透明；水被引导到街面上，流经居民家门口的水渠，让古街透出灵气和活力。旧州还启动了打造古镇客栈计划，把更多的三合院、四合院建筑，民居改造成宾馆，让游客住进小镇，可以触摸历史。

古镇核心区的南街、西街，道路两旁的传统民居修缮如旧、错落有致，墙体是"下石上木"结构，屋面用石板铺设，窗栏雕花，窗下流水潺潺。沿街商铺挂出挑幡，或蓝，或黄，与相间其中的红灯笼遥相呼应。"孙家大院""刘家大院""谷氏老宅""郑家老宅""周之冕住宅"等建筑"重焕旧貌"。经过岁月涤荡的古城墙、古驿道、古遗址、古墓葬等大量文化遗存无不彰显出古镇厚重的历史文化底蕴。② 走在街道上，就能真切感受到 600年前的大明遗风。

---

① 姚晓英、陈俊、奚暄：《领略大明遗风 感受秦淮余韵》，《贵州日报》2005 年 8 月 21 日。
② 王瑞：《走进贵州安顺 创享历史文化盛宴》，《西部时报》2011 年 4 月 1 日。

古镇的鲁氏老宅则体现了近代东西方文化交汇的风韵。它建于民国晚期，为中西合璧式的建筑，两层楼高，传统轿子顶，白色的外墙，没有木质外廊，门头及窗头均有西式装饰。庭院主人鲁大东是湖北人，与旧州富豪赵氏之女赵碧光小姐在此求学时相识、相知、相爱，结成伉俪，定居旧州。这座宅子是鲁大东送给赵女士的结婚之礼，其情也真，其意也切，其礼也厚。新中国成立后，该宅院收归政府所有，至20世纪80年代曾作为旧州卫生院。后来，为了配合古镇的开发，对这里进行了重新打造，用于经营西餐厅、咖啡屋等新业态。①

为了让旧州的特色更加突出，旧州镇主要有以下几个动作。第一，主打文化牌，突出地方文化。为使历史文化与旅游更好结合，旧州镇将独有的历史文化——地戏、花灯及其他表演形式的剧目整合，编制打造极具特色的民族演出，如演绎古代战争的地戏、独特的古镇花灯、淳朴的苗族芦笙舞、述说历史的安顺唱书、抒发感情的屯堡山歌等。结合本地人文历史、文化习俗改造城区，打造属于安顺旧州独有的明清风格面貌，使旧州风情风味浓郁。

第二，主打生态牌，建设绿色旅游小镇。旧州镇按照"镇在山中、山在绿中、山环水绕、人行景中"的规划布局和发展理念，坚持生态保护优先，培育了一个国家级湿地公园，一个4A级国家生态文化旅游景区和两个特色观光农业示范区，让旧州的农村也变成了景区，处处可以看到风景。② 走在邢江河岸边，但见河中水清悠荡，两岸田畴平坦，风光秀丽。扑腾的水鸭子，水中嬉戏的孩子，河边垂钓的老人，这般纯美的田园景象令人流连忘返，让习惯了城市钢筋混凝土和喧嚣的人们回到大自

---

① 刘可立：《旧州特色小镇发展新路径》，《中国投资》2016年第6期。
② 方春英、冯倩：《乡村绘美景　城镇添活力》，《贵州日报》2016年8月11日。

然。这条弯曲的河道流淌着 600 年的沧桑历史，像母亲一样守护着安顺旧州镇。在如此美景的基础上，旧州加强政企合作，借助外力发展，与清华大学城市研究所深度合作，由院士亲自指导美丽乡村人居环境整治项目，在浪塘村打造了升级版的"微田园"；与"万绿城"城市综合体合作，建立特色产品直供基地，实现示范小城镇订单式生产、城市综合体链条式销售；与葡萄牙里斯本大区维苗苏镇、黄果树旅游集团公司合作，打造特色旅游民居、"山里江南"旅游综合体等项目，吸引农业转移人口向镇区和美丽乡村集中，还积极地打造特色旅游民居、高端民宿等项目。①

第三，按照国家新型城镇化试点要求，积极探索创新城镇化发展体制机制。旧州镇围绕城乡发展一体化的要求，逐步把镇区打造成为连接城乡的重要纽带、服务农村的重要平台、带动周边的辐射点。近年来，旧州镇建设了全长 11.072 公里的屯堡旅游大道，一端是七眼桥镇马树桥，一端是旧州镇东环路口，打破了大屯堡文化旅游区中各自为政的发展模式，将原本受交通条件制约的七眼桥镇、大西桥镇、旧州镇等乡镇串联起来，用以点带面以点串线的方式增加旅游景点，将古镇文化、自然风光、民族文化深挖打造，形成以屯堡文化为核心的文化产业带，打造具有辐射联动能力的城镇集群。

旧州镇树立"一盘棋"思想，把特色小镇建设与全面小康社会建设完美地结合起来。按照建设美丽乡村的要求，统筹镇村基础设施和公共服务设施建设，构建"以镇带村、以村促镇、镇村融合"的发展格局，逐步形成以镇区为圆心，周边村寨为半径的"1 + N"发展模式（一个中心镇区，N 个美丽乡村），逐

---

① 王礼鹏：《探寻培育特色小镇建设的内外合力——对地方实践的经验总结与理论思考》，《国家治理》2017 年第 15 期。

步推进各村的"四在农家·美丽乡村"建设。同时，根据镇、村的资源禀赋、规划定位、发展分工和职责权限，推进镇总体规划和村庄规划编制，实施镇村基础设施和公共服务设施建设，同步推进镇、村产业发展，扩大城镇服务半径。镇区周边的浪塘、把士、文星3个村在产业分工、基础设施配套建设等方面已与镇区"联动、联建、联美、联富"，全镇力争实现12个村全覆盖。旧州的特色小镇建设坚持以人的城镇化为核心，努力解决发展中的问题，力争在基础设施、公共服务、产业升级、生态环境、文化传承等方面取得更大的进步与突破。

旧州镇还从空间、产业等方面进行科学合理布局，在镇区与浪溏之间增设山里江南、屯堡古寨、观光小火车、慢行系统、农耕文化园等项目，成功引进昆明金控集团，集团投资7亿元在旧州镇进行现代观光农业园区建设，镇政府在五翠田坝流转土地1520亩开发现代观光农业园，转变单一的种植模式，提高土地有效产出，增加农民收入，有序转移劳动力就业。在全力打造浪塘乡村旅游业的同时，争取上级投入资金，鼓励和引导村民经营农家乐和农家旅馆，引导村委会注册成立了旅游协会，引导农户成立了龙腾蔬菜种植协会和劳务公司，不但为乡村旅游业的快速发展奠定了基础，还极大地增加了农民收入。同时，转变传统种植观念，带动了第三产业的快速发展。把小城镇建设与易地扶贫搬迁有机地结合起来，将生活在自然条件极其恶劣、生态环境比较脆弱、自然灾害频繁区域的贫困农户搬迁，在镇区附近集中安置，并帮助其解决就业问题，让他们有稳定的收入来源，能够在城镇生活下去。

二 旧州镇的经验启示

对于旧州镇这个原来以种植、养殖和加工为主，经济总量比较小，发展水平较低的农业乡镇来说，能够取得今天的成绩实属不易。也许，在全国范围内，像旧州镇这样拥有部分历史遗迹、地域文化的乡镇并不在少数，对于许多欠发达地区的乡镇来说，生态环境也呈现良好的状态。这也就意味着，从基础条件来说，旧州镇并不占据太大的优势，但它在特色小镇建设方面取得了成功，成了国家发改委重点推介的两个典型案例之一。旧州镇成功的原因主要有两个：一是将生态转变成了资源，践行了绿水青山就是金山银山的理念；二是实现了镇域范围的协调发展，区域性的概念更加明确，实现了镇带村的共同发展，而不是仅仅有镇而无村。

屯堡文化、生态环境只是旧州镇建设的起点，如何让它能够突显自己的特色、如何进行建设则是对发展思路、决策智慧的考验。将保护人文和生态环境作为发展方式，抛弃了大拆大建的发展思路，这本身就有许多值得思考的地方。许多古镇为了打造自己的特色，拆除真古迹，仿建了许多的古建筑，一说起古镇都是白墙黛瓦马头墙式的明清徽派建筑，这就失去了本地的特色，失去了古镇本来的面目，失去了特有的文化底蕴。这种做法谈不上仿古，更像是另一种现代的表现形式，与城市中的高楼大厦没有太多的区别。同时，他们还在生态上做足了文章，将生态变成了资源。从生态的角度来看，也许未开发的地区指标更好，但是那里没有方便的基础设施，没有可以品味的人文景观，也会让人们前往的兴趣和动力大大降低。对大部分人来说，旅游是要去休闲、度假，而不是探险。所以，单纯的生态环境并不足以发展旅游业，还要有相应的基础设施，能够满足现代人的需要，让他们能体验到与城市不同的色彩，但又不会有太多的不便。所以，在发展的过程中，要不断地完善设施，加强对环境的保护，提升垃圾的处理能力，尽最大可能给客人们展现绿水青山和人文底蕴，提供便利的生活条件。

旧州镇在发展的过程中，难能可贵的一点是实现了全域发展，而不仅局限在镇区及其周边范围。因为，在许多的城镇化地区，为了实现集镇的发展，实行资源的集中投放，会产生虹吸效应，周边的农村会付出代价。而在旧州镇没有出现这种情况，而是实现了以镇带村，实现镇域范围内的协调、同步发展。这也扩展了发展的范围和深度，全镇范围内都是景区也扩大了景区的范围。这会给人带来很大的震撼，可以在全镇范围内寻找到特色，呈现面的美，而不只是在点上。旧州的特色小镇，不能算是小镇，而是全镇范围内的大镇。当然，这种镇的发展也具有一定的偶然性，并不是所有生态良好的镇都可以发展起来，还受到周边经济状况等因素的影响。同时，若某个区域范围内生态状况都是良好，那就没有了稀缺性，让生态方面的特色没有办法彰显。对于已经在工业领域取得成就的镇来说，发展方式的转换可能会更困难。要想在工业发展和生态建设上都取得重大的成绩，也会面临很大的挑战。

旧州镇也许只是贵州省的一个普通乡镇，但它的探索对该省来说有重要意义。因为它没有太多的特殊性，甚至可以说是太普遍了，所以这种发展模式具有很强的代表性和推广性。贵州被称为"地无三里平"，山地多、平地少，是全国唯一没有平原的省份，也是贫困人口最多的省份，城镇化的发展相对滞后。从目前的统计数据来看，常住人口的城镇化率只有40%，还有一多半的人口生活在农村。所以说，贵州的城镇化尤其是小城镇的建设绝不能走"摊大饼"的老路，只能从山地贵州的实际出发，体现"小而精、小而美、小而富、小而特"，走"蒸小笼、串珍珠"组团式发展的新路。①

---

① 李博：《特色小镇：各取所长亮名片》，《中国经济导报》2016年2月26日。

第三章 产业升级

产业升级类的特色小镇应该是数量最多、影响最大的一类特色小镇，也是国家希望重点发展的一种类型。这类特色小镇的建设不是一朝一夕的事情，而是经过长期发展的必然结果。此类特色小镇是产业转型升级的重要载体和抓手。本章选取广东顺德的北滘镇、浙江绍兴的大唐镇和江苏常州宜兴的丁蜀镇作为典型案例进行介绍。北滘镇号称"家电王国"，拥有美的和碧桂园两个千亿级的企业。大唐镇则号称"世界袜都"，与周边的乡镇共同打造了"袜业王国"。丁蜀镇则以紫砂闻名海内外，陶瓷业是其发展的不二选择，特征鲜明，底蕴深厚。

第一节 智造小镇——顺德北滘镇

北滘镇号称"家电王国"，是一个拥有两家千亿级企业的岭南小镇，也是珠三角地区工业发展的缩影。在发展的初期，北滘镇并没有太多的优势，在众多侨乡中并不起眼，但经过40年的艰难探索、奋勇直前，走出了一条属于自己的路，由一条条生产线发展成为"智造中心"。

一 北滘简介

北滘镇位于顺德区东北部、珠江三角洲腹部。该镇总面积

92 平方公里，镇区规划面积 29.2 平方公里，东面与番禺市相接，南距珠海 110 公里，西至佛山 117 公里，北抵广州 25 公里。现下辖 10 个居委会，10 个村委会；有常住人口 26 万人，户籍人口 12 万人。北滘镇小家电的经营规模全国最大，空调、微波炉、电饭煲、电机等产品的产销量均居全国三甲，空调、电机产销量独占鳌头。[1] 北滘镇有"中国家电制造业重镇""家电王国"之称，家电制造优势尤为显著。美的、惠而浦、蚬华闻名海内外，也有精艺、盈峰、丰明等家电配套生产企业近 1000 家，整个家电配套制造业产值超过千亿元，规模超过全国家电业总产值的 10%。其中，家电龙头企业美的集团拥有中国最大最完整的空调产业链和微波炉产业链，形成了中国最大最完整的小家电产品和厨房用具产业集群。近年来，北滘镇定位"智造北滘，魅力小城"的发展目标，推动经济、社会和城市建设的全面发展。[2]

北滘镇古称"百滘"，百河交错、水网密集，因曾拥有众多河涌而得名。1949 年以前，北滘镇以水稻、鱼、甘蔗三大产品为主，由于产量少，村民经常饿肚子，连饭都吃不饱。1959 年，北滘镇人民公社建立时，工业总产值才刚刚达到 400 万元，仅有几个服务农业的"农"字头打铁厂、农具厂。工业基础是顺德最差的，稳居后两位。[3]

1978 年时，北滘镇工业产值达到了 1755.3 万元，但还是处于顺德镇区的倒数第二位。也正是在这一年，改革开放的春风吹进北滘，为北滘带来翻天覆地的变化。当时，公社要开会讨论如何利用改革开放的政策赶快富起来，但是被会议经费的问题困住了。最后，大家痛下决心，把集体的沥青厂油罐当废品卖出去

① 《顺德北滘镇：中国家电制造重镇》，《广东科技报》2012 年 9 月 28 日。
② 《智造北滘 魅力小城》，《科技日报》2011 年 3 月 9 日。
③ 张艳利：《雄心壮志成就不凡北滘》，《佛山日报》2016 年 6 月 3 日。

了，将收入作为会议经费使用。在这次会议上，北滘镇确立了以工业立镇的思路。北滘镇领导喊出了"先当债主，后当财主"的口号，冒着风险向银行担保贷款，政府搞项目、拆资金、销产品、谈合同、聘人才……在这种艰难的情况下，北滘镇的工业开始起步了。

如今的北滘镇被称为"家电王国"，可它最初并没有这么光鲜亮丽。从北滘镇家电行业领头人区鉴泉、何享健的经历中可以略知一二。区鉴泉从县工业学校毕业后，先后担任公社副食品厂的出纳、会计。1965年任副厂长，三年后当厂长。这个厂也就是生产酱醋腐乳的小作坊，后来与生产软木瓶塞的加工厂合并了。再后来，企业转向小家电制造，1978年生产出第一台9英寸的小电风扇，1980年造出质量更佳的10英寸金属台扇后，更名为裕华电风扇厂。厂子建立的前几年风扇的销路非常好，年产量最高时曾达7万台，裕华成为当时公社数一数二的骨干企业。①

26岁之前，何享健的履历非常简单：高小毕业，辍学务农，工厂学徒、工人、出纳，公社干部。② 1968年5月2日，何享健带领23位村民，以"生产自救"的名义每人集资50元，并通过其他途径多方筹措，共集资5000元，创办了"北滘街办塑料生产组"，行政上隶属于顺德区北滘街道办。生产组的厂房是由工人们用竹木沥青纸手工搭建而成的，生产场地约20平方米，生产组靠手工操作的简单机械，对回收的尼龙纸、塑料布等废旧塑料进行加工，生产小瓶盖。③

---

① 江佐中、王志纲：《危机，造就了他——农民企业家区鉴泉的成功之道》，《瞭望周刊》1988年第25期。
② 陈润、何享健：《从"养鸟"到"放鸟"》，《企业观察家》2013年第5期。
③ 李心宇：《"白电王国"缔造者——记美的集团创始人何享健》，《广东经济》2014年第7期。

1973 年，小瓶盖被药用玻璃瓶（管）、皮球等产品取代；1975 年 12 月 6 日，"北滘街办塑料生产组"更名为"顺德县北滘公社塑料金属制品厂"，半年后又换成"顺德县北滘公社汽车配件厂"，生产汽车挂车刹车阀，兼营汽车橡胶配件。1979 到 1980 年，经常停电成为各地普遍现象，何享健抓住机会生产发电机。这是何享健离电器最近的一次，但还没有正式生产家电。

顺德是著名的侨乡，20 世纪 70 年代末期，港澳同胞回乡探亲带的都是家电，外商投资的合资企业大部分也选择了家电行业。[①] 1980 年，何享健开始把眼光放到风扇生意上。刚开始，何享健选择为国有企业做配件加工。很快，他将"顺德县北滘公社汽车配件厂"更名为"顺德县北滘公社电器厂"，并买来 100 套零件，自己组装金属风扇。1980 年 11 月，顺德县北滘公社电器厂生产的第一台 40 厘米台扇面世，何享健为台扇取名为"明珠"牌。1981 年 11 月 28 日，原"顺德县北滘公社电器厂"又一次更名为"顺德县美的风扇厂"，美的商标正式注册。1984 年，美的研制出全塑风扇，投入市场后一炮打响，并在此后两年的风扇大战中脱颖而出。站稳脚跟的何享健又踮起脚尖将眼光投向空调，1985 年 4 月 8 日，美的成立空调设备厂。随后，他们收购了一条国营企业下马的空调生产线，凭借该厂的原有基础，美的开始试制、生产空调。然而，接下来的几年，美的空调并不是一帆风顺。由于生产、销售能力有限，每月产量长期在 200 台左右，其间，公司数次因资金短缺陷入困境。直至 1988 年，华凌总工程师主动找上何享健，两人自此结缘，美的空调才有了新的发展。

---

① 《75 岁捐 60 亿做慈善，何享健的"美的"人生》，《南方企业家》2017 年第 9 期。

1992 年，邓小平南方谈话之后，产权改革成为顺德乡镇企业发展的关键词。美的积极参与股份制改革的试点工作，被列入了第一批名单。1993 年 10 月，美的公众股以 8.45 元的价格发行。11 月 12 日，美的获准在深圳交易所上市，股票简称"粤美的 A"。何享健也由此成为中国乡镇企业上市第一人。

2001 年，美的作为上市公司，顺利完成 MBO（Management Buy-Outs），开启了新的征程。2004 年 10 月，美的以 2.34 亿港元的价格收购华凌股份，成为它的第一控股股东，由此进入了冰箱行业；同年 11 月，正式入主荣事达，开始了在洗衣机业的布局；2008 年，美的增持小天鹅股权，并获得了荣事达的全部股权。自此，美的全面进军空调、冰箱、洗衣机等家电行业，逐步成为国内白色家电行业的巨无霸。2010 年，美的的营销收入超过 1000 亿元。2013 年 9 月 18 日，美的集团在深交所挂牌整体上市。

裕华、美的只是北滘镇家电企业的代表，还有许多家电企业在这里成长起来。在此过程中，它们也主动寻求外力的帮助，攀乡亲、找搭档，吸引外资发展"三来一补"贸易。1982 年，北滘镇成功引进首批"三资企业"，成为顺德最早引入外资办厂、发展外向型经济的乡镇之一。1987 年初，北滘镇获得了香港吊扇大王翁祐近 1 亿元的投资，建成了亚洲最大的风扇厂——蚬华电器制造厂。

北滘镇在发展的过程中，也得到了"星火计划"的大力资助。1985 年，为了加速农村现代化进程，把现代科技注入农村经济的肌体，国家科委在全国范围内实施了科教兴农、振兴农村经济的"星火计划"。[1] 1995 年 3 月，国家科委批准在北滘镇建立国家星火科技城，其目标是以国家星火科技城为载体，建立一

---

① 尚晓平、何子超：《举世瞩目的成就——北滘镇长周冠熊畅谈实施"星火计划"十年历程》，《珠江经济》1997 年第 7 期。

个为全国星火企业、星火技术和星火人才提供全方位服务的星火大市场。从这个角度来讲，北滘镇的发展是各方努力的结果，既有国家政策的支持，也有外资的帮助，最为重要的还是北滘人的积极进取和努力拼搏。

二 北滘家电行业的升级

进入新千年之后，随着改革的深入、产业结构的调整以及企业规模不断扩大、人们消费水平逐步提高，产业升级成为必然趋势。北滘镇决定以"增总量、优结构"为双引擎，以总部经济区、广东工业设计城、家电全产业链项目建设为载体，吸引优质项目入驻、推动优质企业增资扩能、促进产业链向高附加值环节延伸，进而实现转型升级的目标。[①]

（一）总部经济的兴起

2005 年，北滘镇提出探索发展总部经济之路，主要是形势所迫。一方面是空间有限，阻碍了企业规模扩张。北滘全镇面积仅 92 平方公里，但镇内企业数量已近万家，规模以上企业近三千家，工业年产值达千亿元规模，有限的土地难以承载企业的持续扩张；另一方面，本地企业不断外迁，地方政府压力加大。那时，许多本土企业考虑到土地资源限制和市场布局等因素，纷纷到外地投资设厂，每年迁出企业的工业年产值都超过了 100 亿元。同时，珠三角、长三角地区的许多城市向这些企业伸出了"橄榄枝"，希望将企业的总部迁到它们那里去。这都给北滘镇政府带来了很大的压力。[②]

制造业外溢是产业发展的趋势，也是企业发展的必由之路。

---

① 黄才文：《博士爱上魅力小城生活》，《佛山日报》2014 年 2 月 20 日。
② 郑杨、张建军：《小城镇何以承载大总部》，《经济日报》2014 年 8 月 11 日。

当地政府认为，企业可以走出去建设生产基地，政府不但不阻止，还要积极鼓励。但是，要将营销、研发、管理等高端环节留在这里，也就是将企业的总部留在这里。所以，北滘镇要建成以内聚型为主、外延型为辅的中国民营经济总部基地。为此，北滘镇在新城区设置了总部经济商务区，云集了多栋总部大楼。这些大楼都是汇合环保、生态、节能、智能科技等新概念和新技术于一体的5A智能化超甲级写字楼。①

北滘镇的目标不是希望招来多少外地大企业或世界500强企业来这里建设区域总部，而是要为那些本土成长起来的企业建设一个温暖、舒适的"家"，让它们将总部留在这里。当然，总部大楼的投资、运营都是市场行为，主营公司本身就是在国内外多点布局的集团企业。它们比政府更了解市场需求，掌握市场的动向。北滘镇从政府层面提出的唯一要求就是建成后五年内不得出售，不能进行房地产开发，写字楼只能用作企业总部的办公场所。

本土企业发展壮大后，为了获得更大的平台迁往中心城市的例子屡见不鲜。那么，北滘镇为什么能让企业留下来呢？答案是：总部经济所需的各种要素、功能在这里均可以得到满足，综合优势非常明显。

第一，这里有良好的区位和交通条件，方便跨区域调配资源。从北滘镇开车到广州南站仅需一刻钟，还有船可以直达香港。产品出口海外，以河海联运的方式极其便利，产品从陈村运到北滘港、佛山新港所需时间都在半个小时以内，然后可以经香港红磡码头发往全球各地。

---

① 郑奕纯：《从"工业城镇"迈向"双创之城"》，《佛山日报》2016年6月20日。

第二，这里的通信信息技术基础良好，可以轻松地实现远程管理。在北滘镇，企业总部坐落在绿水青山之中，管理层"运筹屏幕之前，决胜千里之外"已经司空见惯，以视频会议的方式对外地工厂进行远程监控、异地管理不存在任何的难度。

第三，这里有完整的产业链集聚。北滘镇的家电配套生产企业将近千家，产值总规模超过了全国家电业总产值的1/10。赛意科技的总部原来在广州，后来产生了搬迁到怡和中心的意向。他们来洽谈时发现，这里六楼的企业是他们重要的客户，七楼则是供应商，入驻这里可以形成良好的合作关系，完成上下游企业的良好对接。这也是企业将总部设在这里的一个重要原因。

第四，这里正在竭力补齐短板，营造良好的生活环境。近五年来，北滘镇每年都投入60多亿元，用于基础设施建设，为不断迁移来的新市民提供良好的公共服务。现在的北滘新城区，已经建起了一排排整齐的洋房、别墅，图书馆、展览馆、音乐厅、幼儿园等，文化教育设施一应俱全。原来，许多外籍员工和高管认为北滘镇像个大村庄，都不想到这里来；现在，因为设施的改善，这些人纷纷从广州搬到了这里。

（二）工业设计城的建设

在发展的过程中，如何对总量大、层次低的传统制造业进行转型升级，成为北滘镇必须要解决的"难题"。在经各方专家进行激烈的"头脑风暴"之后，北滘镇最终决定以"工业设计"为突破点，将传统制造产业"拉长拓宽"，推动传统产业链条不断地向两端延伸，建设广东工业设计城。[①]

2009年9月，当时国内规划最大的工业设计产业基地——

---

① 张培发：《北滘：打造工业设计界"硅谷"》，《南方日报》2010年9月3日。

广东工业设计城破土动工。广东工业设计城的建设不是大拆大建,而是采取"三旧改造"的方式,最大限度地减少浪费、节约资源。① 原来,在北滘镇三乐路段三洪奇牌坊附近,有一片毛纺厂的旧厂房,长期闲置,既有碍观瞻也浪费了资源。经过三期改造之后,该城整体面积已达3万平方米,房屋布局错落有致、黑白相间的围棋子设计布满了墙壁,还有几个巨石雕塑被纤细钢丝拉起悬在空中,处处可见工业设计创意的元素,整个园区都充满了设计的气息。现在,整个设计城聚集了100多家设计公司,1000多名设计师,每年设计成果数以万计、专利达800多项,获得的外包服务收入高达2.5亿元,为顺德家电、家具、机械等企业提供源源不断的设计创意。广东工业设计城也因此成了颇有影响力的国家级工业设计主题产业园区。②

为集聚高端设计人才,广东工业设计城积极地招揽各地的精英。它已与清华大学美术学院、中央美院、香港理工大学等机构建立了良好的合作关系;并以武广高铁为依托,与中南大学、湖南大学、武汉理工大学、武汉工程大学四所院校签订了关于人才培养及输送的战略合作协议,建立了人才聚集的稳定通道。

广东工业设计城的快速成长也引起了国际工业设计界的高度关注。德国红点机构是国际工业设计界的知名机构,其设立的"红点大奖"被认为是工业设计界的"奥斯卡"。该机构在设计城设立了"中国·红点机构",还建设了设计博物馆。日本国宝级设计大师喜多俊之也在工业设计城建立了在华的首个设计机构。随着国际设计资源不断向中国转移,广东工业设计城正在积极地筹建国际大师流动工作站。这个工作站由政府提供标准办公

---

① 李晓玲:《"三旧"改造提升城市品质》,《南方日报》2011年6月3日。
② 罗湛贤:《舞动智造产业"微笑曲线"北滘特色小镇再升级》,《南方日报》2016年12月9日。

场所，为国内外设计大师进行学术研究和为制造企业提供服务营造良好的氛围，吸引国内外高端设计资源向这里聚集。[①]

由于聚集效应，设计价值的实现途径也越来越丰富，从理念的产生到新产品面市周期大大缩短。"用设计来提升产品"已经成了制造企业的一种习惯，设计订单正源源不断地流向各个设计企业。由于强大的"磁场效应"，不少设计企业纷纷表示要到这里来落户。一年时间内，工业设计城的容纳能力就达到极限，不得不进行紧急扩容。美的集团也将其旧厂房让渡给了工业设计城，促进园区工业设计的发展。美的集团并不缺少设计，但其着眼未来，希望能够培养更多的设计人才，培育更丰厚的设计资源，这也是制造业企业的一种新姿态。

广东工业设计城有技术孵化区、实验基地、技术展示区等多个功能模块，还有工业设计博物馆、设计园区、工业设计研究生院等，并建设了设计师酒店和公寓等配套性设施，基本上形成了一个以城市基本功能为主、产居一体的综合性新市镇。[②] 北滘镇也由此确立了建设工业设计界"硅谷"的新目标。制造型企业只有与工业设计相结合，才能跟上世界潮流。北滘镇以工业设计带动城镇产业更新的做法，在全球范围内都属于比较先进的做法。

北滘镇为了进一步推动现有平台与广州资源的对接，工业设计城与广州大学城联合举办了"双城联动"主题活动。通过邀请广州美术学院、广东工业大学、广州大学等设计相关专业的学生到这里来参观、参加设计论坛和手绘技能学习平台等活动，以及举办创新产品项目路演，为两地提供了良好的设计交流与资源

---

① 张和鸿：《工业设计：广东产业升级新引擎》，《决策》2010 年第 10 期。
② 陈丽梅：《撬动制造业工业产值超百亿元》，《广东科技报》2010 年 8 月 20 日。

对接平台。同时，随着广州地铁七号线西延顺德段项目的顺利推进，顺德正在依托北部片区，倾力打造广州大学城卫星城，构建起以"广州大学城—广州南站—顺德北部片区"为主要轴向的精英智库廊道。北滘镇作为顺德对接广州大学城的第一站，将建设首个高端人才社区，以便顺利地承接华南地区智力、人才中心的创新溢出。

（三）会展经济的发展

为了补齐会展和商贸方面的短板，实现家电"研发设计、生产制造、会展销售"的全产业链升级模式，北滘镇还引进香港上市公司慧聪网投资兴建了中国慧聪家电城。这个项目占地总面积超过百万平方米，集家电国际采购中心、家电全产业链大厦、家电总部大厦、家电电子商务中心和中国家电博物馆等于一体。按照规划，该项目将吸引超千家家电品牌企业和超过五百家家电企业的销售、营销总部入驻，B2B 年交易额将达千亿元。

2015 年，慧聪家电城正式投入使用，慧聪家电交易会也在这里举办。2016 年 3 月 18 日，首届中国家电采购节在北滘镇开幕。慧聪家电城的全面启用预示着北滘镇构建的家电全产业链正式成形。现在，北滘镇每年均会举办两次中国家电产业规模最大、参展商最多、影响力最大的家电交易会。依托慧聪家电城，北滘镇将不断延展工业设计产业链，打造成汇集工业创意设计、家电产业总部、新兴电子商务产业为一体的家电全产业链基地。[1]

为了进一步发挥会展的作用，位于北滘镇的广东（潭州）国际会展中心也正式投用。它主要为珠三角乃至华南地区提供专业产业交易会，是国内外新科技、新产品、新成果的展示场所；

---

[1] 郑奕纯：《构建全产业链 升级"北滘智造"》，《佛山日报》2014 年 1 月 9 日。

举办国际、国内新产业、新技术高峰论坛；成为中小企业服务的国际性专业展馆。在美的全球创新中心、中国慧聪家电城、广东工业设计城、广东（潭州）国际会展中心等核心项目的带动引领下，北滘镇家电产业的"产、学、研、销、展"全产业链协同效应基本形成。

有的特色产业镇受产业、地域等因素影响，发展空间受到了极大限制，北滘镇则面向广州、佛山甚至放眼全国，突破这些限制。如今的北滘镇，已不再仅仅是顺德北部一个92平方公里的制造业小镇，其即将迎来对接周边甚至全球的开放新时代，实现资源的全球配置。从区位条件来看，随着广州地铁七号线西延段、佛山地铁三号线、广佛环线项目的不断推进，让广佛"两不靠"的北滘镇一跃成为顺德乃至佛山地区最重要的轨道枢纽节点之一，成为顺德对接广佛同城核心区和珠三角地区轨道网的战略通道。轨道交通的大发展为北滘镇缔造起开放的新格局。

下阶段，北滘镇重点计划以"智造北滘、魅力小城"作为抓手，促进"城、产、人、文"的融合发展，构建"智慧智造＋创业创新"特色产业体系，打造成产业有支撑、文化有内涵、基础设施完备、岭南水乡特色浓郁、文化特色鲜明的特色小镇。

为此，北滘镇还制定了顺德首个镇域范围内的"十三五"发展规划，按照"一轴两带三片区"进行新布局。其中，"一轴"是以105国道为核心轴，打造创新驱动区；"两带"是指碧江、林头村等历史文化带和以潭州水道、都宁岗森林公园等所构成的城市活力休闲带；"三片区"是指总部经济商务片区、会展经济片区和临港都市产业园片区。

在镇"十三五"发展规划期间，北滘镇将坚持城市、产业、人居、文化"四位一体"和生产、生活、生态"三生融合"的发展目标，建设绿色低碳的交通体系，完善宜居便民的特色城市功能，营造园林式山水的特色人文景观，着力打造以"特色产业为主、环境生态为基、创业创新为重、文化景区为衬"，具有浓郁岭南水乡特色的"智造小镇"。①

当然，在北滘镇，除了家电行业以外，还有比较著名的房地产企业——碧桂园，这也大大地提高了小镇的知名度和城镇建设的层次。走在北滘镇的街头，感觉到这不是一个小镇，而是一座小城，基础设施完善，环境优美。在街头，随处可见的家电生产、研发基地，不断地在提醒你，这里是家电王国。也许，北滘镇在起步的阶段与其他的乡镇没有太大的区别，都是以农字头的小作坊、工厂为主，但后续的发展规划让它走上了快车道。北滘镇能够迅速发展的一个重要原因是它靠近港澳，是著名的侨乡，可以承接亚洲"四小龙"的产业转移，从信息、资金、技术、人才等各个方面获得资源。

三　北滘发展的经验启示

北滘的家电行业起步以后，并非一帆风顺，而是经历了几次大洗牌，产业重组之后才艰难地发展到了现在这个地步。其实，行业的大洗牌几乎每隔几年就会发生一次，对企业来说，已经成了常态。因为，当某个产品有了利润之后，企业就会跟随风向去做这个产品，市场会迅速饱和。此时，就需要对原来的产品进行技术升级，开发新的产品，满足新的需求，开拓新的市场。其间，还要面临企业资金周转、发展方向转变等问题，只要一个环节处理不好，就会让企业风光不再、倾家荡产。所以，没有哪个企业必然成功，没有哪个行业可以长期获得高额利润。它们能够

---

① 罗湛贤、杜倩：《探路全省特色小镇北滘凭何领跑》，《南方日报》2016年7月21日。

做的就是不断创新，运用新理念、新技术，满足人们的新需求。

　　从全镇的发展历程中也可以感受到不断前进的步伐。在起初的阶段，北滘镇只是一个家电的生产车间而已，到处可以看到工厂。当时，企业的目标主要就是生产，研发、管理所占的比例比较低。随着企业的发展，规模不断扩大，需要在外地开设分厂，并且有的企业希望获得更好的平台，要迁到广州去。当这种情况发生之后该怎么办？北滘镇及时地调整思路，大力发展总部经济，为本土的企业创造更好的环境，将企业总部留在这里。广东企业的乡土观念比较重，再加上各种条件的配套与优惠，就形成了总部经济。有许多地方希望招商引进企业总部，但事实证明很难招到，自己培养的可靠性更高。总部留在了这里，事情也没有结束，还需要在研发、设计上下功夫，因为这个才是企业的核心竞争力。于是，北滘镇又建起了广东工业设计城，把设计的人才都聚集到这里，差不多是为企业提供上门服务，同时鼓励本土企业建立研发中心。当大量的人才聚集时，为他们提供良好的生活条件就成为政府的重要职责，宜居城镇的建设也就自然地被提上了日程。当企业总部、设计中心建立之后，缺乏展示的舞台，不能及时地与世界沟通，这成了阻碍企业发展的问题。会展中心的产生也是产业链条不断延伸的结果，只要企业不断发展，早晚会发展到这一步。

　　北滘镇的特色非常明显，就是家电产业。北滘的发展史也是一个产业的发展史，这个产业支撑起了这个城镇。这其中，有市场的自发力量，也有政府的积极作为。当经济的基础比较牢固之后，城镇的生态、环境、文化、居住等条件也会相应地提升。无疑，北滘的特色小镇建设是成功的，也是行业发展的典范。这是一个长期发展的结果，也是一个根据客观环境变化积极作为的结果。

第二节　袜业之都——诸暨大唐镇

在改革开放初期，浙江围绕着轻纺、五金等行业，形成了多个专业乡镇，在对外贸易中发挥了举足轻重的作用。进入21世纪后，面临着国内外经济形势的变化，这些以加工为主的产业亟须升级，向更高的阶段进发。大唐镇在小袜子上做出了大文章，集生产、设计、旅游等于一身，极具借鉴意义。

一　大唐镇简介

大唐镇位于诸暨市西南部，距诸暨市区9公里，地处杭金线、杭金衢高速公路、浙赣铁路和绍大线四线交汇处。镇东与诸暨市经济开发区隔江相望，镇南距斗岩风景区不足10公里，镇西与五泄风景区相连，地理位置优越，交通非常便利，是浙江省经济百强镇和现代示范镇。全镇域面积53.8平方公里，常住人口7.6万。大唐袜业产业集群，以大唐镇为中心，涉及周边多个镇、村、企业。目前，它是国内最大的袜子生产基地、织袜原料生产基地，以及要素集聚最广、配套服务最全的袜业产业区。

大唐古为"大唐庵"，历史悠久，堪称交通要道。据《大唐庵碑记》记载，"吾地正三十都黄荆塔，古建大唐庵。前为四达孔道，上接金衢，下通杭绍，往来行人，络绎不休"。宋代以来，大唐一带每年都有庙会市场。据《诸暨县志》记载："诸暨庙会……县内有农历正月十二平阔杨司马庙……"（注：平阔为大唐镇南一地名）。大唐附近一带的村庄依托庙会，一村一品，形成了袜子、绳索、竹椅等各种手工业块状产业带，代代相传，不断地发展壮大。庙会市场观念的发达，哺育了大唐人特别能适应市场经济的思想观念、行为习惯和生存技能。在庙会市场的带动下，织袜成为诸暨的一个传统手工业项目；在民间，农妇做草鞋袜、鸦头袜是必备的技能。[1]

20世纪70年代，许多农村开始进行袜子的加工和销售。当时的袜子生产主要是基于地缘、血缘关系进行的，零散的以户为生产单元的手摇袜生意迅速扩展到了全村，亲戚带亲戚，邻居领邻居。他们的销售也很简单，主要是在公路两侧或者庙会上摆个小摊，有的是交给走街串巷的货郎担。那时的生产工艺比较简单，产品质量也不高，家庭织户主要是自产自销，家庭之间的分工合作基本没有，产业的网络结构也很简单。当时，政府部分领导的思想还不够解放，制度创新的动力和能力比较欠缺，甚至认为这种个人交易是"投机行为"，下令严厉禁止，这导致自由的交易市场迅速萎缩。[2]

20世纪80年代初，人们逐渐意识到制度僵化、思想保守严重阻碍了地方经济的发展。为了顺应经济发展的大势，政府出资开办了第一家乡镇集体袜厂，并聘用代理人参与企业的经营活动，通过这种方式培养了一大批技术员和业务员。1988年，大唐与周边的几个村合并，升级为镇。当时已形成了初级的市场，除了本地人参与交易外，还吸引了很多义乌、上海的袜商前来洽谈生意。为了鼓励袜业的发展，政府实施了不限制经营人员、经营范围、经营方式、经济条件的"四不限"措施，以个体经济为主的块状经济迅速兴起。

1992年，面对不断繁荣的袜子交易市场，大唐镇党委、政府研究后认为，依靠大唐人的商业意识和贯穿镇内的绍大线、杭金线两根交通大动脉，"以贸兴镇"将是大唐发展的方向。于

---

① 顾杰：《中国袜都》，《中国城市经济》2003年第8期。
② 杨贤芬：《大唐袜业产业集群发展的影响因素分析》，浙江大学硕士论文，2006。

是，镇政府就迅速建起了袜业原料市场，家庭工厂获得原料的成本大大降低，加工户如雨后春笋般冒了出来。

1993 至 1997 年是大唐袜业集群快速扩张时期。在这期间，大唐镇在实践中摸索出了从"以贸兴镇"到"以工强镇"再到"以袜业为主体，多种经营，工贸结合，市场联动"的发展思路，实施了许多促进袜业发展的重点战略，使得大唐的袜业块状经济迅速壮大起来。①

1994 年，大唐实施了"以工强镇"的产业政策，花大力气引导企业积极投身市场竞争的大潮中。他们以市场规则为准绳，整合各种优质资源，建立起现代企业制度，帮助企业实施全面规划和优化控制，正确处理各种企业内部错综复杂的利益关系。经过一段时间的实践后，大唐镇的袜业因为早期投资者的持续盈利而不断发展壮大，形成了良好的规模经济，并且表现出千家万户生产、集团型发展的可喜局面，构建了"小户围绕中户转、中户围绕大户转"的经营格局。

到了 1997 年，毗邻乡镇的袜业加工也随之发展了起来。此时，大唐镇的袜业集群已经形成了相当大的规模，不管是比较优势还是经济特色都表现得非常抢眼，确立了其在区域范围内的领先地位。在此阶段，袜业市场体系也基本建立起来，而且根据提高产品质量的需要，袜业的生产工艺也在不断改进，促进了生产链条的继续细化和延伸，形成了多个专业化的环节。企业之间的相互交流与合作也在不断加强，构成了一个庞大而有序的区域性生产网络，外贸业务也渐渐增多。

1998 年以后，大唐袜业进入了深化发展阶段。这一年，由

---

① 曹建萍：《基于网络结构的产业集群技术能力整合研究》，浙江大学硕士论文，2008。

大唐轻纺原料市场和大唐袜业市场合并组建而成的浙江大唐袜业城股份有限公司正式成立。1999 年，大唐镇举办了首届袜业博览会，并确立了"中国袜业之乡"的地位。大唐镇也借此机会，把袜业产业集群推向了新的高度。2000 年，经浙江省政府批准，大唐镇规划建设了总占地近 3 平方公里的袜业特色工业区，先后有 100 多家企业入驻园区。在园区内，各类生产要素得以集聚，企业的生产潜能得到了极大激发，明显地提升了这个产业的层次。[1] 2001 年，大唐移地新建了轻纺袜业城。这个袜业城总投资 2.1 亿元，占地面积为 400 亩，建筑面积 12 万平方米，拥有 1100 多间营业房，开设展位达到了 500 多个。它集轻纺原料、袜机及配件、袜子销售、联托运市场于一体，基本上与袜子相关的产业、服务都可以在这里找到，是目前国内最大的袜业综合商贸城之一。[2] 2004 年，大唐镇获得了"国际袜都"桂冠，以年产 90 亿双袜子的产量取代了美国袜子名镇佩恩堡。[3] 大唐全镇国内生产总值的九成以上是由袜业及其相关产业创造的，袜业之都的称号名副其实。

大唐袜业有着衔接严密的产业链，以袜子生产为核心，形成了纺丝、加弹、印染、整理、包装材料等多个行业密集发展的生产群体。不同工序由不同的生产主体完成，基本上是每个生产主体完成一道工序。整个生产过程可以分为十个环节，整个企业群也就形成了十大部门，主要包括袜子的原料生产企业、销售商、生产厂、定型厂、包装厂、机械配件供应商、营销商和联托运服务企业等。目前，大唐袜业拥有各类袜机 10 万多台，以及纺丝

---

① 罗庆华：《天下袜子出大唐》，《市场报》2005 年 11 月 9 日。
② 《中国袜业之乡——大唐》，《瞭望新闻周刊》2006 年第 46 期。
③ 吴飞坚：《国际袜都的华丽转身——记诸暨大唐镇转型升级之路》，《发明与创新》2013 年第 3 期。

机、加弹机、橡筋机、定型机、染色机械和绣花机等织袜前后道配套设备2万多台套。大唐袜业的生产装备和配套设备技术已经达到了行业的领先水平。

大唐袜业产业集聚体是在地域上以大唐镇为中心，涉及周边18个乡镇，120个村，1万多户农村家庭（大唐袜业生产者中，真正意义上的企业很少，主要是家庭作坊），吸纳从业人员25万人左右的大型产业集群。[①] 袜业生产链条的底端是1万多家个体工商户和民营企业，往上是100多家的规上龙头企业。它们在相互竞争与协作中，实现了生产要素的最优配置，完善和稳固了整个产业链条，为产业的健康发展打下了坚实的基础。所以，在这里经常会看到生产者之间的相互借调、发包，订单的自由组合度很大。只要能够拿到单子，基本上都可以完成，质量也可以获得保障。美国杜邦、德国拜耳、日本伊藤忠等20多家世界500强的相关企业也在大唐设立了相应的销售代理机构。大唐镇镇域面积不大，但它所形成的经济群、带动的劳动就业人口数量以及所产生的经济效益是非常惊人的。

现在，在大唐，每秒可以生产365双袜子，年产量达到了258亿双，占到了全国的七成以上，是全世界的1/3，全球近70亿人口差不多每人可以分到4双。所以，这里被认为是中国乃至全球最大的袜子生产基地，也是浙江省21世纪最具成长性的十大国际性产业聚集区之一。这里不仅有世界上最大的袜子加工基地、国际最先进的袜业机械销售地，也有全国最大的袜子集散地和国内唯一的袜业研究所。由于产业链比较完整、生产要素的集中度高，资源配置的成本也就大大降低。据测算，大唐的产业集

---

① 朱华晟：《产业的柔性集聚及其区域竞争力实证分析——以浙江大唐袜业柔性集聚体为例》，《经济理论与经济管理》2001年第11期。

群和产业链优势让袜业生产的成本降低了 1/4 至 1/3。①

　　虽然大唐的袜子生产量非常大，但是利润也非常微薄，缺少名牌、附加值低……传统制造业的通病，大唐袜业的身上都有。② 长期以来形成的"低小散"产业格局让大唐袜业难以壮大。以低廉劳动力、低端产品和低价竞争的"三低"为主要特征的传统发展路径，严重制约着在大唐袜业的发展。这么多年来，大唐袜业一直在扮演着为他人做嫁衣的角色，获益甚少。每双袜子的平均出口价仅为 0.21 美元，连最终销售价格的10% 都占不到。10 亿双袜子竟还买不了一架波音飞机的尴尬就发生在眼前。同时，大唐的袜企以贴牌生产和外贸订单为主，缺少自己的品牌。品牌意识觉醒比较晚，失去了许多创品牌的良好机会。

　　面对新的形势，大唐镇提出了"品牌带动"的战略口号。他们积极利用大唐袜业这个宝贵的无形资产，大力扶植名牌企业，不断加大整个产业的科技创新力度，支持企业把目光瞄准全球市场，鼓励企业到境外注册商标，从订单式加工积极转型为品牌营销。政府围绕产业、技术、品牌、市场和服务五个方面推进大唐袜业的二次转型。

　　在产业方面，继续坚持把做大总量放在实现工业突破的首要位置，积极地外引内培、多措并举，不断加速生产要素向工业集聚，优质资源向优秀企业集聚。一方面深入实施大企业、大集团发展战略，选择十家大型企业集团、二十家成长型龙头企业进行重点培育，分阶段、分步骤打造一批十亿级企业；另一方面，积极实施中小企业培育工程，做好百家成长型、科技型和初创型中

① 宋文杰：《镇域特色小镇瓶颈突破之路——以诸暨袜艺小镇为例》，《小城镇建设》2016 年第 3 期。
② 张奕：《"特色小镇"的温绍模式》，《台州日报》2016 年 5 月 21 日。

小企业的培育工作，培养企业发展的生力军。①

在技术方面，不断加大工业性技术改革，积极建立以市场为导向、企业为主体、产学研用相结合的技术创新体系，力求在重点领域、关键技术和成果转化上取得新突破。

在品牌方面，重点植好大唐袜业区域品牌这棵"大树"，希望能够培育一大批浙江名牌、中国名牌、世界名牌。同时，积极鼓励中小企业与大企业、名牌企业展开合作，产生传帮带效应。

在市场方面，大唐镇仍然要走有形与无形、国内与国外两个市场之路。第一，中国针织原料市场这个有形市场要尽快建成并投入使用；第二，进一步完善电子商务方面的激励政策，着力打造大唐袜业电子商务园区品牌，形成完善的电子商务产业链条；第三，鼓励本土企业"走出去"，积极组织品牌企业抱团参加国际性的采购交易会，扩大在海外的知名度；第四，要促进一些品牌企业拉长产业链条，加大对高端媒体的广告投入力度，进一步开拓国内高端市场，满足消费者的个性化需求。

在服务方面，一方面，以行政服务中心运行为主要抓手，整合提升中国袜业网、大唐袜业指数等相关资源，构建全面系统的袜业公共服务体系。另一方面，继续坚持镇领导联系重大项目制度，努力抓好千万元以上项目的全程代办服务工作；同时，建立健全企业风险防范预警机制，全力化解企业存在的各类风险。②

2012 年 12 月，《大唐袜业区域国际品牌创建规划报告》通过了浙江省专家组的评审；2013 年 1 月，大唐袜业园区成了全国首批八家国家级出口工业产品质量安全示范区之一；2014 年，

---

① 李芳：《木柁精神与大唐之路——大唐党委副书记、镇长杨新胜访谈》，《纺织服装周刊》2014 年第 3 期。
② 胡晶：《从家庭作坊到国际袜都——记诸暨市大唐镇袜业产业集群》，《纺织服装周刊》2014 年第 26 期。

大唐镇全面启动全国袜业知名品牌创建示范区工作，积极引导和扶持企业创牌。目前，大唐袜业已经拥有 3 个中国名牌和 13 个中国驰名商标，初步形成了以国家级名牌为引领，以中小名牌为中坚力量的企业群体。在政府的引导下，大唐袜企正从"零品牌"起步，转向抱团出国推品牌。区域整体品牌的"大手"牵起单个企业品牌的"小手"，共同走上高质量发展之路。

二 大唐的特色小镇建设

在 2014 年，大唐镇提出了"重构袜业，重塑大唐"的战略。大唐镇按照产城融合的思路，希望通过"重构袜业，重塑大唐"，将袜业制造与城镇建设、文化艺术紧密地结合在一起，努力成为全球最先进的袜业制造中心、全球最顶尖的袜业文化中心、全球唯一的袜业主题景观空间和全球唯一的袜业旅游目的地。2015 年，大唐镇被评选为浙江省首批特色小镇，编制了《大唐袜业发展规划》《小城市培育发展规划》《大唐时尚袜业小镇建设规划》等多项规划，积极推进特色小镇建设。[①]

大唐镇紧紧抓住被列入浙江省首批特色小镇的良好契机，计划在三年内总投资 55 亿元，着力打造袜艺特色小镇。袜艺小镇规划总面积 2.87 平方公里，其中水面 78 亩，建设用地 1162 亩，是集产品研发、设计、投资、电商网络及品牌建设于一体的产业小镇。[②]

从空中俯瞰，袜艺小镇就像一只巨大的袜子。由北至南，众创空间、袜艺时尚市集和袜艺现代制造区三大区块，从南到北构

[①] 赵国强：《传统产业转型视域下打造特色小镇的探索》，《江南论坛》2016 年第 10 期。

[②] 李芳：《四步转型之路 打造"袜艺小镇"》，《纺织服装周刊》2016 年第 18 期。

成了"袜身"。从原料、袜机到设计、生产和成品袜子销售渠道，再到袜子历史文化展馆，"袜艺小镇"里有一条完整的生态产业链。也就是说，在这里，可以看到一切与袜子相关的东西。

袜艺现代制造区也被称为"智造硅谷"，是袜艺小镇的智能制造功能区。它是面向工业4.0时代的高科技战略计划，主要是为了提升大唐袜业制造的智能化水平，以此建立具有适应性、高效率的智慧工厂，并通过产业链的重组分工，打破传统行业的界限，形成高度灵活、反应灵敏的生产模式，从而在新一轮的工业革命中占领先机。在"智造硅谷"区域内，海讯两创园、圣凯科技园的一期近18万平方米厂房已经有企业入驻，天顺精品园已经通过了规划评审，马上进入建设阶段。①

"时尚市集"是袜业风情小镇的文化艺术旅游区，主要包括袜业智库、滨水休闲文化长廊和艺术村落等功能区域，为那些才华横溢、新潮的艺术家和设计师们提供开放、多元的创作环境和交易平台，为创意作品的商品化提供实验性的舞台，以培育系列时尚品牌，并成为吸引大量外来游客的停驻点。② 目前，已经有多家企业、团队在这里举办了袜业文化讲座和新品发布等展示交流活动。

"众创空间"作为袜业小镇的电商群落生态区，希望通过"互联网＋"的方式，顺应客户创新、大众创新、开放创新的时代趋势，实现创新与创业、线上与线下、孵化与投资三结合，集成工作、网络、社交和资源等共享空间，进而形成以用户体验、参与为重点的开放空间。在"众创空间"区域内，已经建成并投入使用了袜都、方田、长连3个电商集聚区，吸引了140多家

① 《不一样的大唐　全球唯一以袜子为图腾的风情小镇》，《纺织服装周刊》2015年第38期。
② 刘嘉：《浙江特色小镇迎风起舞》，《纺织服装周刊》2016年第43期。

电商企业入驻。仅 2015 年，这个园区的年网上交易额达到了 12 亿元。

在袜艺小镇的创建过程中，大唐镇紧紧抓住"袜业"主业，明确产业、文化、旅游"三位一体"的发展格局，实现生产、生活、生态"三生融合"，运用工业化、城镇化、信息化"三化驱动"，做好项目、资金、人才"三方落实"。袜艺小镇的建设运用了政府引导、企业为主、市场化运作的投资模式，积极促进从智能制造、原料和机械研发、创意设计、品牌营销等环节向"微笑曲线"的两端延伸。以"美丽经济"为出发点的袜业特色小镇建设，最终要做到文化、旅游、生态和特色小镇建设的相互结合、相得益彰。① 大唐袜业特色小镇的建设主要有以下几项措施。

第一，"筑巢引凤"建平台。一是产业集聚平台。建成投产了 2 个袜业精品整理园和 3 个精品集聚园，高效运行 3 个精品电子商务园区，促进了产业的集聚发展，让企业抱团取暖，从根源上改变了产业"低小散"格局。二是青年创业平台。以电商集聚园区和大学生创业园为基础，创建了淘宝大学等培育孵化机构，采用改造提升、政府返租等方式，快速吸引和培育了一大批青年创新、创业项目和创业服务机构。三是科创服务平台。目前，袜艺小镇已经与西安工程大学、浙江农林大学暨阳学院签订了战略合作协议，与中国针织工业协会、中国纺织服装教育学会等机构建立了良好的长期合作关系，还聘请了中国工程院院士姚穆担任特色小镇顾问，构建起了"1 + 20"纺织类高校联盟。这些举措主要是为了破解新技术、新材料、新设备、新工艺等领域

① 徐潇青：《"国际袜都"大唐：建特色小镇 促产业转型》，《杭州日报》2016 年 7 月 26 日。

的困难和瓶颈问题，提高袜业产业的科技含量，实现创新链与产业链的无缝衔接。

第二，"创设载体"增动力。"袜业智库"总投资近两亿元，建设面积1.2万平方米，是整个袜艺小镇的心脏和发动机。按照大唐袜业转型升级的规划，它主要由以下三个部分组成。一是设计"科研经济"路线图。落实纺织袜业研究院、高伦新材料研发、永邦科技、创美文化等项目，大力推进袜业大数据平台建设。二是构筑"美丽经济"示范线。重点打造袜业"设计中心、打样中心、检测中心、新产品发布中心"四个中心，让创意设计在第一时间就能转化为现实生产力，从源头上掌控袜业时尚的"风向标"。三是打造"体验经济"匠心坊。建成并启用袜艺文化体验馆，推进淘工厂、童袜王国、卡拉美拉体验工坊等一批个性化、人性化定制项目的建设。目前，"袜业智库"已经入驻各类企业23家。

第三，"有效投资"强提升。投资主要集中在以下几个方面。一是大力推进"项目双进"，主要在招商项目上下功夫。以"优中间""活两端"为重点，招商、引进落地项目16个，计划总投资6.6亿元；"大高好"项目5个，预计总投资30亿元。二是加快实施"机器换人"项目。制定出台一系列的专项扶持政策，重点扶持20家袜业企业分别创建"机器换人"示范企业、"机器换人"服务平台和袜业转型升级示范企业。重点打造诸暨首个袜业制造智能工厂和全自动包装公司，加快推进海润精工、嘉志利、叶晓机械等全自动织翻缝检智能袜机的研发和应用。三是进行综合配套基础设施。在上级政府和相关部门的指导下，编制《大唐–草塔小城市发展规划》，按照"一里一景"的理念，新建袜业博览中心、个性化袜业体验商场和文化中心等设施，大力发展以袜业为主题的休闲文化旅游项目，计划在5年内完成

15.33 亿元的投资。①

在"袜艺小镇"的建设过程中，大唐镇特别注意艺术设计方面的提升。2016 年 6 月 16 日，由浙江省诸暨市人民政府与中国纺织服装教育学会合作、由西安工程大学等 20 多所高校共建的"世界袜业设计中心"在诸暨市大唐镇揭牌运行。

设计中心是一个校地共建的创意设计研究基地，也可以说是云端人才库，紧紧围绕袜业转型升级和袜艺小镇的建设目标，积极组织国内外纺织类、艺术设计类相关人才，开展以袜子视觉设计、形态设计、功能设计为重点的联合攻关。② 并辅助袜业企业解决在研发、设计、生产等各环节中遇到的技术难题。这个中心还可以将优秀成果转移到企业进行产业化，引领全球袜业创意设计新的风向标。这 20 多所高校将与袜艺小镇长期进行产学研用合作，每月轮流派 20 多名设计师长期开展驻地创作，每个季节都会有新产品发布。

该中心从空间、时间上都极大地缩短了企业与设计师之间的距离，尤其是在创新设计方面极大地降低了企业成本。在此情况下，小微企业也能够请得起设计师了，大大提高了产品的档次和科技含量。目前，设计中心内已有创美、空城、阿黛尔、华诗秀、联盟、蛋蛋 6 家设计工作室率先入驻。③ 同时，全国已有532 名设计师入库，设计作品多达 2302 件。在这个设计中心，设计师可以将作品上传到开放的平台上，企业则根据自己的需求搜索意向设计，然后再洽谈具体的细节，实现零距离、低成本的

---

① 张贵东：《纺织产业集群发力供给侧》，《中国纺织报》2016 年 6 月 1日。

② 吕杨：《大唐，一个国家级特色小镇》，《纺织服装周刊》2016 年第 47期。

③ 曾庆华：《浙江诸暨建设"世界袜业设计中心"》，《中国县域经济报》2016 年 6 月 27 日。

对接。

同时，大唐镇还积极构建新型投融资服务平台，为企业解决资金难题。依托"资本引导＋创业辅导＋创新孵化＋股权众筹"的投融资新模式，加快企业融资与有效运行、提高项目开工率，积极实施"余缺对接"盘活项目用地，确保供地项目开工率达100%、投产率80%以上；用好两创集聚园和大学生创业园，为创新创业者提供孵化用地保障。为了鼓励企业进驻园区、转型升级，袜艺小镇还建立了长期的保障机制，一系列扶持政策"大礼包"增强了企业转型的动力。比如，对于初次入园的企业设立入园奖，对购买厂房面积在1000平方米以上的给予1.5万至3万的补贴，对企业设备投入在100万元（含）以上的，给予最高10万元的奖励。未来三年，诸暨市财政还将拿出20亿元设立产业发展引导"母基金"，吸收社会资本参与，计划撬动近200亿元的资金规模，用于扶优、扶新、扶强。

特色小镇建设不是仅仅为了经济的发展，而是要让当地的产业、企业、百姓都能享受到发展的成果。大唐镇党委、政府要做的就是搭建好平台，为科研院所、机构、企业提供服务，加强对品牌设计、产品设计、工业设计等创意项目的支持，加快形成以市场为导向、企业为主体、产学研用相结合的袜业技术创新体系，不断促进袜业产业的转型升级。同时，还要围绕产业链、科技链打造人才培养链，不断完善产学研用协同创新体系，大力培育、孵化一批能够突破关键技术、引领学科发展、带动产业转型的领军型人才。当然，还要以市场化、专业化、信息化、国际化为原则，加速推进设计成果的品牌化、市场化、产业化，想方设法解决设计成果转化难、收益低等问题，让人才和企业都能有满满的获得感。

三 大唐镇的经验启示

大唐袜艺小镇是浙江块状经济不断向上跃升的典型案例。浙江的民营经济发展非常抢眼，其中有很多集中在纺织业。个体经营户在纺织业中占据了很大比例，这就意味着企业的规模有限，多从事比较初级的加工程序。在大唐，所谓的工业区从外表上来看，与居住区没有太多的差别，或者说是混合在一起的。比如，在这里典型的是四层楼的连体建筑，一户人家两间或者三间。一楼作为仓库，二楼是生产车间，三楼是员工宿舍，四楼是老板的起居室，这构成了老板的全部家当。在这里，老板与员工同吃、同住、同劳动，没有太多的区别。这种生产模式的优点是成本比较低，容易管理，缺点是只能进行简单的生产，要想将企业发展壮大比较困难。嘉兴濮院的羊毛衫生产、海宁的皮革生产和湖州织里的童装生产，基本上都采用相同的模式，具有相似的特点。在服装行业的生产体系中，此类企业基本上处于末端，产品附加值非常低，利润空间也非常小，不利于企业长期发展。它们没有自己的设计体系，主要是给国外的企业进行加工。在劳动力比较充裕的情况下，发挥比较优势，可以采用这种生产模式，可是随着经济社会的变迁，需要对此模式进行转型升级。

对于产业类的特色小镇来说，最为重要的就是如何将自己的产业链条延长，在生产的同时，朝着高端的设计进发。当占据了产业链高端位置之后，就会进入创新、创造经济模式，加工经济的部分还要保留，但地位稍有下降。进入这个阶段之后，工业将不只是冷冰冰的工厂，而是可以参观的地方，可以引申出旅游业，甚至能发展成为一种文化，成为小镇的典型特征，让人们进入小镇之后都能感受到这种文化。随着产业结构的调整，加工所带来的环境污染问题能得到很好解决，淘汰那些低端、带来污染的环节，让水更清、天更蓝、地更绿、人更美。

第三节　紫砂之都——宜兴丁蜀镇

一　丁蜀简介

丁蜀镇是一座山、水、城融合的千年古镇，位于宜兴城区东南 14 公里，以盛产陶瓷而闻名中外，素有"陶都"之称。丁蜀镇地处苏、浙、皖三省交界处，依山傍水，东临太湖，西部为天目山余脉。境内山清水秀、环境优美，东部太湖平原，湖泊荡漾，为富饶的鱼米之乡；镇区为冲积平原，地势低，青山座座、绿水依依；镇内河道纵横，水网密布，良好的自然山水条件形成了丁蜀镇独特的青山绿水型江南古镇的自然格局。①

丁蜀镇面积 205 平方公里，其中城区面积 32 平方公里，户籍人口 14.8 万，常住人口 22 万。丁蜀镇是宜兴市的人口大镇、工业重镇、历史文化特色镇，是宜兴的两个主城区之一。丁蜀镇是宜兴自然禀赋最集中、历史文化底蕴最深厚、交通区位条件最优越、经济实力最雄厚的板块之一。2016 年 10 月 14 日，丁蜀镇被列入第一批中国特色小镇名录。

丁蜀镇所在的宜兴古称"荆邑"，因境内有荆溪而得邑名。河南面是天目、铜官等山岭，而北面是沃野平原，自古为宜居之地。中国文化将山南水北谓之"阳"，地方志书称："盖荆溪之阴多山，其阳衍沃。"衍与羡音近、义通，故名之为阳羡，有土

---

① 徐利明：《丁蜀镇旅游资源的发掘与整合》，《江苏城市规划》2006 年第 6 期。

地肥沃即"衍沃"之意，所以宜兴又被称为"阳羡"。

"丁山"（有时亦称为"鼎山"）地名出现于北宋，大河北岸有座小山叫丁山（俗称山头上），以此山而得名。在北宋元丰年间，苏东坡曾先后三次来到宜兴，对阳羡山水怀有眷恋之情。他看到独山峰峦如黛，清溪萦绕的迷人景色，曾感慨地说："此山似蜀。"他在《桔颂》中声称，要在这里买一小园，"种桔"三百株以度晚年。他还吟有"买田阳羡吾将老，从初只为溪山好，来往一虚舟，聊从造物游"之句，后因仕途坎坷，未能如愿以偿。宜兴人为了纪念苏东坡，就将独山改名为"蜀山"，并在东坡讲学处建造"似蜀堂"。"丁蜀"名称的由来与此两山有关，也是比较晚近的事情。

丁蜀镇的历史源于陶瓷，兴于陶瓷，6000多年来，窑火生生不息，陶业代代相传。经过多年发展，形成了各具特色的紫砂陶、美彩陶、均陶、青瓷、精陶"五朵金花"，尤其是紫砂壶，名扬海内外，深受社会各界人士的喜爱。丁蜀镇作为陶都，是紫砂文化的发祥地。1976年，宜兴红旗陶瓷厂在施工中发现了紫砂古窑遗址，有力地证明了宜兴陶瓷生产始于新石器时代。①

紫砂陶作为宜兴特有的陶瓷产品，是陶瓷产品中的精品，具有唯一性。丁蜀镇的紫砂行业主要有紫砂泥生产与紫砂工艺品生产，而紫砂工艺品主要有紫砂雕塑和紫砂茶具两大类。紫砂茶具以造型古朴、质地细腻、色泽浑厚、雕镂精细著称。紫砂茶具是制壶工艺、诗词印章、图画的有机结合，极富民族文化特色。紫砂茶具文化的传承与创新是从煎煮茶饼的大砂罐演化而成的，其色泽由土黄发展到以紫色为主，形状也从大到小。紫砂茶具的美，散布于壶泥、壶色、壶形、壶款、壶章、题铭、绘画、书

---

① 田军洌：《浅谈紫砂的起源之谜》，《佛山陶瓷》2014年第8期。

法、雕塑、篆刻等各个环节。① 紫砂茶具使用年代越久，器身色泽越发光润古雅。采用紫砂茶具沏茶，有"泡茶不走味、贮茶不变色，盛夏不易馊"等优良特点。

紫砂陶制成的茶具，具有如下优点。一是造型古朴别致，气质尤佳。二是经茶水泡、手摩挲，石英子会发生变化，壶的颜色也会变为古玉色。三是封闭性好，能留得住茶的色、香、味。四是有双重气孔，夏天隔热不易馊，冬天阻凉不易冷，可以边饮茶边焐手。五是泥色丰富，在不施釉的情况下，创作的题材非常宽泛。六是造型采用"打身筒"与"镶身筒"的方法，使用的工具简单，一般家庭都可以简单制作。七是可与书画、篆刻及其他工艺自由结合，不断地推陈出新。

紫砂陶器的生产大约可以追溯到北宋中期。明中叶以后，紫砂工艺有了新发展，紫砂陶器制造可谓是名家辈出，各有千秋，形成了不同的艺术风格。嘉靖至万历年间（1522～1620年），在紫砂壶领域，时朋、董翰、赵梁和元畅被称为"四大家"。董翰创制的菱花壶，赵梁制作的提梁壶，都有不少的佳作传世。明末时期，出现了时大彬及其弟子李仲芳、徐友泉等紫砂大师，有"壶家妙手称三大"的说法。时大彬（1573～1648年）是"四大家"之一时朋之子，他在前人的基础上改进了整套制壶工艺。在壶底上落名款、制作年月就是由他而始，也确立了至今仍被紫砂业遵从的打泥片、拍打、镶接和凭空成形的高难度技术体系。

明中后期以来，丁蜀镇陶艺业发展有几个突出的特点。一是工艺名家群星闪耀，形成了相对齐整的专业技术队伍。据《江苏省制志·陶瓷工业志》编制的《陶艺名人选录》记载，1920

---

① 许红琴：《宜兴紫砂壶文化的传承与创新》，《江南论坛》2009年第8期。

年以前的宜兴 105 个紫砂陶艺名家（以丁蜀镇为主）中，只有 2 人出生于 1520 年之前，即明弘治、正德年间的金沙寺僧和供春；其余的 25 人生活在嘉靖、万历年间，53 人生活在明天启、崇祯到清康熙、乾隆年间，25 人则生活在清后期到清末民初。二是陶艺制作工匠与知识分子相结合，造就了杰出的制壶名家，也制造了许多的传世佳品，展示了经验技术与理论结合的新气象。当然，文人雅士的热心参与，也壮大了紫砂业高级工艺团体队伍。[1]

丁蜀镇能够成为陶都与多种因素有关。首先，大自然馈赠的陶土是发展陶瓷业的基础。当地一般将陶土分为白泥（灰白色粉砂质铝土质黏土）、甲泥（紫色为主的杂色粉砂质黏土）、嫩泥（土黄、灰白色为主的杂色黏土）三大类。在浙江省长兴县的鼎甲桥、顾渚、新槐一带也有这三种陶土的分布，系同一矿脉，但有山阳与山阴的分别。紫砂质器具有沉香紫、海棠红、葡萄紫、葵黄、墨绿、青灰、朱砂紫、梨冻、松花、豆碧、轻超、淡墨、深紫栗等色，其中以紫色最为常见与著名，所以，就把它们统称为"紫砂"。

其次，紫砂能够发展成为产业，也与当地的经济社会结构有着密切的联系。丁蜀镇制作陶器，历来有大缸、中缸和小件陶的分别，大、中型陶坯因为运输的成本较高，容易损坏，所以不适合家庭加工。而小件陶器，比如紫砂壶之类的则多在手工作坊中生产，工具小巧、占用场地不大，非常适合家庭生产。这在客观上扩大了紫砂器具生产场地的范围，也大大降低了进入这个行业的门槛。同时，宜兴紫砂陶土的矿产，主要分布在丁蜀镇北部的黄龙山、赵庄一带，这些矿产的宕口与周边农村距离非常近。而

---

① 余同元：《江南市镇早期工业化中工业行业与职业团体之发展》，《安徽师范大学学报》（人文社会科学版）2009 年第 2 期。

且紫砂陶土从生泥加工成熟泥的过程，既不需要复杂的机械，也不需要添加其他成分，加工工艺非常简便。只要将选择好的生泥粉碎，然后不断地调水捶打，将其练成熟泥，即可用以制作紫砂壶。这种制作方式非常适合在家庭作坊中完成。这些地理环境资源的优势，再加上生产方式的便利，是大多数农户愿意将做紫砂壶作为副业的又一个客观原因。

再次，江南地区虽然比较富裕，但人口稠密、耕地面积小，人均占有耕地更少，单纯依靠种田很难维持一家人的温饱，必须想尽办法寻找种田以外的谋生之道。所以，在陶业兴盛的丁蜀镇附近，农民们就从镇上的窑户那里拿些"小坯"的活儿做做。这样，既不需要走出家门，还能赚到钱，很适合江南农民恋土、恋家的生活情怀。可以说，这也是丁蜀镇周边农村许多农户参与制作紫砂的重要主观条件。①

当然，一个地方因某项艺术而闻名，往往和从事该行业的群体有密切的关系。从事该行业的人数多了，必然会产生激烈的竞争，然后在竞争中不断创新和发展。以上袁村为例，根据韩其楼《紫砂壶全书》的记载，明代万历、崇祯年间，上袁村人陈信卿就以仿时大彬传器见长。因为，当年时大彬制壶时，就客居在上袁村。受此影响，从清朝康熙年间到民国初期，上袁村就陆续出现了陈鸣远、邵大亨、邵旭茂、邵友廷、程寿珍等制壶名人。这种现象的出现绝不是偶然的，村庄中也绝不是仅有这几个名人，还是有许许多多的艺人，只是这些人展露了头角。他们通过交流、竞争、创新，不断地推动制壶工艺的发展。②

---

① 张梅珍：《历史上丁蜀镇周边农村紫砂艺人、名人形成原因初探》，《江苏陶瓷》2013年第3期。
② 王惠中：《试论王寅春紫砂艺术及其对后人的启迪》，《江苏陶瓷》2006年第4期。

最后，宜兴地处江南地区，本就是文化之邦，有许多文人雅士。在明代中期，宜兴紫砂茶壶就是文人墨客喜爱之物了。在此过程中，这些文人墨客必然和制壶艺人有很多的交流、互动。他们给艺人提出了很多的要求，也提高了艺人的艺术素养和文化品位，给紫砂器具赋予了许多新含义，让这些茶壶在不知不觉中，变得越来越有文化气息。当这些充满文化气息的紫砂壶被那些名流、官宦喜欢、吹捧时，那些制壶的艺人也就自然而然地随着壶的知名而闻名遐迩。当有一个名人出现时，也会带动村里的其他人加入制壶的行列中，就这样，年复一年、日复一日、家家制壶、代代相传，形成了良性循环，促使许多的紫砂艺人成为紫砂名人。这正是宜兴农村紫砂艺人、名人队伍形成并发展的基本原因。

紫砂茶具的制作始于北宋而兴于明代，与茶文化的发展进程密不可分。在明代，宋代的团饼茶被炒青散茶代替，所以冲泡技艺也就相应地由点茶法改成了泡茶法。这就让茶壶有了用武之地，成为饮茶的必备之物。在发展的早期（明正德至万历年间），紫砂壶造型浓厚、比例协调，泥质颗粒较粗，也算是受到了明式家具简洁、凝重的风格的影响，或者说是正好与之匹配。紫砂壶发展中期（清雍正年间），紫砂壶艺达到了顶峰，壶艺名家辈出，茗壶种类繁多、装饰手法也非常丰富。到了紫砂壶发展晚期（清中叶至清末），紫砂壶就与书法、绘画、诗词、篆刻等艺术形式有了紧密的结合，意蕴变得更加饱满。

20世纪紫砂壶艺在继承与发扬传统的基础上，又有所创新。新中国成立后，紫砂业获得了"古为今用，推陈出新"的新生。1950年，政府拨专款恢复紫砂生产。1954年，积极组建了宜兴紫砂陶业合作社。于是，在一派祥和的氛围中，一批老师傅的艺术才华找到了施展的舞台。从此，宜兴紫砂业就告别了各自为政、零星疏散的原始作坊状况，走上了集体化、企业化的康庄大道。①

目前，丁蜀镇共有紫砂制作者 4 万多人，产业配套人员达到了 6 万多，从业人数占到了常住人口的 43.5%。② 其拥有的陶艺工作者人数仅次于作为地级市的景德镇，其中有紫砂技术职称从业者 6570 多人。拥有国家级工艺美术大师、陶瓷艺术大师 28 名，工艺美术大师数量约占全国的 1/40。拥有紫砂专业合作社 67 个、企业 400 多家、家庭作坊 12000 多家。

二 丁蜀的紫砂产业

围绕着陶瓷、紫砂形成产业，丁蜀镇具有良好的文化底蕴和基础条件。宜兴陶瓷博物馆被认为是国内最早建立的专业性陶瓷博物馆，由首任馆长时顺华创办，已有近五十年的历史。它的前身是江苏省宜兴陶瓷公司陈列室和宜兴陶瓷陈列馆。③ 博物馆坐落于仙鹤山麓，占地面积 3 万平方米，展厅面积 3000 多平方米。馆区依山而筑，气势宏伟，集陈列、研究、展览、旅游、购物和陶艺学术交流于一体，是目前我国唯一的地方陶瓷博物馆，馆内藏品系统地反映了宜兴陶瓷发展演进的轨迹，各类具有重要学术价值的陶瓷制品是宝贵的历史遗产。常年陈列 8000 多件陶瓷产品，展示了当今灿烂的宜兴陶瓷文化和巧夺天工的制陶艺术。全馆分设了古陶、名人名作、紫砂、精陶、美彩陶、均陶、青瓷、工业卫生陶及世界陶瓷、国内陶瓷等十六个展厅。质朴的紫砂、端庄的均陶、典雅的青瓷、绚丽的精陶、别致的美陶，丰姿卓越，群芳争艳，让人置身于陶瓷艺术的海洋。在博物馆的两侧还

① 余丽芳：《浅谈紫砂的时代特征》，《佛山陶瓷》2013 年第 8 期。
② 苏雁：《特色小镇，关键在"特"》，《光明日报》2017 年 1 月 24 日。
③ 刘启华：《铭器荟萃，大咖云集》，《花木盆景》2017 年第 5 期。

分布着数十个紫砂工作室。那里不乏国家级的工艺美术师，他们经常在这里进行创作，现场展示紫砂艺术品的制作过程，也成为一道独特的风景。

"一壶一天地，一城一方井"。坐落在丁蜀镇川埠江南市场旧址的宜兴方井紫砂文化城，是弘扬紫砂文化的亮点工程，吸引了众多紫砂艺术爱好者入驻创业，极大地推动了紫砂产业的发展。方井紫砂文化城占地面积100多亩，建筑面积13000平方米，经过三年的投资建设就投入运营。方井紫砂文化城是集教育培训、信息交流、生产销售、泥料加工、高档陶吧、书画传艺、旅游接待等多种功能为一体的综合性紫砂文化基地。早在2011年，就获得了"黄龙牌"紫砂泥的国家注册商标。

走进方井紫砂文化城，三层三进的主楼宽敞、明亮，充满了现代、时尚的气息。在这里，集聚了一大批紫砂中青年艺术家，助理工艺师以上职称的紫砂艺人工作室就有180多间。三楼是紫砂文化教育区，也是紫砂城的重要组成部分。区内设有多媒体教室，配置有摄像机、投影仪，可以当作实践操作的制作工场，供百余人在这里实习做壶，可以边看教学影片边制作。为了适应旅游赏陶的需要，文化城还特地设置了制壶和茶道表演的场所，以及紫砂类书报阅览室、游客休息室和紫砂艺术展示中心等一系列配套服务设施，使之成为紫砂艺术的创作、交流和演示的基地，让广大游客和紫砂爱好者置身于浓厚的宜兴紫砂文化艺术的氛围之中，切身感受紫砂文化。

方井紫砂文化城秉持着"弘扬宜兴紫砂文化，凸显方井紫砂特色，构建旅游紫砂格局"的理念，计划建造一所多功能的、新颖的宜兴方井紫砂学校，完善紫砂艺术馆及所有的附属设施，并设想创作、编排一部有关紫砂文化的大型实景剧《追梦紫砂》，进一步拓展紫砂文化的内涵，促进宜兴紫砂的繁荣，开创紫砂事业的新局面。①

在发展传统陶瓷的同时，丁蜀镇还坚持把工业陶瓷作为加快陶瓷产业转型发展的优先选择，积极地鼓励、引导企业引进新技术、加大科研投入，不断提升自主创新能力。当前，传统陶瓷正在"变身"科技型产业，焕发出蓬勃生机。2008 年 7 月，江苏宜兴陶瓷产业园区通过了国家发改委的审批，被批准为省级经济技术开发区，园区规划面积 10.5 平方公里，是特色鲜明的陶瓷主题园区。② 园区一方面大力发展高端陶瓷产业，形成完整陶瓷产业体系；另一方面着力发展机械、电子、环保、生物、新型材料等支柱、高科技产业，并大力发展研发中心、物流中心等现代服务业，使其成为一流的省级经济技术开发区。

目前，丁蜀镇已有各类工业陶瓷生产企业近 600 家，涵盖了结构陶瓷、功能陶瓷、电子陶瓷等各个门类，形成了包括原材料加工、装备制造、配套加工和对外贸易等在内的较为完整的产业链条。其中，已有 80 多家陶瓷企业与国内外科研院所建立了长期、稳固的合作关系。全镇拥有陶瓷类高新技术企业 20 家，陶瓷产业创新载体 5 家，"千人计划"专家工作站 3 个，外国院士 1 人，知名国际耐火材料专家 1 人，为工业陶瓷产业的创新和发展奠定了坚实基础。

2016 年 5 月，高技术陶瓷新材料孵化器在丁蜀镇揭牌。这个专为陶瓷科技人才提供科技、金融、技术、市场等全方位服务的科技企业孵化平台一期建设面积达到了 5000 多平方米，除具

---

① 《产、学、研结合　人、文、艺交融——方井紫砂城努力打造文化品牌》，《江苏陶瓷》2014 年第 4 期。
② 蔡璐：《传统工艺传承职业教育人才培养模式研究》，扬州大学硕士论文，2014。

备一般孵化器的功能外，还根据陶瓷产业的特点，为入驻对象提供咨询、研发、检测等技术服务以及中试条件和中试服务。江苏省陶瓷研究所有限公司（以下简称"陶研所"）作为孵化器的共建单位之一，就是一家陶瓷科技型企业。多年来，陶研所已完成省级以上科研项目 160 多项，获省级以上科技进步奖 40 多项，获省级以上新产品奖（金奖）10 多项，参与制定国家标准 9 项。

　　为了能够在工业陶瓷领域争取一席之地，许多陶瓷企业都想方设法招揽行业内的一流科研人才和团队，不断提升企业的创新驱动力。九荣特种陶瓷有限公司、摩根热陶瓷有限公司分别与清华大学陶瓷专家、国家"千人计划"专家"牵手"，是丁蜀镇工业陶瓷行业在人才引进和科技研发上取得的重大成果的代表。江苏省宜兴非金属化工机械厂有限公司是国内化工陶瓷的主要生产企业之一，几乎每年都会将销售收入的 5% 投入研发中。它还先后与上海硅酸盐研究所、中国科技大学等 10 多家科研院所和高校进行合作，系统开发了陶瓷膜、蜂窝陶等系列产品。蜂窝陶瓷载体是柴油车减排设备的重要部件之一，为了抓住我国柴油车全面实施国四排放标准的机遇，该公司还投资 3000 多万元到马蜂窝陶瓷技改项目上。该公司的产品不但赢得了国内汽、柴油车制造商的青睐，还批量地出口国外市场。美国康明斯公司作为全球最大的柴油发动机制造商，经过综合比较后认为，该公司的产品在各项性能上都处于前列，将该公司确定为其在中国唯一的高性能蜂窝陶瓷载体供货商。①

　　根据规划，丁蜀镇还在紫砂文化创意产业方面不断努力，计划建设占地面积为 4.1 平方公里的"紫砂文化创意产业集聚区"。这个园区将通过搭建"创造 + 创意 + 体验 = 产业链"模

---

① 《陶都明珠丁蜀实现华丽转身》，《江南论坛》2016 年第 7 期。

式，大力发展研发设计制作、产品推广营销、创意休闲体验等创意产业。① 在紫砂文化旅游产业方面，以蜀山风景区为核心、以青龙河为带，重点建设集紫砂文化旅游、体验、制作于一体的紫砂文化旅游产业。为了发展该产业，丁蜀镇除了进一步统筹好东坡书院、前墅龙窑、蜀山南街等文化历史遗存外，还大力开发蜀山风景区，打造西望村陶家游等特色旅游项目，带动当地文化旅游快速、持续、跨越式发展。

三　特色小镇，丁蜀城镇建设再出发

由于陶瓷产业发展对经济社会的长期作用，宜兴从明代开始逐渐形成"宜城＋丁蜀"的城、市并举的空间结构。宜城是宜兴的政治与文化中心，以"水城"为特色；丁蜀镇是近现代宜兴的经济中心，镇区内众山团聚，以青龙山、黄龙山为中心，沿白宕河（含新开河）、丁山大河、画溪河两岸以及宁杭公路两侧扩张，并通过一条贯通南北的运河——蠡河相互连通，形成了镇区的格局。山是聚居地、矿源地、烧制场，河是运输线、生活街道，山水既是生态本底，也是陶瓷生产和聚落生活的依托，体现出鲜明的陶瓷工业城市特色。

然而，伴随着21世纪90年代以来陶瓷产业的发展转型，大拆大建式的镇区更新使丁蜀原本鲜明的"陶都"特色逐渐变得模糊，基础设施建设、公共服务水平和景观环境品质未得到应有的保障，城镇建设"欠账"较多。与此同时，宜城依托水城特色，加强滨水新城和公共空间建设，人居环境品质不断提升，逐渐拉开了与丁蜀镇之间的差距。所以，从宜城到丁蜀镇可以感受到明显的差别，宜城更像一座以居住为主的水城，而丁蜀镇则是

---

① 董立龙：《选产业，哪种最合适》，《河北日报》2016年10月31日。

处于发展中的乡镇。在丁蜀镇的道路两侧，随处可见从事陶瓷制作的工作室和店铺。由于陶瓷用途广泛，产品多样，从建筑用的琉璃瓦到家庭用的菜坛子，再到品茗的紫砂壶等都属于陶瓷，这也使得很难将它们从观感上统一起来。

进入首批特色小镇培育名单，为丁蜀镇的城镇化开启了新的篇章。丁蜀人认为，特色小镇建设不仅仅是简单集聚既有的特色优势产业并提供配套服务，更需要以此为契机寻求突破与创新。一方面，受成型和烧制环节的材料特性所限，紫砂陶器制作相比于其他瓷器，更多承袭了传统工艺样式，产品自身层面的创新相对缺乏，因此，"紫砂特色小镇"需要引导传统的工艺美术进一步与创新设计、创意产业和其他消费品类的设计、制造、销售进行跨界融合，并有意识地提供加强创意版权、知识产权保护方面的针对性服务平台，以充分保障创新价值的体现和创新成果的转化。另一方面，紫砂产业虽然总体规模可观，但产业布局与组织较为分散，所谓"龙头"并不突出，如何在有限的小镇空间范围内，利用目前已初步形成品牌特色的各个大师工作室，进一步吸引投资，实现紫砂产业"小而精""特而强"的提升发展，造就领军企业（家），则需要紫砂特色小镇结合紫砂产业自身特点加强体制机制的开拓与创新探索。

依托地域特色文化及承载历史记忆的空间载体发展文化旅游业就是一种开拓与探索。紫砂文化的最大特色在于其"产业文化遗产"的属性，体现在由"原料开采—生产—运输—销售—工艺培训"构成的完整流程链中，且在不同历史时期表现出差异化的生产工艺特征与空间分布，并通过一系列的"历史空间遗存链"得以展示。因此，紫砂特色小镇的文化旅游应充分挖掘紫砂的产业文化遗产特色：景区、景点的选择和一些体验类项目、服务的设置应围绕"原料开采—生产—运输—销售—工艺培训"各环节的历史空间遗存和当代特色空间载体精心组织、有序开展;旅游线路的策划也应尽量利用与紫砂文化相关的"遗产廊道",结合慢行绿道、水上旅游,提供多元化的特色体验;以此为框架,加强小镇整体的景观环境建设,突出文化内涵,使小镇整体成为宜业宜游宜居的特色景区。

紫砂特色小镇的创建为复兴"五朵金花"、修补陶瓷产业的"产学研"体系提供了契机。历经千年的积淀与发展,丁蜀镇陶瓷产业形成了著名的传统工艺美术系列——"五朵金花"(紫砂、均陶、青瓷、精陶、美彩陶)和具有鲜明产业特征的"产"(负责原料开采、辅料生产、陶器制作的工厂)、"学"(江苏省陶瓷工业学校、各厂内部的培训机构等)、"研"(陶瓷研究所、美陶厂等)体系。然而 20 世纪 90 年代以来,随着改革的不断深入带来的生产和组织及模式的变革,除紫砂"一枝独秀"外,其余"四朵金花"已日渐式微,相关生产区多数已被拆除改建,原有的"产学研"体系被破坏。经过多方的长时间努力,均陶、青瓷制作技艺和彩陶装饰技艺已列入国家级、省级非物质文化遗产名录,可以特色小镇为平台,整合相关存量资源,加强非遗的保护与传承;对仍从事生产的厂区,局部改造提升用于展示与体验生产流程;对已拆除的,可设立标志、文化小品说明,局部可复建作为遗产体验、技艺培训中心或创新基地。同时,可在特色小镇范围内设置相关研究、设计与交流场所,重点加强"五朵金花"工艺品的品种、花色、技艺的创新设计,创造与先进国家地区陶业交流、研讨及技术引进的机会。

因此,紫砂特色小镇创建同样也是带动丁蜀镇人居环境品质和特色提升的契机。特色小镇本就不是封闭、孤立的存在,特色小镇创建应避免园区建设、项目招商的思维局限,让特色小镇建设真正与镇区发展全局融为一体,做好公共服务、景观环境、文化廊道与脉络的梳理与衔接。以特色小镇建设为标准，逐步推广到历史镇区及整个镇区，加强历史遗迹与文化的保护、老旧居住区更新和现有各类载体的整合，令"陶都"重新焕发活力。

丁蜀镇作为紫砂特色小镇，既具有明显的产业优势，也具有深厚的文化底蕴，但从城镇的整体观感和产业的整合度上，还需要将自己的名片擦得更亮，许多工作要更上一个台阶。丁蜀镇需要利用好山体、河流、湖滨、湿地和丘陵资源，打造更多的生态环线和观光带，让人们在这里漫步、休闲和度假。同时，也要让古窑址历史遗存、东坡书院、古南街、汤渡老街和显圣寺等文化古迹焕发出新的活力，让人们从多个角度品读丁蜀。

第四章　生态开发

　　生态开发主要是依据本地优良的生态资源进行开发的特色小镇建设模式。生态是其最大的特色，深刻体现了"绿水青山就是金山银山"的理念。保护生态并未阻碍当地的发展，反而成了他们最大的卖点，吸引着各地的游客纷至沓来。本章选取了有"国际慢城"之称的江苏南京桠溪镇、民宿界的翘楚浙江湖州的莫干山镇以及"田园综合体"的首创地江苏无锡田园东方进行介绍。严格来讲，慢城只是桠溪镇的一部分，民宿也是集中在莫干山镇的几个村庄，但它们足以让整个镇的特色鲜明起来。田园东方在性质上难以确定，可以说它是美丽乡村建设，但它与其他的村庄有很大的不同。它已建成的部分比较小，所占阳山镇的面积比较小，还不能代表整个阳山镇。当前，田园东方已经规划了多期，希望建设成为文旅小镇。不管它代表阳山镇也好，建设文旅小镇也罢，都可以作为生态开发的成功案例进行认识。

第一节　国际慢城——南京桠溪镇

一　桠溪生态之旅简介

　　高淳的"国际慢城"不是一座城，而是高淳县桠溪镇西北部一块面积约 49 平方公里的被称为 "生态之旅" 的地方。它位于江苏省高淳县、溧水县、溧阳市和安徽省郎溪县四县（市）的交界处，西离宁高高速 7 公里，东接 246 省道。目前，约有 2 万人、6 个行政村分布在这条风光带的两旁。这里是茅山、天目山山脉的汇合地，也是太湖、长江水系的分水岭，植被覆盖度高，物种丰富多样，生态环境优越。① 在申请成为 "国际慢城" 之前，这里是被重点打造的 "生态之旅"。

目前，在这块区域内没有一家工业企业，农民收入主要来自生态农业和生态旅游。现在这里已经建成了万亩早园竹、万亩有机茶园、五千亩果园等超大规模的特色经济农场以及桃花村、杏花村、石榴村、菊花村等多个生态农业示范村，一年四季都是鲜花不断、瓜果飘香。在这里，只用有机肥料，不用化肥；只有农家乐，没有快餐店；只有鸟语蛙声，没有工业噪音。生态之路让昔日的荒山坡，变成了如今的绿色宝库，向人们展示了一条独具特色的绿色、生态发展之路。②

"生态之旅" 地处古长江北岸地带，素有 "江南圣地、鱼米之乡" 之称。作为南京人远祖的发祥地、吴楚文化的交汇地、徽派文化的承接地，悠久的历史赋予这片土地深厚的传统文化底蕴和丰富的历史文化遗产资源。这里有江苏省非物质文化遗产 "卞和望玉" 的望玉山、江苏省文保单位牛皋抗金的南城遗址、南京市文保单位永庆寺、刘伯温开挖的大官塘、岳家军的操兵场遮军山、张巡纪念馆等景观。"生态之旅" 将生态优美的自然风光和人文景观串联起来，赋予了 "生态之旅" 丰富的文化内涵，沿途不仅可以享受大自然的馈赠，也能感受历史文明的绚烂。③

---

① 《探秘 "中国慢城"》，《农村·农业·农民》（B 版）2011 年第 9 期。
② 《慢城，一种回归的体验》，《农产品市场周刊》2014 年第 10 期。
③ 黄亦武：《让文化遗产成为富民强县的亮丽风景》，《群众》2011 年第 3 期。

椏溪镇国际慢城的定位是以生态山水田园为景观基底，以慢生活、慢休闲、慢运动为主题，打造集农业观光、生态体验、吴楚文化、健康养生、慢生活休闲为一体的国际慢城小镇，逐步形成"一带（生态之旅）、一心（慢城小镇）、四区（农业慢城、生态慢城、文化慢城、健康慢城）、多点（各个旅游景点和设施点）"的慢城发展格局。① 这个格局也可以说是五大主题景区，它们分别由以下几个部分构成。

农业慢城：农业科普实践馆、彩葵园、葡萄园、农业节庆广场、大地艺术公园、吕家美食村和遮军山生态公园。生态慢城：荆山竹海、薰衣草庄园、卞和望玉园、状元山、永庆湖和佛教养生会馆。文化慢城：乡土传习中心、吴楚文化书院、天地戏台、大山寺、大山塔和慢城影视基地。慢城小镇：慢餐博物馆、慢城集市、慢城企业会所、慢城酒店及会议中心、营养体验中心、慢城示范村和慢城展演公园。健康慢城：茅山、青山茶社、花卉园、慢运动学院、自行车赛道和房车营地。

"国际慢城"的概念在中国还比较陌生，只有一些学者或相关从业者做过关于慢生活的研究。高淳县椏溪镇能成功申报慢城也实属机缘巧合，得益于一次与友好城市意大利波利卡市的交流。2010 年 7 月，世界慢城联盟副主席、波利卡市市长安杰罗·瓦萨罗在韩国参加完国际慢城会议后，第三次来到高淳。交换名片时，看到他的国际慢城副主席的头衔，高淳人产生了浓厚兴趣，借此机会详细了解国际慢城的概念与发展状况。而安杰罗·瓦萨罗参观过椏溪镇"生态之旅"后，也感到非常惊讶，认为这里的一切完全符合国际慢城的理念和标准。按照他的指导意见，高淳县迅速组织了申报工作。2010 年 11 月 27 日，在苏格

---

① 施益军：《中外慢城发展模式比较研究》，《城市问题》2016 年第 3 期。

兰召开的国际慢城会议上，高淳桠溪镇"生态之旅"被正式授予"国际慢城"称号。[1]

从桠溪镇获授"国际慢城"称号的过程来看，这似乎只是一个巧合。因为桠溪人也没有刻意地按照"慢城"的标准来打造"生态之旅"，在刚开始的时候也完全不知道"慢城"为何物。但高淳县一直在做的事情，却恰恰符合了慢城的标准和要求，这是一个发展理念与评价标准的吻合。在苏南地区，高淳和其他县市有很大的差距，由于受到交通、区位条件的制约，它不能像苏锡常地带那样走工业化道路。当时，高淳是苏南仅剩的两个建制县之一，也是苏南地区城市化率较低的县之一。从区位上来看，高淳地处长三角地区边缘，偏离了经济发达的核心区，与重要交通干线相距较远，是当时江苏两个没有高速公路过境的县之一，通往那里唯一的一条宁高高速将高淳设为了终点站。2004年，在仔细分析发展面临的种种制约后，高淳县第十届党代会确立了"生态立县"的战略，决定利用自身的生态资源，以错位发展的方式获得成长空间。2006年，在桠溪镇的西北部50公里的地方重点打造了"生态之旅"。

桠溪镇慢城的发展理念，可以"SLOW"进行概括，即发展理念包括可持续（sustainable）、低碳（low carbon）、选择（option）和富裕（wealthy）四个方面。

具体来说，一是发展的可持续性（sustainable）。"慢城"并不是慢发展，而是可持续、有效率的发展。桠溪镇坚持的是一个持续发展、绿色发展的道路。高淳是南京市的远郊县，离大城市比较远，在交通区位上没有什么优势，所以，受城市化和工业化

---

① 孔育红：《基于"慢城"理念的高淳乡村旅游开发研究》，南京农业大学硕士论文，2014。

的影响非常小。同时，高淳自然生态环境资源底子非常好，生态环境质量指数一直处于江苏省前列，空气质量指数在全省位居第三，曾以高分通过了国家级生态县（区）五大类二十二项指标的严格考核，是名副其实的国家级生态县。这让高淳坚定了依托自身资源禀赋走特色发展道路的信心和决心。

二是低碳发展（low carbon）。桠溪镇坚持发展低碳经济，不以牺牲环境为代价换取一时的增长。在产业发展的过程中，桠溪镇不断地提高环境门槛、加强产业甄别，努力构建以绿色产业为主导的现代产业体系。在产业布局上，桠溪镇明确作为"工业不开发区"，重点发展高效农业、旅游业、文化产业和其他现代服务业，为生态功能区的建设划出红线。同时，对新建项目全面加强环境管理工作，尤其是要求污水生态处理系统必须建设到位。对农副产品则强调实行以环境标志产品为代表的绿色认证，坚决禁止农户使用人工合成化肥，要求必须使用有机肥。在能源利用上，则是村村都建了沼气池，还大力推广使用太阳能等清洁能源。对居民的生活垃圾进行严格分类并实行无害化处理。在村庄建设上，尽可能少地使用钢筋、混凝土等不易处理的建筑材料，除了主干道是沥青路面外，其他的都是土路或沙石路，就连葡萄架也是木架子，而不是水泥柱子。对新规划的交通系统也进行了必要的限速，希望以后尽可能地减少汽车进入，而大量地使用电动公交车。[1]

三是发展选择权（option）。慢城运动的一个很重要的理念是在发展过程中充分尊重当地居民的意见。比如，在慢城原则中包含支持当地手工艺人和本土商业的发展，带领当地居民共同建设美丽家园等要求。桠溪镇的发展也基本上遵循了这样的原则，

---

[1] 宗仁：《"国际慢城"在中国及其现实意义》，《现代城市研究》2011年第9期。

在发展的问题上充分实行民主决策。在当地，有很多居民外出从事建筑工作，大面积的农田被闲置。于是，村里就组建了农业合作社，把闲置的土地进行统一流转，让农户获得土地租金。还有，村委会也在积极地征求居民的意见，对村庄进行了统一改造，建成了与区域发展要求相协调的旅游特色村。许多村集体还组建了农家乐协会，对村庄中的农家乐进行统一管理，保证服务的质量。①

四是让居民幸福、富裕（wealthy）。贫穷不是慢城。慢城既是一种文化特色，也是一种生活品质。慢城模式并不是简单地以牺牲效益来换取舒适生活，而是要创造一种新的经济价值。也就是说，慢城更注重地方的持续发展以及居民生活质量的不断提高。桠溪镇坚持以富民为先，努力提高居民的生活幸福指数。桠溪镇构建了以创业带动就业的共创、共富发展机制，使城乡居民收入每年以两位数的速度增长，绝大多数的家庭都达到了小康以上的收入水准。慢城范围内的桠溪镇所辖的 6 个行政村，人均收入的 60% 来自当地的特色产业，且比江苏全省的人均收入还高很多。当地居民生产的绿色环保食品，都可以冠"慢城"品牌，优质优价，收入增加不少。同时，桠溪镇也是有名的长寿之乡，人均寿命已经达到了 77.4 岁，百岁以上老人就有 20 多位。

过去人们常说"时间就是金钱"，而现在"时间"比金钱还要贵重，是金钱也换不来的奢侈品。生活得开心、快乐、轻松成为现代人的追求。国际慢城组织有一个口号是"International Network of Cities Where Living is Easy"（生活轻松的国际城市网络），即慢城体现了现代人所希望的一种新的生活模式：生活得

---

① 曾凤娇：《慢城理念在成都农家乐中的初探》，四川农业大学硕士论文，2013。

优雅、闲适、从容、淡定。我国古代就有提倡"慢生活"的说法，比如慢步当车、慢食当肉等。这种"由快而慢"的生活模式，强调人与自然的和谐相处；强调人们要在悠闲的生活节奏中，回归生活的本质，体会生命的意义。① 这也可以认为是慢城模式能够在中国获得认可的原因之一。

二　国际慢城的发展历程

1986 年的某天，意大利记者 Carlo Pedrini（卡罗·佩屈尼）在罗马的西班牙广场散步时，恰好遇到了几十名学生正坐在台阶上狼吞虎咽地大吃汉堡，极具浓厚美食情结的他，感到非常不快。他不停地问自己：难道孩子们就这样失去了享受美食的兴趣和机会了吗？这是不能接受的，即使在最繁忙的时候，人们也不能忘记享受美食。于是，他开始积极地呼吁人们抵制以麦当劳、肯德基为代表的快餐文化，捍卫意大利的美食文化，并保护人们享受的权利。在他的号召下，一场慢食运动轰轰烈烈地展开了。这场运动倡导的价值理念是：Meal（精致的美食）、Menu（精美的菜单）、Music（优美的音乐）、Manner（优雅的礼仪）、Mood（温馨的气氛）、Meeting（愉悦的会面），即 6M 宣言。运动的标志为一只慢慢爬行的蜗牛，象征着味道上乘的食品和质量上乘的生活。他们还在库内奥省的巴洛洛成立了意大利慢食协会，倡导人们在用餐时放慢节奏，享受美食；并以慢食行动为开端，改变整个过快的生活节奏。1989 年，有二十多个国家的代表齐聚巴黎成立了国际慢食协会，并通过了著名的《慢食宣言》。②

---

① 林灵：《中国浏阳溪湖国际慢城规划研究》，湖南农业大学硕士论文，2014。
② 栾习芹：《"慢城运动"引领城市新生活——意大利"慢城"生活侧记》，《世界科学》2008 年第 2 期。

这样一来，慢食运动也就不仅仅局限在欧洲了，而是扩展到了全球。它的总部位于意大利北部小镇布拉，分支机构已经遍布世界各地。国际慢食协会的宗旨已经由最初的反对速食文化扩展到了推广绿色理念、保持传统农业的生物多样性等内容，甚至还包括致力于保护即将消失的手工食品。这项运动拯救了意大利130多种濒临绝迹的食物，让人们得以保留了一份珍贵的饮食财富。

当然，在慢食的基础上，他们又进一步提出了"慢城运动"这个新概念。1999年10月，意大利基安蒂地区的格雷韦、奥维托、布拉和波西塔诺4个小城的市长聚在一起，联合成立了国际慢城组织，并发表了《慢城运动宪章》。① 在这次会议上，格雷韦的市长萨特尼尼被选为慢城运动主席。国际慢城组织把那些具有类似特征、需求的城市组成了一个全球性的慢城网络，每个城市都按获得批准的时间顺序被赋予一个编号，编号可以用到食品、服务和设施等各个方面。加入国际慢城的城市都有着各自的追求，有的是为了追求可持续发展，有的是为了保护本土文化，有的则是为了发展特色旅游。目前，已有30个国家与地区的236个城市加入了这个组织。

慢城已经成了一种国际性的行动，它有着自己独特的理念，包括四大前提、五大行动准则、八条公约和八个方面的特殊要求等内容。

四大前提包括要体现对小镇、居民与游客的关心呵护；保持小镇独一无二的个性、特点与自然状态；在不丧失传统遗产的前提下，融入工艺技术；承诺为所有人提供干净的环境、公平的交易与健康的食品，并且为子孙后代着想，保持高品质的生活。

---

① 陈永佟：《武夷山慢旅游发展研究》，福建师范大学硕士论文，2013。

五大行动准则主要是指采用可持续发展的项目不断提高生活品质，启用小镇范围内一切资源与力量，带领当地居民齐心协力为提升小镇建设而努力工作，为实现慢城的具体目标与标准而努力奋斗，愿意与慢城网络中的其他小镇成员交流思想与实践经验等。

　　八条公约则由人口不超过五万人，深切地致力于保护与维持纯净的自然环境，大力倡导与推行符合可持续发展要求的技术、培育本地文化，保护当地风俗习惯与文化遗产，推行健康的饮食方式与生活方式，支持当地手工艺人与本地商业的发展，热情接待外来游客，和鼓励积极参与公共活动等内容组成。①

　　还有关于保护环境与可持续发展、土特产品的使用、接待客人的态度、基础设施与配套服务、历史性建筑的保护、新技术的运用、历史文化的保护与表现、小镇标识八个方面特殊的要求。

　　从以下几个慢城的典型案例中，可以看到上述理念的坚持情况。比如，奥维托位于意大利中部，是慢城组织的发起者之一，也被认为是第一个国际慢城。它坐落在火山凝灰岩大山的平顶上，是一个自中世纪就存在的古老山城，整个小城分为地上城和地下城两部分。因为受高地地形的限制，这里很少有新盖的房子，所以大部分的老房子从公元前建成就一直保留到现在。城市建设就地取材，主要由石灰岩建成。正是由于自然条件的限制，让其没有办法建设工厂，也没有办法建设现代化的高楼大厦，只有两三层的小楼，甚至低矮的平房，逃脱了工业的烦恼。这里的巷子也比较狭窄，两侧的店铺没有华丽的装饰，连霓虹灯都懒得

---

① 王立：《国外慢城市生活研究进展及启示》，《现代城市研究》2012 年第 6 期。

去装。这些店铺多是个体经营的手工艺店，纯手工制作，客人可以静静地观看艺人的一刀一刻、一锤一钳，用心去感受艺术品的诞生。这里没有连锁店、快餐店，只有具有当地特色的小吃店，需要人们坐下来慢慢享受。这里还保持着午睡的传统，吃完饭后，打个盹是不错的体验。在这座城市里不允许开车，所有的车辆放在了隐藏在市中心公园和广场下面的停车场里，人们通过隐藏在石墙内的电梯直接进入市中心。在小城中，步行是最为普遍的交通方式。这种种的生活习惯、生活方式很符合欧洲中产阶级的品位，每年有200万人来到这个地中海小城，享受这种慢悠悠的生活。

英国的勒德洛小城可能是最繁华的慢城了。它位于威尔士和英格兰交界的地方，是座边贸小城，以手工业著称。在政府的积极引导下，有木结构建筑师、园艺师、铁匠、木匠和银器工匠等一大批手工匠人聚集到这里。他们在小城里租赁一个小门面，提供个性化的定制服务，或者在集市上展销他们的手工艺品。在这里基本上看不到汽车，步行是最为普遍的出行方式。绿色环保也是他们所关注的重要话题之一，他们尽量地减少温室气体的排放，建筑也选用环保材料。位于市中心的那座传统式样的麦秆房就是最好的证明。生活在这里，时间就好像停止了一样。

2007年，韩国曾岛加入了慢城组织，是亚洲国家中的第一个成员。它位于由1004个岛屿组成的全罗南道新安郡境内，是新安郡的第七大岛，在地理位置上具有自己独特的优势。也正是因为有这样的优势，造就了这个世外桃源般的"慢岛"。这里的出行方式有渡轮、接驳船、自行车和步行等，就是没有汽车，成了真正"没有化石燃料汽车"的岛。为了增强人们的慢行体验，整个岛屿打造了各具特色的六条慢行线路，并与景观布局相结合，注重慢行过程中的视觉体验。曾岛所在的新安郡还是韩国最大的单一盐田所在地，当地以海盐为中心形成了盐农产业、旅游产业和文化产业。为了保护盐田和海岸滩涂，曾岛特地建设了盐博物馆和滩涂生态展示馆。同时，曾岛还不断通过举办新安岛滩涂庆典等庆祝活动，推广和扩大生态旅游的理念和影响力。[①]

从国外的慢城的实践来看，它们主要是依靠自身的地理优势以及产业特点，带给人们慢生活的体验。在这些小城中漫步，可能会有时光穿梭的感觉，仿佛回到了遥远的过去，也会让人产生时间停滞的想法，似乎永远都是这个样子，不会再发生变化。同时，这里还有美食供人们享受和怡人的景色让人慢慢消磨时光。

三　慢城在中国的发展

2014 年 6 月 19 日，在荷兰法尔斯举行的国际慢城联盟年会上，广东省梅州市雁洋镇被正式授予"国际慢城"称号。这是继桠溪镇之后，中国的第二座国际慢城。梅州山清水秀，生态良好，森林覆盖率高达 68.6%，是广东省重要的生态屏障。梅州是客家人的聚居地，被誉为"世界客都"，崇文重教，英才辈出，造就了一大批光耀中华的名人贤士，是国家级文化生态保护实验区，也是国际历史文化名城。[②] 早在 2011 年，梅州就提出了"休闲到梅州，享受慢生活"的口号。因此，在美丽乡村的建设过程中，特别注重"慢行系统"的构建，并且鼓励原生态种植，注意手工作坊、艺人及其手法的保留和保护，还注重对非物质文化遗产，如客家山歌、广东汉剧、提线木偶等的传承。梅州的这些理念恰好与国际慢城联盟对慢城的要求相通相融，两者

---

① 崇婧：《国内外慢城旅游案例分析研究》，《山西建筑》2012 年第 30 期。
② 丘洪松：《全市上下努力创建国际慢城》，《梅州日报》2011 年 9 月 13 日。

可谓"神交久矣"。①

雁洋镇位于梅州市梅县区东北部、莲花山脉的五指峰下，与大埔县的英雅，梅县区的三乡、丙村、白渡、松南等乡镇接壤。全镇下辖 27 个村，2 个居委会，279 个村民小组，总人口 3.2 万。雁洋镇山地面积广阔，全镇总面积 188 平方公里，山地面积为 22 万亩，水田面积为 1.2 万亩，是典型的"八山一水一分田"的山区镇，辖区内自然、人文旅游资源丰富。目前，这里拥有一个 5A 级旅游景区，3 个 4A 级旅游景区、6 个大型景区，农家乐 120 多家，旅游纪念品商店近 70 家……雁南飞、雁鸣湖、桥溪古韵等几个区域从建设之初就传达出慢游的生活理念。客家文化也是雁洋镇重要的地域特色，说这里是"客家文化浸润出的慢游小镇"一点儿都不为过。雁洋镇有大量保存完好的客家传统民居，不少新建建筑也都延续了客家民居的风貌和气质。雁洋镇也拥有着丰富的红色资源，叶剑英纪念园就是其中的代表。为了把这个小镇建设得更好，提出了"镇镇有特色，村村有美景"的目标，依托优美的自然生态资源、深厚的客家文化资源优势，紧紧抓住农村环境整治工作，围绕发展特色产业、打造宜居环境，出台了一系列的措施。②

2015 年 7 月 9 日，山东省曲阜"九仙山－石门山"片区正式被授予"国际慢城"称号，成为国内第三个拥有"蜗牛"标识的区域。③ 该片区位于曲阜市吴村镇、石门山镇北部，是国家 5A 级景区泰山和曲阜"三孔"景区黄金旅游线路必经之地，总

---

① 罗娟娟：《雁洋：中国第二个"国际慢城"》，《梅州日报》2014 年 6 月 24 日。

② 范哲：《梅州雁洋：从美丽乡村到特色小镇》，《中国旅游报》2017 年 3 月 20 日。

③ 梅花：《赋予"文化国际慢城"新内涵》，《济宁日报》2015 年 9 月 26 日。

面积约 50 平方公里，人口约 4.6 万，境内 4A 级风景区、3A 级风景区各 1 处，还有全国农业旅游示范点 1 处、省级农业旅游示范点 5 个、省级乡村旅游示范点 7 个，省级自驾游示范点 2 个、省级旅游特色村 5 个。[①]

曲阜是孔子故里，被称为"东方圣城"，拥有深厚的文化底蕴和得天独厚的条件。这座城市希望将慢城要求与儒家文化有机结合起来，打造具有东方文化特征的国际慢城。在慢城的建设上，他们按照"慢是根、儒是魂"的核心理念，把生态环境保护、环山绿道建设、水系改造等重点工程作为慢城建设的一部分，以田园风光为背景，实现全域景区化，力求形成文化旅游、生态体验、慢生活休闲、创意产业于一体的儒家文化慢城。在打造慢城文化的同时，为了提升美丽乡村的人文内涵和文化魅力，曲阜市还将慢城理念创新性地融入美丽乡村建设之中，探索"文化国际慢城 + 美丽乡村"新发展模式。[②] 为了实现这个目标，曲阜市提出"一村翠绿、一塘清水、一处广场、一院洁净"的发展规划，要求村村建设一处村民服务中心、一处文化健身广场、一处便民浴池，连线成片集中打造生态文明村，实现"村村有文化、户户有和风"，达到生态美景和人文美景的有机结合。

2015 年 11 月 2 日，广西富川瑶族自治县福利镇顺利通过国际慢城认证，正式加入国际慢城联盟，成为中国第四个、广西第一个国际慢城。2016 年 5 月 10 日，国际慢城联盟总部正式授予温州文成玉壶镇为"侨韵"国际慢城。为了进一步促进慢城在中国的发展，7 月 28 日，在国际慢城总部的指导下，高淳联合

---

① 马会：《山东曲阜打造中国首座文化"慢城"》，《中国经济时报》2015 年 7 月 10 日。
② 罗君：《基于慢城理念的美丽乡村建设实践》，《规划师》2016 年第 S2 期。

各地慢城成立中国慢城的协调委员会，召开"国际慢城 2016 中国年会"，交流探讨国际慢城发展模式，建立慢城联络机制。同年 10 月 16 日，宣城市旌德县旌阳镇成功加入国际慢城组织，并获得授牌。2017 年 11 月 11 日下午，在挪威于尔维克市召开的国际慢城联盟总部协调委员会会议上，浙江省衢州市常山县正式被接纳为国际慢城联盟会员，成为全国第 7 个国际慢城，这也是 2017 年唯一获此殊荣的中国城市。① 慢城在中国的发展很快，每年都有三到四个城镇申请加入。

1999 年以来，国内和国际几乎同时刮起的"慢城风"，说明了人们开始对工业化和城市化进行反思，希望自己的脚步和内心慢下来，能够更好地享受生活、享受自然。工业化、城市化的快速发展创造了巨大的物质财富，为人们的生活提供了极大的便利，但也给人们带来了焦虑和不安。工业化、城市化的"高速列车"一旦启动，就没有办法停止，也没有办法减速，一路追随让人们感到身心俱疲。所以，许多人想逃离城市的喧嚣，摆脱工业所带来的异化，回归到本真的自然状态。高速发展与慢体验是一对孪生兄弟，发展的速度越快，需要慢体验的愿望也越强烈。快的客观性带来了慢的必要性，快会需要慢，但慢不一定会产生快。也许，只有在快的衬托下，慢才会有意义。

从某种程度上来说，慢城是在变劣势为优势，进行错位发展。不管国际的慢城，还是国内的慢城，都是经济不太发达的地区。正因为没有发展起来，才有了慢的基础。许多地方也想发展，但是缺乏条件，有心无力。当周边都发展起来后，良好的生态环境和文化氛围成为稀缺资源，成为城市后花园和人们休闲的

① 胡江平：《常山跻身全国第 7 个国际慢城》，《衢州日报》2017 年 11 月 13 日。

理想之处。所以，慢与快是在比较中产生的，没有绝对的优势，也没有绝对的劣势。当然，这些地方之所以可以建成慢城，也与所处的地区有关，基本上都处于发达地区的边缘或者腹地，这样才能获得资源和市场，让发达地区也成为自己的腹地。如果没有资源和市场，只是保存了原生态，谈不上慢城建设，也不能称为"城"。以此来看，慢城的发展还是为城市服务的，而不仅仅是考虑自身的成长。不能抓住、满足城市的需求，就不能为自己赢得发展的机会。

中国与国际上的慢城还是有些许差异的。由于受到地理环境以及发展阶段的影响，欧洲的慢城基本上都是小城或者小镇，属于非农区域。而中国的慢城更多的是乡镇，多是没有发展起来的农业区、生态区。所以，我们的城与欧洲的城不同。因为与农业、生态有关，所以我国的慢城建设就必然与美丽乡村建设联系起来，形成具有中国特色的慢城模式。在此过程中，也会注重对传统文化的发掘，更加具有地方特色。从已经获批的几个慢城中可以看出，它们都拥有良好的生态环境，同时也有丰富的民俗资源。从这个角度来讲，中国的慢城发展更加强调区域性和乡土性。如果以慢城为依托进行特色小镇建设，需要关注全镇域的统筹发展，而不局限于特定区域。

第二节　民宿之城——莫干山镇

一　莫干山镇简介

莫干山镇隶属于浙江省湖州市德清县，位于美丽富饶的杭嘉湖平原，东南距杭州 60 公里，北距湖州约 50 公里，东北距上海200 公里，距苏州 145 公里，距无锡 180 公里，国家级风景名胜区莫干山在其境内。相传在春秋末年，楚王派干将、莫邪夫妇在这里铸造举世闻名的雌雄宝剑，莫干山由此而得名。

莫干山系天目山向东逶迤之余脉，山峦连绵，遍地修篁。它是以荫山为中心，以塔山（海拔718.9米）为主峰，东西长约15公里，南北相距12.5公里，总面积43平方公里，海拔在400～700米群山的总称。莫干山以"竹、云、泉"三胜，"凉、绿、清、静"四优以及238幢充满历史积淀的"万国博览建筑"而驰名中外。① 莫干山也被誉为"清凉世界、翠绿仙境"。在20世纪三四十年代，莫干山与庐山、鸡公山、北戴河合称为我国四大"避暑胜地"。

1950年3月建立莫庾乡，1954年、1956年、1958年分别合并了莫干乡、后坞乡、筏头公社，称为莫干乡和莫干公社。1968年2月成立莫干山公社革委会，后坞、筏头也随即分离单独设立公社。1983年，恢复为莫干山乡。1992年，筏头乡与后坞乡合并为筏头。1994年10月，撤乡建镇。2010年，南路乡合并组成三个行政村，并入莫干山镇，统一管理莫干山风景区的山林绿化和环境建设。2016年1月，原莫干山镇、筏头乡撤并组成新莫干山镇。全镇区域面积185.77平方公里，东接武康街道，南邻杭州市余杭区百丈镇、黄湖镇，西连安吉递铺镇，北靠吴兴区埭溪镇。莫干山镇管辖18个行政村，3个居民区，户籍人口3.1万，常住人口3.1万。

近年来，莫干山镇牢固树立"绿水青山就是金山银山"的发展理念，紧紧围绕"适应经济发展新常态，实现更高水平新崛起"的发展主题，将"生态立镇，旅游强镇"确定为发展战略，努力打造全国一流国际乡村度假旅游目的地。通过实施培育

---

① 朱建明：《风情万种　莫干山别墅群》，《中国文化遗产》2006年第6期。

特色产业、建设精致小镇、保护生态环境等举措，莫干山成为公共功能完善、经营业态新颖、美丽休闲景观与特色建筑融为一体的特色小镇。

曾经有段时间，莫干山镇的发展并不是太好。虽然这里有莫干山风景名胜区，但景区的管理权在省里，本地享受不到任何的门票收益。同时，该地又是湖州市区的水源保护地，不允许产生污染的畜牧业、加工业的存在，相关企业都被清退了。所以，除了种田之外，村民们基本上没有什么其他收入。年轻人都离开了农村到城里发展，因为这里没有什么发展的机会，他们也看不到什么希望。所以，村里的许多房子都空着，有的甚至坍塌了，一派凋敝、萧瑟的景象。①

2007年左右，"洋家乐"的到来让这座寂静的山乡热闹了起来。"洋家乐"顾名思义就是洋人开的农家乐，他们以"原生态养生、国际化休闲"为发展理念，十分注重生态、环保以及东西方文化的融合，很受长三角地区高端客户特别是外国游客的青睐。② 2012年，《纽约时报》评选出了全球最值得一去的45个地方，莫干山位列第18位；CNN则将这里列为"除了长城之外，15个你必须要去的中国特色地方之一"。③ 短短的10年时间，莫干山已经发展出550家高端民宿，这些民宿主要集中在后坞、仙潭、劳岭、四合、燎原和庙前等村，比较著名的有裸心谷、法国山居、西坡、后坞生活、山中小筑、清境原舍、西部时光、莫梵、枫华山居、莫干山居图、大乐之野、天真乐元、遥远的山、田园曼居、游子山居、溪上等。

---

① 《国内休闲农业与创意体验案例分析》，《世界热带农业信息》2016年第11期。
② 《莫干山镇》，《公共艺术》2016年第6期。
③ 沈建波：《干在实处谋新篇》，《浙江日报》2016年9月2日。

在村庄发展民宿的基础上，莫干山镇因势利导，积极地对镇区进行建设，以突显当地的特色。在"民国风情、海派文化"理念的引导下，对集镇进行了综合环境整治，通过对历史街区建筑的保留改造及文化休闲旅游的开发，打造了一条长400米、占地约22亩的民国风情文化街。将镇区原来保留的民国时期的汽车站、钱万春私宅等老建筑改造成了9个秀外慧中的展览馆，并打造了一条3公里长的梧桐大道，与庾村集镇道路两旁有100多年历史的梧桐树串线成景。在整治的过程中，不断地将历史文化元素充分运用到城镇LOGO、景观小品中去，许多传统工艺复活了，文创产品成了生活的一部分，处处可以感受到艺术的气息，民国风情小镇逐步成型。如今的莫干山镇抬眼望去便是风景，浓郁的民国风和美丽的生态景相得益彰。

二　一座莫干山，半部民国史

自南朝梁大同年间（公元535~546年）性正禅师因看中莫干山林泉的幽美在山后建天泉寺起，历代皆有登山修院造庵者，时达1400多年。但莫干山真正得到开发则是在清代光绪年间。鸦片战争后，清政府被迫与西方列强签订了一系列不平等条约，允许他们在开放口岸自由居住、购买土地、建造礼拜堂和医院以及到内地游历、通商和传教。光绪十七至二十年（1891~1894年）的某个夏天，美国浸礼会教士佛利甲从杭州出发，沿运河"游猎"至莫干山，见到山上修篁遍地、清泉竞流、清凉幽静，赞不绝口。不久，教士梅生及霍史敦、史博德也来到了这里，赁屋以居，并将所见、所闻刊发在了外文报上。[1] "莫干山——东

---

① 李峥峥：《莫干山避暑地发展历史与建设活动研究（1896~1937）》，浙江大学硕士论文，2007。

方的天然消夏湾!"的消息从上海黄浦江面上荡漾划开,西方各国媒体头版头条报道来自中国的一座"仙山"。于是,莫干山声名鹊起,引得外国人纷纷上山建屋造舍。

　　光绪二十二年(1896 年)前后,美国传教士白萝在山上造了间茅舍避暑,继而伊文思也在这里建造了房屋。当时,他们的房屋为草木结构,很像中国的农舍。光绪二十四年(1898 年)三月,英国传教士洪慈恩来到山上,因觉白氏的房舍简陋,特地带领工匠到上海观摩西式建筑,并要参照相应的样式营造房屋。于是,这里就出现了第一幢别墅,为西欧田园式木结构洋房,由东阳籍工匠关勇建造。外国人还于当年成立了莫干山避暑会,推选了 16 人担任董事,正副会长各 1 人,书记、会计各 1 人,下设路政、房产管理、司法、卫生等委员会,还制定了五章十一款的章程。1919 年,随着《避暑地管理章程》和《避暑地租建章程》的出台,莫干山被北洋政府正式确认为避暑地。这一时期,洋人在莫干山建设的增长趋势得到了遏止,有钱有势的中国人开始在这里建造别墅。据调查,截至 1926 年,山上共有别墅 154幢,其中美国人的 81 幢,英国人的 28 幢,德国人、法国人的各3 幢,俄国人的 1 幢,另有上海工部局公共避暑所 1 个,避暑公葬所 1 个,天主堂 1 所,耶稣堂 2 所。

　　1928 年,国民政府正式收回莫干山的主权,成立了莫干山管理局,隶属浙江省政府民政厅,此山被纳入政府管理。当年 6 月,曾先后任上海特别市市长、国民政府外交部部长的黄郛(1880 ~1936 年,原名绍麟,字膺白,号昭甫,浙江上虞人)偕夫人沈亦云(1894 ~ 1971 年,名性真,又名景英,字亦云,浙江嘉兴人)在山上先购后修"白云山馆"拟作退隐之所。1931 年"九一八"事变之后,夫妇二人正式退居于此。在退隐期间,他经常到山下的农村走访,发现方圆几十里的山民生活贫苦,大多不识字，孩子们也基本上不读书，天天到处游荡。而在莫干山上，中外达官贵人过着安逸富足的生活，与山民的生活形成了极大的反差。黄郛希望山民能够摆脱这种贫穷的状况。于是，黄郛夫妇就在这里开展了乡村教育和改良事业，组织成立了"莫干农村改进会"，筹建了私立莫干小学，兴办农场、牛奶场、蚕种场等实业，还建立了文治藏书楼。① 虽后来黄郛回到国民政府任职，但他一直心系莫干山。1936年，黄郛在上海去世后归葬莫干山。

此后，国民政府的党政军要员及其他各界人士相继上山，有的是建造别墅，有的是避暑小憩。1931年4月，蒋介石曾到莫干山游览，并探望了黄郛夫妇。1932年，国民政府行政院院长汪精卫到"六月息园"养病，后来购买了青草塘的600号别墅作为憩息之所。1934年，国民党元老张静江在嘉兴路建造了"静逸别墅"。1935年，上海滩的风云人物张啸林、杜月笙也分别在莫干山路营造了古代宫殿式和异国风韵的别墅。1937年，抗日战争爆发后，莫干山的建设活动停了下来，许多别墅荒废了。1945年抗日战争胜利后至1949年，莫干山上建造的别墅也寥寥可数。②

1949年，中华人民共和国成立后，浙江省政府设管理局负责莫干山的行政管理事务。同时，华东局在山上设立了华东疗养院，负责安排高级干部疗休。毛泽东、陈云、陈毅、刘伯承、彭德怀和董必武等老一辈无产阶级革命家曾先后来到莫干山并吟诵了许多诗句。陈毅曾写道："莫干好，遍地是修鉴，夹道万杆成绿海，风来凤尾罗拜，小窗排队长。"③ 1994年，莫干山经国务

① 杨振华：《莫干山下的美丽乡村》，《文化交流》2010年第12期。
② 李南：《莫干山避暑地近代建筑发展状况初探》，《华中建筑》2007年第12期。
③ 莫干山经济开发区管委会：《发展中的莫干山经济开发区》，《浙江统计》1994年第8期。

院批准成为国家重点风景名胜区。莫干山别墅群内各种建筑风格并存，有北欧田园式乡村别墅的陡坡屋顶，也有古罗马的柱式建筑遗风；有哥德特色的卷拱门窗，也有西方古典式的门庭栏杆；中国古典式建筑的歇山飞檐点缀其间，宛然是一个别墅建筑的博览，具有很高的历史、科学、艺术价值。2006 年 5 月 25 日，国务院发布了《国务院关于核定并公布第六批全国重点文物保护单位的通知》（国发〔2006〕19 号），将其中 23 处代表性建筑以"莫干山别墅群"的名义列为第六批全国重点文物保护单位。

三 开遍山野的"洋家乐"

谁是"洋家乐"的开创者目前尚无定论。有人说是裸心谷的高天成，因为他的名声最大，让莫干山成为世界的；也有人说是"法国山居"的司徒夫，因为他最早在这里圈了地，有了开办专门针对外国人和高端人士的酒店的想法。而司徒夫说，应该是"山上"的英国人马克。因为他，司徒夫才来到了莫干山。

司徒夫的说法有一定的道理，说马克重新唤醒了莫干山一点儿都不为过。马克·基多（Mark Kitto）曾是白金汉宫仪仗队的上尉。因为喜欢中国，在伦敦大学读书时，马克学的是中文专业，曾于 1986 年到北京语言学院留学，还曾在 *That's Shanghai* 工作。1999 年的春节前夕，同事们都离开了城市，回到了自己的老家，喧嚣的上海顿时陷入一片寂静。身在异乡的马克百无聊赖，偶然间看到了房间角落里的一本叫《孤独星球·中国》的书。书中关于莫干山的两句介绍吸引了他。"莫干山是殖民时代居住在上海和杭州的欧洲人的度假旅游胜地。从杭州西站坐长途汽车需要 40 元，在山上度过一晚需要 250 元左右。"除此之外无更详细的说明。经历了一番周折，他于一个寒冷的月夜抵达了莫干山。他说："眼前出现的不是上海郊区那种假模假样的西班牙式别墅，而是一个欧洲小村庄，好像是从阿尔卑斯、普罗旺斯搬过来的，这里很像北威尔士，我从小长大的地方。"旅馆主人给他拿来一个取暖器，他想方设法要来了一捆木柴。壁炉点燃的瞬间，他发现这个房间跟他从小长大生活的房间几乎一模一样。他跟旅馆主人夫妇成了朋友，喜欢上了莫干山。

他与中国妻子吴宁华在这里开了一间名为"LODGE"的咖啡馆，并以此为名设立了个人主页，介绍莫干山的故事。平日里，妻子打理生意，接待来自各地的客人，而他则更喜欢读书、写书，思考自己的问题。后来，他在英国出版了非虚构类著作《中国杜鹃》（*China Cuckoo*），介绍了他在中国的事业和生活，就像那个从英国跑到普罗旺斯定居的彼得·梅尔一样，介绍了莫干山和他们一家四口的乡居生活。在书中，马克对莫干山的前世今生做了详尽的探究，并对他从浮华的上海搬来寂静的莫干山的前因后果进行了详细描写。这本书在英国大受欢迎，多次出版，还被介绍到了澳大利亚。此书出版后也引起了美国《纽约时报》和德国《镜报》的关注，他们派记者前往莫干山探访，称赞马克把莫干山"重新呈现在世界眼前"。

"法国山居"的创立者司徒夫和李雪琳夫妇有与马克相似的经历。2005 年，定居上海的司徒夫偕夫人去莫干山游玩，在紫岭村遇到了开茶厂的老板老吕，他们一起吃饭聊天，甚是愉快。回到上海后，他很惦记这里，希望能在这里租个小房子自住。在老吕的帮助下，他租了一幢很破的老土房，周末时，与妻子来这里小住。2007 年，在与当地政府接触后，他产生了在山上建设一个法国乡村式酒店的想法。于是，司徒夫便从老吕手中租下了闲置的茶厂，开始建设他的"法国山居"。当时，当地政府希望酒店能够在 2010 年前建成，以便在上海世博会期间接待从上海到这里的法国客人。可是，谁也没有想到，"法国山居"一建就是五年。① 该项目于 2011 年 10 月份才开始试营业。

莫干山里"法国山居"的中式建筑群落隐藏在被称作"仙人坑"的茶厂里，建筑外立面完全参考当地民居的中式风格建筑，黄墙黑瓦，竹林掩映，内里布置却是原汁原味的法式情调。工序繁复、濒临失传的水泥花砖、复原法国乡村别墅配置的橡木家具、猫脚浴缸、黄铜支架、尺度极大的房间高度、木质白漆的百叶窗、形态万千的复古铆钉皮质沙发和极具"吸睛力"的大幅手织花毯……在这里，烹饪学校为有兴趣学习法餐的客人准备了专门的烹饪厨房、专业的法餐讲师和上课需要的全部原料。在客房和公共区域，还可以看到法国画家 Francois－NicolasMartinet 对各种鸟类的临摹作品，以纪念那个曾在这里寻找植物和鸟类的法国人。

裸心系列的创始人 Grant Horsfield（中文名为高天成），南非人，2005 年来到上海，想在这块令世界各地无数投资者竞相涌入的宝地上寻找一个能在中国市场崛起的产品。城市生活的紧张步调、空气污染、生活压力等都让他感到窒息。每当此时，他就格外想念家乡南非的辽阔。于是，他开始在乡间寻找一个可以休憩、放松的地方。2007 年的一天，他在网上搜索到了莫干山，又从马克的"LODGE"主页里了解到很多关于莫干山的传奇故事。于是，他就约了几个朋友骑行来到了莫干山。在骑行的过程中，他们无意间被山鸠坞（现多称三九坞或 395）吸引，那里青山叠翠，修竹袅立，青松环侍，湖水如碧，仿佛世外桃源。它位于山腰，是劳岭村的一个自然村，地域面积 0.6 平方公里，有 25 户人家，却只有 12 个人住在那儿，大多房屋都是空置的。于是，他租下了其中的八套房子，在不改变原有房屋结构、不破坏

---

① 谭畅：《莫干山下的"洋家将"》，《小康》2013 年第 6 期。

整体风格的前提下，融入低碳、环保的理念进行装修，成立了裸心乡（先有"裸心乡"，后才有"裸心谷"），有回归简单质朴的自然生活之意。在这里，客人自由使用整栋房屋，拥有足够的空间和自由，可以享受难得的清净。这种回归自然、环保低碳、享受自由的生活方式很受上海、杭州等大城市外籍人士的欢迎，吸引了许多都市人前来休闲度假。

2011 年 10 月，他们投资兴建的裸心谷开始迎接前来休闲度假的人们。裸心谷其实是一整个山谷，在裸心乡下方的兰树坑村的山坳里，占地 26.67 公顷，总体建筑占地约 1.33 公顷，其余基本都是原生态的山地和森林。这里共有 30 栋树顶别墅，每栋带 2 ~ 3 套客房，每套 2 ~ 4 室不等，共 81 套；40 栋夯土小屋，每套只有 1 个卧室；1 个 1000 平方米的会议室；3 个泳池；1 个 SPA 馆，还有 1 个马场和路虎体验中心。这种建筑具有非洲大草原的"野奢"风格，房间里会故意露出房屋结构，墙上的抹灰没刻意抹平，洗脸盆用喂马的石槽而不是现代卫浴产品，突出乡野味道。人们的活动也是以在户外的骑行、徒步、骑马等为主，让人充分地与大自然接触，体会那份野趣。裸心谷采用的是销售与运营相结合的经营模式。所有树顶别墅是可售的，夯土小屋是公司最终持有的，通过树屋别墅的销售来回现，再通过夯土小屋来沉淀资产。目前总回现 2.4 亿元左右，而建造成本是 1.5 亿元，收回所有的成本之后还有盈余。同时，还沉淀了 40 套夯土小屋的固定资产。

2017 年 2 月，在裸心乡原址上修建的裸心堡开始营业。这个地方叫炮台山，原来就有一座城堡，是苏格兰教会医生梅滕更修建的。裸心堡外形粗犷、居高临下，一侧的独立角楼令人肃然，装修大胆运用装饰派艺术元素，让外形阳刚坚硬的城堡带给人温柔与惊喜。裸心堡由四大板块组成，从低处往高处走，依次是现代的厢房、悬崖顶上风光无限的崖景套房、奢华小院、各具魅力的主题城堡套房。每个套房都很有个性，王室套房淋漓尽致地呈现了欧洲经典王室美学，欧洲古董家具、精细耐看的雕花……无一不失王与后的雍容庄重。花旦中刚柔并济的腔调，性感且幽雅，梳妆台醒目，暖亮的镜前灯围成一圈，山林月下此时唯你最美，宽敞的厅堂随时可以舞动起来。推开地穴的房门，关于欧洲中世纪古堡的幻想全然成真——真的牢门，真的石穴。大胆、任性的隐室，有着阿拉伯文化的神秘，波斯地毯通向山崖，帷幔透过洋葱顶玄关层层重重，还有随意散落、任意依靠的榻。帮主是那个黄金时代里的绅士，有着优雅的品位，鸵鸟皮家居、庄重大气的木质墙面，一丝不苟地讲究，犹如来到唐顿庄园。它们既秉承了裸心一贯的品位，又交织了欧式的优雅奢华。

裸心系列不只是一个让人亲近自然、敞开心扉的地方，它还在许多方面做到了极致，引领着行业发展的潮流。比如在低碳环保方面，他们尽可能地不从外面带家具、建材到村里来，而是在周围的村子里寻找旧家具、旧物件，村民拆房剩下的雕花木梁、石磉、马槽都成了上等的装修材料。最具创意的当属对马槽的使用了，下面凿个下水孔，就成了一个双人用的洗手盆。屋内的家具、物件，也都是从村民手中"淘"来的宝贝，老旧的暖榻，笨笨的、大大的藤椅，用储物柜改造的椅子，旧旧的火桶……而屋外茅草棚下的吧台，是用废旧的啤酒瓶堆垒起来的。[1] 在许多房间里没有电视，没有空调，没有煤气；夏天靠电风扇降温，冬天靠火炉子取暖，烧的还是废木屑压制成的柴火；门前有蓄水池盛的雨水，要循环使用；建有三层的化

---

[1] 吴妙丽：《莫干山下的低碳"洋家乐"》，《浙江日报》2010年3月23日。

粪池，处理各类生活污水；垃圾也要分类，树叶、瓜果皮被埋在地下，作为有机肥料。这里不提供换洗的毛巾，客人们也被建议乘坐火车而不是开私家车过来。这里也不允许在室内抽烟，发现一次警告，第二次就要被"赶出门"。① 裸心谷在规划之初，就以美国绿色建筑协会的 LEED 标准去设计项目，后来获得该认证。为了尽可能不在山谷施工，树顶别墅都采用保温隔热的拼接式材料，运至山顶后像组装宜家家具那样，把别墅搭建起来，方便拆除或重新利用。

在销售对象方面，他们的首选目标是高端人士，而不是普通消费者；目标客群集中在上海，而不是离其最近的苏州、杭州。裸心团队的国际化程度很高，高天成的太太叶凯欣负责裸心旗下所有项目的总规划和建筑设计，同时也指导裸心品牌理念和视觉元素设计。她在哈佛大学获得建筑学硕士学位，曾先后在香港、纽约和波士顿工作。2000 年她来到上海，参与了具有开创性意义的上海新天地项目。在 2006 年和 2009 年，叶凯欣还被 *Wallpaper* 杂志和《透视杂志》评选为"年度 40 位 40 岁以下顶尖建筑师之一"。首席运营官林纲洋曾担任澳大利亚普华永道会计师事务所经理，负责上海 W 酒店的开发；裸心谷常务董事卢加宝是澳门人，负责公共事务管理和高端商务活动；销售总监韩天宁是荷兰人，为裸心谷带来大量国际大客户，包括多名世界500 强企业的高管；裸心谷总经理 Kurt Berman 来自南非，曾在马尔代夫第六感 Soneva Gili 担任驻店经理。② 他们采用口碑相传的营销方式，在小圈子里将信息散播开来，增加些许的神秘感。即便是在媒体上进行推介，更多的也是在外媒上，然后再引起国

① 刘衢：《三九坞"土味"农家乐》，《中国乡镇企业》2012 年第 10 期。
② 邹钖：《情感体验下民宿乡土文化的表达研究》，江西农业大学硕士论文，2017。

内媒体的关注，让国内媒体免费为他们打广告。所以，在起初阶段，裸心系列在境外的影响要比在国内大。

四　莫干山中的本土民宿

在莫干山民宿的发展过程中，本土经营的民宿也不可小觑，民宿的前身就是农民开办的"农家乐"。近年来，随着"乡愁"的日渐浓郁，许多城里人纷纷到乡下去寻找儿时的记忆。朱胜萱就是其中的一位，他主要涉猎的领域是建筑设计、景观设计和休闲农业。他全程参与了 2010 年上海世博会系列工程——世博公园、白莲泾公园、江南公园、世博村和中国船舶馆等场馆的景观设计工作，并被聘请为上海世博园区景观工程总顾问，获得上海五一劳动奖章、百佳建设者、世博最具创意设计师等多项荣誉称号，还在上海开展了"天空菜园"项目。① 虽然，在城市中开展了多个项目，其中不乏经典的案例，但他感觉自己离乡村、离土地、离绿色、离生命越来越远了，希望找个机会回归田园。他一直怀揣着一个田园梦，就是在尘土飞扬、雾霾缭绕的城市中，在冷漠的人与人之间建一座花园，建一座桥梁，建设温暖的另一个世界。

2009 年至 2010 年，他因病到莫干山休养，因此有机会参与了莫干山镇的旅游规划制订。在此过程中，他为自己的梦找到了落脚点，产生了"莫干山计划"。这个计划推行"山间民宿、山腰农耕、山下休闲"的联动经营模式，分别对应三个板块：清境原舍、清境农园、庾村文化市集，位置分散在山间、村里、镇上。这是根据村落自然生长的雏形进行的布局，引入了台湾生产·生态·生活——"三生"一体的建设模式，力图在莫干山

---

① 张沁：《整合资本与设计　缝合都市与农村》，《设计家》2014 年第 2 期。

建立农垦、乡居加集镇的乡村生态圈。① "清境"本是个台湾地名，文化市集、有机农园等名称也有点儿"台湾腔"。

农园的那片土地原来是种植香樟树的苗圃，后来，香樟树被卖掉了。移植香樟树时，为了保证存活率，根部的泥土也被移植了过去，留下了一个个的树坑，整片土地如同被地雷炸开过，雨天时积洼，天晴时干裂，根本无法进行种植。他们让土地休耕了两年多，通过种植固氮的牧草、毛豆等植物，让土地依靠植物本身恢复肥力。同时，还对周边已经废弃的水利设施进行了修复，清除了田中的杂石，以提高土地的平整性。然后，采用传统的耕作法进行种植。直到 2014 年夏天，才首次有了玉米、秋葵、红薯等的产出。复耕后的农园，不只产出果蔬，其生态景观还吸引城市人到这里进行自助游、烧烤野炊、田间采摘等活动。他们还从农产品的选择、销售渠道以及包装设计三方面分别入手，制订出了一份详尽的农业运营计划。

他们对清境原舍的定位是，以乡宅展现出乡村建筑与环境的相谐，营造乡情，令外地人和当地人都有切实的进入感。原址是被废弃的溪北小学和村委会，位于莫干山后山的村道旁。小学已经被废弃了五年，此前多次易主，承担过多种功能，还用来做过养猪场。这样的资源不被村里看好。但在他们看来，这块建设用地面青山背茶园，旁侧是一大片尚未开垦的土地，具有独特的地理优势，于是就签订了为期 20 年的租赁合同。

原舍建筑景观的设计力求营造回到乡村的感觉，用建筑群的密度营造社区的亲切，以户外院落提供闲话交流的场所，以加厚墙体增添安全感，还注重每一扇窗可观察到不同风景等细节。总之，让居住者在此地获得一份田园生活。质朴的理念体现在设计

---

① 朱胜萱、关伟娜：《给城里人一条归乡的路》，《园林》2015 年第 11 期。

和施工的整个过程，建筑风格要有浙北民居的朴素，建筑材料选择耐用的手工砖瓦；施工注重横砖竖砖的连接、颜色交错，以及采用便于爬藤植物生长的设计等。建筑完成后的软装陈设也运用乡村传统的构筑手法，用带有浓厚乡土气息的器物做摆设，从细微处呈现乡村生活之美。原舍投资约800万元，成本回收期5年，共设13间客房。在每年7～10月，一般需要提前一个月才能订到房。

原舍服务团队不到20人，大部分是当地村民和返乡大学生，采取管家加主人的模式运营。原舍与精品酒店的区别在于，原舍没有标准模块，而它最吸引人的地方，就是在地化的主人似的生活方式。这是不可复制的，即原舍的厨员、服务员都围绕在地化的主人，表达主人的生活方式。这样一来，每家原舍都不一样。现在，原舍已经建设了两期，分别是望山、依田，正在筹划第三期——归乡。

文化市集就在莫干山的集镇，名字为"清境·庚村1932"。庚村原来比较萧条，基本上没什么收益，传统手工艺正在慢慢消逝，饮食文化等也在逐渐没落。他们提出了"文化市集"的概念，即将空间、场所、舞台、市场、作坊等元素及其功能进行整合，使之成为城乡互动的空间节点、物资集散的商业节点和邻里关系的社区节点，并凸显当地文化价值。[①] 他们利用原来黄郛做乡村建设时的基地、将后来逐渐被废弃的蚕种场做文化市集，把旧的建筑和格局都完整地保存下来，加以修补和美化。现在这里有全国最大的自行车主题餐厅——"飨餐厅"、乡村文化艺术展厅、莫干山艺术邮票馆、光合作用创意邮局、茧咖啡、茧舍、

---

① 《国内休闲农业与创意体验案例分析》，《世界热带农业信息》2016年第11期。

"蚕宝宝乐园"、萱草书屋、窑烧面包坊和陆放版画藏书票馆等文创项目，被誉为民宿界的"黄埔军校"的宿盟也设立在这里。

朱胜萱的团队对该项目的打造具有一定的整体性，针对的群体主要是城市的中产阶层，本土性、在地性的色彩非常浓厚。他们也希望通过这种方式促进乡村发展，让人们能够感受到乡土气息，而不仅仅是出于经济利益的考量。在此过程中，他们提出了"新田园主义""乡村复兴""活化乡村"等理念。

莫干山能够建设为特色小镇，具有相应的基础和优势。一是自然条件优越。莫干山本身是休闲避暑的胜地，景色优美，令人向往，这就为莫干山的发展奠定了物质基础。绿水青山是金山银山的一个重要前提是拥有绿水青山。二是地理位置适中。这里属于发达的长三角地区，拥有高端、国际化的潜在客户群，能够将绿水青山变现。这个适中不只是经济上的，还包含地理位置上的，能够让那些人周末即来度假，来去比较方便，工作、休闲两不误。这也是重要的条件，如果距离太远，即便景色优美，常去的人也不会太多。三是文化底蕴深厚。不管是古代还是现代，莫干山都有许多的故事可以讲，成为一种文化现象。特别是近代别墅群的建设，更让该地的文化特征显著，建设民国风情小镇成为顺理成章的事情。四是恰逢转型时机。随着经济社会的发展，人们的生活方式、理念发生了很大的变化，许多人希望寻找一个宁静的田园让自己暂时告别城市的喧嚣，甚至外国人也希望能够体验中国的山水。尽管这些人希望到乡村去，但并不能真正地适应乡村的生活，他们更想要的是乡村的环境和城市的便利的有机结合，这就是当代民宿产生的一个重要原因。五是管理机制灵活。在莫干山，发展"洋家乐"、民宿应该说是新事物、新业态，也会面临着许多新问题，当地政府面对这些新情况，没有消极地制止，而是给予其自由的空间，让它们竞相发展，在适当的时机进行规范、引导。本地人也在进行积极探索，具有很强的创新性和适应性。六是资源整合得当。撤乡并镇对许多地方来说，中心集镇会迅猛发展，其他的原乡镇所在地则为村落，内部的差异变得很大，许多优势没有发挥出来。而对于莫干山镇来说，将原来的南路乡、筏头乡进行合并，真正实现了资源的整合，便于进行区域管理，对行业进行引导。有人说莫干山不可以复制，这句话可能说对了一半，它的自然条件、区位优势的确没有办法搬到别处去，但发展的思路和措施则具有很强的借鉴意义。

第三节　梦里桃花源——无锡田园东方

一　田园东方简介

田园东方项目位于"中国水蜜桃之乡"无锡市惠山区阳山镇，由东方园林产业集团投资 50 亿元建设，是国内第一个田园综合体项目。项目规划总面积约为 6246 亩，于 2014 年 3 月 28 日启动开园仪式。

项目一期选址于曾经的拾房村旧址。项目方先期对村庄历史做了深入调研，并选取 10 座老房子修缮和保护，对村庄内的池塘、原生树木也做了必要的保留，在最大限度上保持村庄的自然形态，以确保人们能够见到最原汁原味的田园风光。[①] 项目包含现代农业、休闲文旅、田园社区三大板块，按照建设用地与农业用地 1∶10 的比例建设，主要规划有农业产业项目集

[①] 李慧：《田园综合体：用创意点亮美丽乡村》，《光明日报》2017 年 8 月 26 日。

群、乡村旅游项目集群、田园社区项目集群、健康养生建筑群、田园小镇群。田园东方致力于打造一个以生态高效农业、农林乐园、园艺中心为主体，体现花园式农场运营理念的农林、旅游、度假、文化、居住综合性园区。①

　　进入田园东方的大门后，就能看到一片绿油油的菜田，这是属于业主的菜田。这些蔬菜主要是供业主和客人食用，他们可以参加农业生产，体验农事活动，也可以让田园工人帮他们打理菜田。在菜田工作的主要是田园东方聘请的农业工人，他们多是原村民或附近的农民，将土地流转出去后，就来到这里工作。穿过菜田，可以看到田园生活馆和田园大讲堂。田园生活馆希望通过充分探索景观现场，寻找新的建设和环境之间的平衡；充分尊重原始的自然和文化资源，创造属于特定的地点和时间的建筑，为新生的"乡村生活"提供适当的空间形态。农村生活馆的空间构成想法来自传统建筑空间原型——园林空间，东、西立面由实体墙封闭，从南到北为开放空间。东、西立面墙的设计采用了当地一个象征性的元素——桃花。桃花图案用空心铝板覆层，同时构造了双重性质：白天自信而娇嫩，夜晚似梦似幻。建筑反映传统与当地文化的同时，也展示了当代的建筑风格。当前，田园诚品也入驻这里，成为文创爱好者的集聚地。在这里，以传承"木文化"的半山素舍为代表的文创产品，利用各种植物的种子、茎部和根部等进行手工艺术创作。在艺术作品完成之后，创作者可以根据自己的意愿将作品带走或者留下来供展览。田园大课堂就是利用具有当代农村风格的材料修建一处公共场所，可以举办大型的会议，也可以进

---

① 徐胜：《培育田园综合体宜居宜业特色村镇新路径探讨》，《安徽农业科学》2017年第21期。

行开放式的讨论。旁边还有一个播放露天电影的地方，在桃花盛开的时候，唱一出《桃花扇》是很美的享受。

再往里走就可以看到拾房清境乡村市集了。它以回归自然为主题，以展现新田园生活为目标，通过营造"轻乡村"空间氛围，展现给大家与众不同的自然体验式乡村文化。坦白地讲，乡村市集就是建有顶棚的农贸市场。不过，它是地上铺着老青砖，用几根木头柱子架起的斜式黛瓦棚，很具有乡村的味道。这里出售的多是产自附近菜园的蔬菜，还有个戴着眼镜、留着白胡子的老人经常在这里摆弄他的小手工艺品。这里也是人们进行交流的平台，人们在这里结识不同的人，讲述不同的故事，畅谈不同的人生。无论是土生土长的乡民还是远道而来的游客，都能在这里找到最单纯的邻里关系和最初始的信任与感动。质朴的实木橱架加上天然简单的农产品，人们可在此体验最真实的乐活享受。位于市集南侧的井咖啡，质朴的风情和静谧的气氛为时间和生命创造了很多冥想的空间，镜面水池、原石、原木、古井传递着一股禅意的气息。在这里静静地坐一下午，倾听潺潺的流水声，瞥见偶尔飘落的树叶，会感到慢生活是如此的美妙。

市集的左侧是以"师法自然，复兴文化"为主题，为喜爱田园的人而建的拾房书院。说是书院，只不过是一座老房子，看似不大，当你推开那一扇吱呀作响的木门时，会瞬时感到一种静谧，自己的心就会安静下来。这里有书、有几、有案、有纸、有笔、有墨，你可以偎在炉子旁，坐在软软的藤椅上，静静地翻几页书，也可以立在案前、和着明媚的阳光泼墨挥毫，畅快地抒发内心的感受。这座被精心选择、保留的老式建筑，传递着浓浓的乡村情怀，散发着书韵墨香，也代表着古朴的拾房文化。

在拾房书院的左侧就是多多的面包树面包坊了，源自台湾的传统窑烧，融入桃木的本土醇香。窑烧面包坊，延续了庾村清新随性的现代田园乡村风格，巨大的面包窑镶嵌在墙体间，带来新鲜自然的健康美味。里面还有个饗·主题餐厅，是一个以"蔬食"为主题的时尚概念餐厅，餐厅采用自然的土法环保，引进沼气节能，用爬藤绿化墙面，在屋顶建了花园。

拾房书院的正对面则是花间堂·稼圃集民宿，是座"旧居民宿"风格的宅邸式酒店。它是在老房子基础上改建的，一层是公共使用空间，二层是住宿空间，还带有宽敞的大院子，墙角有数株梅花、桃树，还有几丛修竹，一看就知道是江南的书香门第之家。这里的客房配以顶级建材、高品质卫浴和家具，点缀富含故事的古董摆设，打造高端、惬意的悠闲享受。精致的景观设计和完美的建设施工将江南的柔美和现代的明快激越融汇一体。在粉墙黛瓦的烟雨中，设计师以梦想实践者的身份打造了这片阳山桃花源。

从民宿出来以后，就会看到依傍在河边的几株老桃树，还有一口老井，这就是有名的桃花泉了，很诗意的名字。在桃花泉的旁边是拾房手作，一堆木料、一块皮革、一缸草染、一片麻布，每一件看上去粗糙憨厚的材料都能成为艺术品，艺术离我们并不遥远。在这里也可以拥有自制的纯天然草染麻布服饰。再往前走是个岔路口，一边通往田园东方的居住社区，一边通往很有乡村味道的儿童乐园。社区里大约有 1000 户人家，他们居住的都是别墅，一部分是在这里购买房屋的居民，另一部分则是在这里度假的游客。来这里旅游有花间堂温泉别墅和田园途家温泉度假别墅供选择，星级宾馆的服务，让人感受家的味道。

儿童乐园里既有吊索、蹦蹦床、儿童超市，也有蜜桃猪 DE 田野乐园。乐园内精心喂养了以牛、马、羊、猪、鸡等为代表的"田野动物"，孩子们可以和这些动物近距离接触。在这些关于动物的项目中，小猪快跑项目最受欢迎。在猪舍的旁边建有沙道，让猪猪们进行比赛，孩子们可以当猪倌，看谁能把猪驱赶得最快。同时，还选用泥土、木头、树桩、树枝等原生材质和循环材料作为原材料，纯手工打造设施，丰富儿童的游玩体验。里面还有一个唤作"花泥里"的陶艺坊，孩子们可以在艺人的指导下，拉出自己的陶胚，并对已经成型的陶瓷进行着色、上釉。等烧制完成后，工作坊的工作人员会把作品寄给它的小主人。

　　田园东方从外在形态上看是在追求乡村的味道，从已经呈现的内容来看则非常契合城市人的需求。它的开发主体是地产商和金融资本，其形态则是介于乡村与传统城镇之间的过渡体，即虽然像是乡村，但满足了城里人的居住需求。

　　以田园东方为代表的田园综合体是用营建旅游产业的方式来带动乡村发展的。它是乡村发展的一种模式，也是以旅游产业为主导的发展模型。该项目的开发步骤和逻辑是用乡村旅游来带动乡村社会的发展。在乡村开发出旅游、度假休闲类产品，让城市的人前来消费，进而形成一个新兴经济体。有了新经济体，土地、劳动者的社会交换就会发生，新的乡村社会就得以形成。这种模式最主要的是寻找一个引领产业，将这个地方的经济牵引力打造出来。实际上，田园东方还只是一个开发逻辑，前期主要依靠自有资金投入，跟地方政府合作，将闲置资源投放在乡村度假领域，而不是将目光放在工业区和传统开发区。

　　它是面向城市人群打造的浪漫主义田园生活消费方式的综合体，使农业更具观光和深消费价值，使旅游业具体到"乡村梦"的消费上，让不具备开发都市房产条件的农村变成都市人向往的田园小镇。它强调其作为一种新型产业的综合价值，在包括农业生产交易、乡村旅游休闲度假、田园娱乐体验、田园生态享乐居住等复合功能中得以体现。它代表的是一种比较强劲的消费趋势，因为多年来景区观光游的同质化和无序性问题，城里人更希望有田园的体验。长期在城市里居住，他们和土地之间的感情越来越淡漠，所以向往世外桃源是一种人性的自然回归，是人发自内心的对土地的渴求，也助推产生了到乡村体验农趣的市场需求。

2016 年 11 月 28 日，田园东方举行了"无锡阳山市民农庄暨田园文旅小镇项目"战略合作签约仪式。阳山镇、国开金融、田园东方三方共同建设无锡田园东方二期项目——田园文旅小镇。全新的田园文旅小镇通过人与自然的和谐共融与可持续发展，通过"三生"（生产、生活、生态）、"三产"（农业、加工业、服务业）的有机结合与关联共生，在涵盖生态农业、休闲旅游、田园居住等复合功能的基础上，建设规模更宏大、业态更丰富、文旅要素更创新、乡建理念更包容的小镇，使阳山的生态旅游度假产业呈现更好的风貌。①

田园文旅小镇拟规划建设成为集 1 个小镇中心、5 个主题游乐（自然乐园、农场牧场、拓展乐园、花谷以及其他主题农庄）、4 个度假产品（精品客栈、民宿聚落、度假村、生态营地）、3 个农业基地（休闲农业、CSA 社区支持农园、生产性农业园区）、2 种田园社区（分散式、集中式）为一体的田园主题综合性文旅项目。

二　田园东方打造者的故事

张诚是田园东方的掌舵人，东南大学建筑系硕士。2001 年 2 月至 2011 年 11 月，曾任大连万达集团地方公司总经理、集团规划院院长、集团项目管理中心总经理、集团副总裁。2011 年 11 月至今，任东方园林产业集团有限公司总裁、田园东方投资有限

---

① 李文君：《观光农业的规划设计理论发展探析——以无锡阳山田园东方为例》，《中国园艺文摘》2016 年第 7 期。

公司总裁、无锡阳山田园东方投资有限公司董事长、北京东方园林股份有限公司董事。①

张诚自言是"一个有理想主义情结的开发商"。他的职业生涯从当建筑师开始，随之进入开发企业，在城市商业综合体开发这一领域内耕耘尤深。2011年开始，他离开万达，加入东方园林，与他的团队开始践行"田园东方"品牌理念，尝试将文化、旅游、商业、生态农业等融合起来。与他过去在城市从事综合开发的经验不同，这一新的尝试发生在乡村，被他称为"田园综合体"。新模式的提出与他内心深处的"田园"情结有着莫大的关系，更体现了他对休闲地产发展趋势的思考与判断——"就像人们的旅行是从观光向休闲演化一样，地产也必须从简单的资源占有，发展到更深层次的、扎根于当地生活的体验"。

"田园综合体"这个概念，萌发于张诚写作EMBA论文时的灵感火花。为这一簇火花激发，虽然没有直接的参考案例，他还是决定一边琢磨一边做这件"作品"，"田园东方"成为论文内容付诸实践的一次冒险尝试。为了这个项目，他们成立了四家公司，分别对应农业、文化旅游、房地产和社区管理。张诚和一群有着同样理想的同事共同实践，提出了在乡村、城市郊区实施一种带有经营组织模式和产业运营内容的地产开发模式，超越了"旅游＋地产"的旧思维。

建设这种项目需要全新的模式，涉及农业、文旅产业和房地产三个领域。农业要特别注重品质和可持续性，赋予产品更高的品牌价值，建立新的市场营销渠道。文旅产业要面对都市人升级后的消费需求，更加注重创意和体验性，必须选择时尚的、高品

---

① 张诚、赵夏榕：《休闲旅游应走向扎根于当地的经济规划和社会生活》，《设计家》2014年第3期。

味的格调，能给人以启发，而不是简单地停留在浅层次上。房地产要更倾向于休闲地产而不是旅游地产。

农村人向往都市，都市人又想回归乡村，尽管有迫切的互动需要，但缺乏平台和载体，很少有一揽子解决的成功模式。乡村重建在方法论上和城市综合体的方法论是一样的，只不过出发点、诉求和整合的资源类型不同，"主要有三件事，一是基础生产活动，二是内涵的社会活动，三是人居生活方式。将这些事以同一个价值主张构建在一起，做好其中的新经济组织形式，就能做成。张诚花了将近两年的时间在头脑里构建农业生产以及其所包含的社会活动和人居生活方式，以及这三者之间的价值点和关联性。综合体中消费者和社会活动的参与者、生产者之间必须是极度关联的，不关联就构建不出共生关系，就不能构成一种长效发展的模式"。[1]

2012年，张诚到阳山考察，寻找到了他梦寐以求的地方。阳山有着与众不同的资源禀赋，天然温泉、生态湿地、亿年火山铸就了其独具特色的地理面貌，万亩桃园、千年古刹、百年书院成就了其历史悠久的人文资源。这里有优美的自然环境风貌，又有着深厚的文脉底蕴，是非常理想的美丽乡村载体。阳山人，无论是政府人员，还是当地村民，也一直在做探索，想要建一个美丽乡村，不但要具备休闲旅游度假的功能，在农业生产上也要引入一些现代高科技农业品牌。阳山一直在探索，但都效果不佳。

当年，阳山镇政府曾请某知名地产商来镇上，在镇里开发了一个楼盘。那是一个纯粹的房地产项目，开发商自身的风格太明显，与政府当初设想的不一样，但问题不在地产商，而是

---

[1] 朱重阳：《以田园综合体为样本探寻城乡互动新趋向》，《无锡日报》2014年8月。

政府没有规划好。同时，阳山镇也进行了思路调整，注重在"生态立镇"上下功夫。从 2008 年开始，阳山镇便着手将分布在桃园中的工厂"请"出去，同时再把散落的农田集中起来种植水蜜桃。阳山的农业用地占了七成，要想富民强镇，就必须走"生态立镇"的发展之路。阳山镇发展休闲生态产业的铺底工作已做了许多年，因为，他们早就看到了一种非常明显的趋势：现代社会，谁有生态，谁就有生产力；谁有生态，谁就有了未来。

选址在这里，项目方也有自己的考虑。从综合体的业态组织和功能组织上看，既要有基础产业，又要有通过规划和经营能够植入或放大的内容，还要有一些能够自然生长起来的业态，从而形成基础产业、具有生长空间可以组织的产业、自由生长的产业等共同构成的业态。那么，能否对相关行业进行组织？首先，要看当地是否具有基础产业，因为基础产业不能凭空打造。其次，要看希望打造的产业内容在这里是否具有合适的生存土壤。无锡恰好满足这些条件，它地处长三角地区的城市群之中，农业较发达，自身及周边城市比较富裕，可以植入的休闲和旅游产业就有了生存的基础——消费力。最后，能够自然生长的产业内容，具有一定时尚因素的、适合较高层级消费的产业也有可能在此培育，因为长三角地区的人才、有消费力的人群都比较多。

田园综合体不是一个项目而是一个区域，是一个集合体。首先是将社会生产、商业行为和人的关联性活动集结在一起，形成相关主体的集结；然后将现代农业、休闲旅游和社区生活纳入其中，进而形成产业的集结。另外，还要构建它们之间的相互关系。在这里，生产者对农产品的营销需求，消费者的购买需求、休闲需求以及对社区生活方式的诉求是一体的，让人与人、产业与产业、人与产业之间产生内部的关联。在这个区域里，要把三个产业都规划进去，农业部分以农业生产作为基底，附加休闲旅游价值，选做好的、合适的、有力度的项目；休闲旅游产业的规划要因地制宜，要保留这里原生态的人居氛围；居住设施的开发不能破坏当地居民原来的生活方式。

田园综合体项目中不同的业务将由四大板块公司化运营。现代高科技农法的引入以及与农民相关的创新型制度设计，由农业公司完成；休闲旅游产业内容和项目的组织，由文旅公司完成；地产项目运营由地产公司完成；其他相关管理与整合服务由管理公司完成。一般而言，地产业态会被认为是最大效益的产出者。但在张诚看来，田园综合体并不是靠地产来输血，除了管理公司以外，其余三个业态都有着巨大的价值。因为他们要打造的是一个生活方式的聚集地，对土地利用开发的要求比较独特，要保持原有的生活环境和方式，所以不能开发房地产式的小区。

综合体中的主力项目还是由项目方承担，在这里工作的都是公司的员工，而不是委托经营方。这样就可以更好地进行项目控制和管理，及时调整，以符合设计者的初衷。这相当于商业地产领域所说的"主力店自己做，小业态分散经营"的原理，可以归结为"三统一、一分散"，即统一规划、统一建设、统一管理和分散经营，这是综合体方法论里重要的一个原理，有一些经营可以分散，但那三个统一必须由项目方自己承担，并且要强有力，先要做平台基础和主要的事情，而且事情本身是可持续的——商业是盈利的、政府是支持的、群众是欢迎的，并且整个事情是得到好评的。只有这样的基底在，那些附加的东西才会持续发展下去。

以往在做任何一个企业时，总是说要实现经济、社会和环境三效益的整合，在张诚的"理想国"里，这个排序却是完全倒过来的。他认为只有倒过来排，把环境放在首位，经济才能发展，社会整体的发展才是永续的；在三个效益之前还应该再加一个人的发展产生的效益，人的身体和精神的发展才是应该排在第一位的，如果人的思想观念上不去，不学会尊重自然、顺应自然，其他三个效益都会打折。

无锡田园东方是第一个试验田，经过了很曲折的探索过程，现在也只是做出了整个项目的 1/4。他们进行这方面的尝试，是基于两点原因：第一，乡村旅游是旅游行业增长率最快的一个领域。如果全国旅游行业每年的总收入增长率是 10% 的话，乡村旅游的会是 15%；第二，乡村旅游行业包含了自然生态和乡土环境中大量的旅游设施、旅游产品，但好的产品非常少，少就意味着空间大，只要愿意扎根在里面，效果会很快看到。

三　新田园主义

有人认为，乡村社会的发展最需要的是探索出适合的发展模式，最主要的办法还是发展经济，发展经济的主要路径是发展产业。可是，在乡村社会中只有两个通用性的产业可作为最普遍采用的选择，即现代农业和旅游业，旅游业可以上升为引擎型产业。① 因此，发展脉络是非常清楚的，就是用旅游业来引导乡村社会经济的发展。这是新田园主义从逻辑原点出发产生的最主要认识，路径简单而不纠结。围绕这条路径不断地延展，有人就提出了一个概念，即田园综合体的综合发展模式。

田园综合体是新田园主义的主要载体，是农业＋文旅＋地产的乡村综合发展模式。田园综合体不是打造一个旅游度假区，而

---

① 张诚、徐心怡：《新田园主义理论在新型城镇化建设中的探索与实践》，《小城镇建设》2017 年第 3 期。

是要打造一个具有丰富旅游价值的社区或小镇。田园综合体的基本要求就是企业和地方进行合作，在乡村进行大范围的综合规划。① 它主要做三件事。第一，用企业化的方式发展现代化农业，让这个最基础的产业成为当地的最基础产品。现代化农业包括生产型的农业生产园区、休闲农业和社区支持型农业，解决从田间到餐桌的一系列问题，形成辅助旅游产业和社区生活方式的完整农业行动。第二，规划、植入、培育和发展新兴驱动型产业，即文旅产业，为发展经济寻找新的引擎，为发展注入新的活力和动力。文旅产业要打造的是符合乡村自然生态要求的旅游产品和度假产品的组合。在组合的过程中，需要特别考虑业态、功能、规模和空间形态上的相互搭配。另外，还要拥有丰富的生活内容，以便形成旅游加度假的目的地型社区。② 第三，在基础产业和新型引擎产业得以发生的情况之下，开展新田园社区建设，最终形成一个新社区、小社会。

在实践的基础上，新田园主义有十大主张来解释具体实施时的一些指导性原则。第一，新田园主义强调要用可复制、可推广的商业模式来实现乡村的发展，即用旅游产业来引导中国乡村的现代化和新型城镇化。第二，新田园主义鼓励并要求与农业、农村、农民发生关联，实现农民富、农业强、农村美的发展目标，包括各种可行的合作方式。第三，新田园主义鼓励城市人到乡村消费、创业、旅居、定居，倡导城乡互动，不拒绝城市人。第四，新田园主义的项目还必须包括教育、文化设施，且可以容纳、对接社会公益事业的开展。项目本身是商业性的，强调商业模式，但也要带有社会企业的性质，每个项目至少要有一部分业

---

① 张丽娜：《美丽山水城视野下的田园综合体建设》，《重庆行政（公共论坛）》2017年第4期。

② 张诚：《解读新田园主义》，《中国房地产》2017年第26期。

务追求社会企业的目标。第五，新田园主义的项目模式载体是田园综合体，必须为原住民、新移民和旅居的人带来真正的价值，以他们的未来生活为目标。第六，新田园主义的田园综合体产品具有人文性质。它是一种强烈、一贯的人文主义品牌下的产品体现。第七，新田园主义主张开放、共创，主张以自己为平台、兼容并包，培养别人、联合发展。第八，新田园主义主张可持续、可循环，强调自然、生态理念，不仅体现在风格和技术上，还体现在运营和管理文化上。第九，新田园主义强调要从企业内部文化、人员的关系开始不断地倾听和检视自己的初衷。只有发自内心的，才是有理的，才能复兴田园，寻回初心。第十，新田园主义要多做传播，形成一种文化风潮，吸引越来越多的人形成共同的主张，并且开展实践行动。①

新田园主义和田园综合体的产生是时代的产物，具有相应的经济社会基础，反映了人们消费观念和生活方式的转变。从国家的角度来讲，希望乡村能够振兴，与整体的发展保持协调，而不是用乡村的衰落换取城市的发展。国家于 2005 年取消了农业税，近年来又不断通过资源下乡，开展社会主义新农村建设、美丽乡村建设等行动，来支持乡村的发展。如果说国家的政策支持是单向度的，那么来自城市人的需求则是要与农村进行双向的互动。随着工业化、城市化和市场化的深入，许多人的"乡愁"越来越浓厚，希望可以暂时逃离城市的喧嚣，回到宁静的农村，寻找无忧无虑的童年和儿时的质朴。所以，这就需要有寄托的载体，能够让人找回那种感觉，尽管很短暂。这就意味着，乡村旅游不只是到田野中转转、看看，还要提供精神的寄托。当然，随着农

---

① 林向阳：《特色小镇田园综合体的定位与规划》，《城乡建设》2017 年第 20 期。

业收入在农村家庭收入中比重的下降以及农业生产方式的变化，农民自身也想改变一下自己的生活。他们不认为自己的生活方式多有意义、多么令人向往，他们也想换个活法。有的干脆买了商品房，当起了城里人；有的已经洗脚上田，赋闲在家；也有的还在干着农活，但那是具有消遣性的，不在乎有多少农业产出。这些因素都构成了新田园主义产生的基础，缺少哪一方面都不行。

田园综合体可以不依赖房地产，但要有房地产的支持。从项目的整体性来看，如果只有农业和文旅产业，而没有房地产的话，就成了一个农业观光区或旅游区，与其他的农村没有太大的差别。如果人们到这里来的话，最多是停留一天的时间，不会有更深入的体验。对于田园综合体的建设者来说，如果没有地产项目的支撑，单凭观光区的门票基本上无法收回成本，达到资金上的平衡。对于观光者来说，没有合适的住宿，也就失去了深度体验的可能性，所谓的情怀只能装在心里。当然，田园综合体的地产项目可以分为多种类型，利用的方式也有多种。可以是新建住宅小区，也可以租赁原住民的住房，进行联合改建、开发；既可以将房屋出售，也可以直接租赁，还可以委托经营等。没有了地产，村庄也显得不那么完整。当然，有了地产、人气之后，如何提供完善的社区服务，使居住者、原住民、经营者等主体形成良好的社会关系也应是建设的重点。田园综合体不是建设在乡村的宾馆、民宿，不仅有居住功能，还应该有更丰富的内容，让人们感受到田园生活的气息。

第五章 区域新建

　　区域新建的特色小镇不是建制镇，只是其中的一块特定区域。这类特色小镇可能在乡镇中，也可能属于城市的某个街道，还可能属于某个村居或者园区，只要特色足够明显，能够满足相应的条件即可。本章主要选取杭州玉皇山南基金小镇、嘉兴甜蜜小镇歌斐颂、楚雄市文化小镇彝人古镇来介绍。玉皇山南基金小镇位于杭州市上城区，是在旧厂房、旧仓库和旧民居的基础上改建而成的，由数个分散的部分组成，只能算是"小镇"，不是真正意义上的镇。歌斐颂是巧克力的名字，这个小镇是依托工业企业、围绕甜蜜主题发展而来的，和周边的镇、村没有太多的关系，自成一体。彝人古镇虽名字中含"古"，但实际上并不古，它是以彝族文化为核心建设的主题公园，以崭新的形式容纳古老的元素，取得了不错的效果，也算是区域新建的特色小镇中的成功案例。

第一节 基金小镇——玉皇山南

一　玉皇山南简介

　　玉皇山南基金小镇位于杭州上城区南宋皇城遗址边缘，钱塘江北、玉皇山南，三面环山，一面临江，是千年皇城脚下的城中村，西湖边上的原住地。2015 年 5 月 17 日，杭州玉皇山南基金小镇正式揭牌，宣告一个新发展模式的诞生。它是当地政府以"美国对冲基金天堂"格林尼治基金小镇为标杆，运用国际先进理念和运作模式，结合浙江省和杭州市的发展条件和区域特质打造的特色小镇。

玉皇山南基金小镇核心区的规划总占地面积为 2.5 平方公里，总建筑面积约 30 万平方米。根据功能规划，基金小镇分为一期八卦田公园片区、二期海月水景公园片区、三期三角地仓库片区和四期机务段片区四个区块。小镇发展的重点是引进和培育私募证券基金、私募商品（期货）基金、对冲基金、量化投资基金、私募股权基金五大类私募基金。①

一期比较成熟和紧凑，内有文化创意和金融两个板块，不存在明显的隔离。设计方改造的粮仓令人眼前一亮，很具有特点。他们把原相邻的两个粮仓的比邻部分拆除，换上玻璃拱顶，内饰红砖，建设成一个充满学院派气息的建筑，构思非常巧妙。

二期是在原村落的基础上翻修而成的。对村里的基础设施和景观进行改造，对村民和村镇企业留下的老房子进行了精心修缮，将其打造成了一个具有江南特色、景色优美的小镇。村前一方池潭，苔色青青，院内一丛修竹，瑟瑟有声。

三四期工程还在建设当中，目前入驻的公司数量大约只占整个园区的 30%，今后总量将达到 800 家。不过，知情人士透露，目前自有资金 10 亿元以下的同类公司，基本在玉皇山南基金小镇找不到自己的那间办公室了。

---

① 王雨嘉：《基金小镇的园区治理》，《杭州（我们）》2016 年第 9 期。

二 玉皇山南基金小镇的建设历程

将玉皇山南建设成为基金小镇，也许是历史的巧合。八卦田原是南宋皇帝的亲耕之处。八百年前，官方纸币"便钱会子"便是在玉皇山南麓印刷的；如今，南宋官窑博物馆就近在咫尺。如果在地图上标注的话，小镇一期、二期、三期和四期的位置并不相连，不在一个完整的地块中，连线形状如北斗星。天枢、天璇、天玑、天权构成的北斗之"魁"，恰好是小镇的二期和四期所在的位置，玉衡、开阳、摇光构成北斗七星的"杓"，串联起了小镇的一期、三期。北斗七星在中国传统文化中具有很高的地位，寓意财富集聚、吉祥尊贵。这种布局将大大提升基金小镇的整体品位，以及对机构的吸引力和公众识别度。为了这个北斗七星，上城区倾注了大量心血，投入了大量人力、物力和财力。①

玉皇山南基金小镇一期、二期的建筑群原是旧仓库、旧厂房、农居以及一些历史建筑，土地性质为村级存量建设用地。建筑陈旧，布局散乱，基础设施残破。面对这种情况，上城区没有大拆大建，而是重新规划设计景观，将建筑全部翻新改造，进行"三改一拆"，改造旧厂房、旧仓库、旧民居，拆除违法建筑，将其中符合低效用地再开发政策的土地整理出来，变废为宝，旧貌换新颜。

在旧厂房改造的过程中，他们坚持"修旧如旧"的原则，保持原有的结构体系不变；同时，在室内加建小型会务、展示区域及周边回廊，形成丰富多变的室内空间。他们还按照花园式办公的理念，对厂房周边的庭院环境进行改善，尽可能做到一窗一

---

① 郑希均：《"基金小镇"，一枚创新大旗下的蛋》，《浙江日报》2015年1月22日。

景。对于旧仓库的改造，则是修改建筑物外立面，调整建筑内部的功能，使得建筑、庭院等具有传统中式建筑的特点，用现代设计的理念、方式从内到外演绎诠释"中式韵味"。关于旧民居的改造，则是对历史地段进行保护性修缮。经过修缮后，安家塘历史地段已经成为杭州市区仅存的古村落，甘水巷成为杭州的典型代表性民居群。考虑到私募（对冲）基金的用房有不同的需求，相关部门还会对办公用房及其配套设施进行不断优化。同时，还规划了相应数量的公共配套空间，通过借鉴中关村车库咖啡模式，为入驻的创业者提供开放式的办公环境，以满足私募基金生态圈建设的需要。[①] 大量的违法建筑在挖掘机的轰鸣声中消失，取而代之的是一幢幢古色古香的中式小楼和庭院，一个充满现代艺术气息的基金小镇初具规模。沿着整洁的小路，穿梭在小镇之中，清新的空气，翠绿的树木，优美的庭院，让人心旷神怡，流连忘返。

基金小镇一期已经历了两次产业升级换代。这里原是陶瓷产品的交易市场，经营粗放，产能落后，随着经济的发展，逐渐被市场淘汰。2009 年起，在政府的引导下，废旧的仓库被改建成文化产业园区，一些轻资产的文化创意企业进驻园区，实现了产业的第一次更新。文化创意产业在起步阶段，资金短缺是一个突出问题。2010 年，浙江赛伯乐基金进驻园区，成为首家进驻小镇的金融企业，解决了文化创意产业融资困难的问题。彼时，产业园名称为"杭州山南国际创意金融产业园"，一些私募机构、银行及券商陆续入驻。上城区见金融机构自己找上门来，顺势调整发展思路，把打造一个以私募金融产业为核心的中国版格林尼治小镇作为下一步的发展目标。

---

① 柴石：《废弃工厂变身中国"格林尼治"》，《中国房地产》2017 第 11 期。

在这里建设基金小镇有很强的本土优势。浙江传统的民营实体经济经过了近四十年的发展，积累了可观的原始财富，已经有三个存款超万亿的城市。谈及浙江民营经济的发展，许多人都关注到了一个现象。目前，很多的民营企业正面临着一系列具体问题。"创一代"马上要退休，这些产业要交到"创二代"的手中，"创二代"能否顺利接班？已经有相当多的"创二代"表示，不想继续走传统制造业的老路，而要按照自己的兴趣创业，做一些自己喜欢的事情。所以，无论是创业的家族还是企业，都在积极寻找第二财富通道。① 在民间融资没有纳入正规管理前，老百姓只能将钱放入银行，获取低利率的利息。但是，已经在市场经济中取得可观收益的民间资本需要新的投资渠道。活跃的民间资本无疑为私募基金公司在浙江的聚集提供了土壤。

我国真正大力发展私募市场、推进金融体制改革，始于2012 年。2013 年 6 月，私募基金正式划归证监会管理。2014 年2 月 7 日，证监会开始私募管理人登记、私募基金备案工作，统计私募基金行业数据。杭州市顺势出台了《杭州财富管理中心2014—2018 年实施纲要》，提出要大力推进金融改革与创新，积极打造以私募金融服务为龙头的财富管理的高地。②

2015 年 5 月 17 日，玉皇山南基金小镇正式挂牌成立，在2015 全球对冲基金西湖峰会上亮相，不少金融大咖也是在那时第一次注意到这个"小镇"。这次峰会是由先期进驻小镇的企业牵线搭桥、政府积极协作的结果，仅凭政府的力量，无法请来这么多行业的精英。美国桥水基金中国区总裁王沿，美国全国期货业协

---

① 卞文超：《玉皇山南，一座基金小镇在生长》，《科学 24 小时》2016 年第 7 期。
② 金立中：《新常态下产业集聚模式创新》，浙江工业大学硕士论文，2016。

会（NFA）主席、HTG 创始人 Christopher K. Hehmeyer，朴盛资本创始人、高盛集团前董事总经理王铁飞等在峰会上开讲，以致千人会议厅爆满。在闭幕当晚的啤酒酒会上，一些操盘几十亿的基金大咖都抢不到门票。

2016 年 11 月 7 日，全球私募基金西湖峰会开幕，格林尼治市第一次派出政府代表团，出席峰会论坛。在峰会现场，来自格林尼治的康涅狄格州对冲基金协会与浙江省国际对冲基金人才协会签订了合作备忘录。11 月 8 日，在"双城论道"圆桌会议上，小镇双方的"掌门人"坐下来，进行了一场双方期待已久的对话。闻名全球的格林尼治小镇与玉皇山南基金小镇分享了吸引和管理私募基金的经验。① 根据玉皇山南基金小镇的发展规划，这里要建设成为全国第一的私募（对冲）基金集聚区，引进和培育 100 家以上、辐射带动周边 1000 家以上的各类私募（对冲）基金、私募证券期货基金、量化投资基金及相关财富管理中介机构，管理资产超过 10000 亿元，直接税收 50 亿元。在未来 10年，助推杭州市私募（对冲）基金机构数和管理资产额占据全国省会城市榜首，争取占据全国 30% 的份额，达到 2.3 万亿元的规模；推动浙江省私募（对冲）基金机构数和管理资产额居于全国省域经济前列。②

玉皇山南基金小镇正在积极搭建产业母基金引导平台、投融资信息交流和项目对接平台和基金管理人培育平台。产业母基金引导平台主要是为了推进浙江省和杭州市政府性产业母基金落地，进一步引导民间资金流向创新型产业，助推产业转型升级，

---

① 周洲：《吸引"最强大脑"讲好小镇故事》，《浙江日报》2016 年 11 月 9 日。
② 徐军：《以金融激发创业创新乘数效应》，《中国改革报》2016 年 4 月 27 日。

同时有助于吸引知名基金公司、金融机构落户小镇。同时，借鉴上海虹口的做法，设立相应的财政性扶持基金，借助社会力量筹建母基金，形成多方位、多层次的专项资金扶持体系。加强与省、市政府对接，吸引优质金融企业入驻玉皇山南基金小镇，形成资本集聚效应。投融资信息交流和项目对接参照北京中关村车库咖啡模式打造升级版基金小镇车库咖啡，为股权投资机构打造一个投融资信息交流和项目对接平台。①

基金管理人培育平台则是积极利用国内外优势资源，为小镇发展提供人才储备、培养和成长的重要载体。它主要有以下渠道：一是通过与高盛集团合作，利用其在华尔街的金融人脉资源，吸引华尔街金融人才归国发展；二是与美国 CFA 旗下对冲基金人才协会进行战略合作，通过该协会搭建与小镇、企业之间的人才输送桥梁；三是与浙江玉皇山南对冲基金投资管理有限公司合作（该企业由敦和资管、天堂硅谷和永安期货三家机构联合成立），协助小镇的海内外招商及合作，尤其是注重引进来自美国、英国、新加坡、中国香港等国家和地区高端金融团队和人才入驻发展；四是把握国内公募基金管理人"奔私"的良好机遇，进行定向招引，帮助其团队创建公司落地小镇或加入小镇私募机构担任明星基金管理人。②

三 玉皇山南的发展启示

玉皇山南基金小镇之所以能够发展起来，是因为它具有以下几个优势。

第一，区位条件优越。玉皇山南与上海的区位关系，类似于

---

① 毛长久：《强化服务 精心筑巢引凤来栖》，《杭州日报》2015 年 5 月 14 日。
② 彭茗玮：《冲在金融风口》，《浙江日报》2015 年 5 月 16 日。

格林尼治与纽约的区位关系，突出与上海的同城效应。借力和对接上海国际金融中心的优势，按照"纽约－格林尼治"模式进行金融产业的分工和协同。在发展的方向上，与上海重点发展的公募基金相错位，坚持把私募金融产业做大、做强。

第二，产业资源丰富。浙江经济发展的特点是藏富于民，培育了丰厚的民间资本，民间的投资愿望比较强烈，为私募基金发展提供了肥沃的土壤。眼下的杭州，金融业发展水平仅次于大陆的"上北深"，基金小镇所处的位置是全省正在打造的钱塘江金融港湾。同时，上城区的金融产业发展态势良好，金融业产值增加值位居全市前列。尤其是上城区的股权投资行业起步较早，已经集聚了多家股权投资企业，位于全省的前列，为后续的发展奠定了良好的基础。

第三，自然与人文相融合。玉皇山南位于西湖景区这一世界遗产的核心地带，拥有国内一流的山水、人文环境，具有"三个融合"——历史与人文、环境与文化、金融与文创融合的特征。这是国内其他私募基金集聚区所无法比拟的，对高端金融从业人员具有很强的吸引力。美国康州对冲基金协会主席布鲁斯曾说，格林尼治绿树成荫，距离纽约市中心大约45分钟车程，是一个很漂亮的地方，经理人会在那里设立一些办事机构。而玉皇山南基金小镇，北枕玉皇山，南临钱塘江，空气里的负离子含量很高，也有着自己独到的优势。①

谈及环境，玉皇山南基金小镇，用"处处如画、步步是景"来形容并不为过。在这里，或是草木成荫，或是小桥流水，透露着浓郁江南特色的仿古建筑分布其中，无不让人感受着置身田园

---

① 《上城玉皇山南基金小镇：隐在青山绿水中的金窝窝》，《杭州科技》2016年第2期。

处、笑谈天地间的淡然。

整个小镇不仅仅是用绿化丰富了景观层次，森林和水系总量也很大，占到整个小镇的 70%。整个园区，森林和水系占了 1400 亩左右，大概是 95 个郭庄的大小。这些水域主要集中在基金小镇西面的海月水景公园、樱桃山农居。引渠路与甘水巷之间本来是一个很大的养殖场，2010 年，这里变身成漂亮的海月水景公园。它是在原大畈鱼塘水系的基础上清淤 3 万多平方米形成的大面积水域景观，园内水系与规划中的西侧樱桃山生态公园水系相贯通。如今的水景公园总占地面积约 65000 平方米，其中水域面积达 35000 平方米。在海月水景公园的北面和南面有 5000 多平方米的办公区域。① 这些水景院落完整地与环境融合，也让私募精英们融入这片青山碧水之中。在这里，透过每个办公室的窗户都能看到外面的风景。如此的环境自然会吸引基金公司的进驻，非常适合管理人洽谈业务、进行头脑风暴。"一窗一景"不仅指窗外是景，小镇里也都是美景。

实际上，吸引基金公司纷至沓来的不仅仅是这样的硬环境，更主要的是这里能向基金经理人提供良好的政策软环境。为了建设这个基金小镇，从浙江省到杭州市再到上城区，都付出了巨大的努力，尤其是上城区。上城区市场监管局专门出台了《关于发挥市场监管的职能作用 支持玉皇山南基金小镇加快建设的实施意见》，从加快登记改革、落实简政放权等四个方面制定了 12 条新政，全力助推特色小镇发展驶入"快车道"。基金小镇率先试点，提供涵盖网上申请、网上受理、网上审核等功能的在线一条龙服务；对进驻企业全面实行"五证合一"登记制度；在基金小镇工商事务服务室进行外资企业、股份有限公司等登记初审

---

① 孟杨斌：《玉皇山南新添水景公园》，《杭州日报》2010 年 11 月 4 日。

受理工作；简化私募基金核名、股东变更等手续，"本人签名传真申报、基金小镇管委会出具证明担保意见、股东本人补签"，即便是身在异地也能顺利走完这些原本烦琐的手续。

与国内已经建成的金融产业园区相比，玉皇山南基金小镇的税收等政策没有体现出明显的优势。甚至，上城区尽了最大努力之后，所得税的优惠水平也只能达到同级金融产业园区的一半，对吸引浙江省外的龙头企业没有竞争力。但是，他们"活用"政策资源，积极探索各种扶持机制。为了实现省市区扶持政策的叠加，上城区专门成立了区私募（对冲）基金小镇领导小组，对基金小镇的政策优惠等进行研究、创新，坚持先行先试，有所突破。[①] 目前，基金小镇已被列入杭州市深化金融体制改革的试点。浙江省金融发展促进会也下了大力气给予帮助，浙江省金融管理部门则对基金小镇授牌并对小镇给予了更大力度支持。

同时，他们还积极地打造"金融生态圈"和"私募金融产业链"，让服务更加完善。目前，在上城区基金小镇的辐射范围内，有近 400 家金融类企业散落其间，平均每平方公里有 20 多家。其中，银行、保险、期货、证券四大行业的省市以上区域总部就达到了 30 多家，各类银行有 25 家（包括 13 家省市分行）入驻。基金小镇内成立的私募（对冲）基金研究院是这个"生态圈"的一个亮点，也是基金小镇为打好"服务牌"而设计的一个高招。这个研究院为入驻企业提供专业的配套服务，包括组织私募（对冲）基金论坛、开展私募基金领域研究、建立私募基金管理人的评价和监测系统、发布国内最权威的私募基金行业研究报告和举办金融人才交流活动等。为了这个研究院，上城区

---

① 姜紫莹：《浅析浙江"特色小镇"发展模式创新》，《规划60年——2016中国城市规划年会论文集》，2016。

本级财政和市级财政每年都会拨付巨额经费支持。与此相呼应的是，上城区与国务院发展研究中心合作的创新金融研究中心也成功落户。①

上城区还在不断提升基金小镇的档次，让基金小镇站上全国私募基金的高地，通过组织亚太私募基金峰会，举办金融人才交流活动和国内顶级的全球化私募基金论坛等方式提升基金小镇的竞争力和影响力，营造出全球私募基金业内精英人士和机构集结山南小镇的氛围。格林尼治基金小镇的负责人表示，非常愿意在此方面提供帮助，希望中美的基金公司能够进行合作，与杭州产生协同效应，把小镇的故事讲到世界各地去。目前，基金小镇正在计划建立浙江省金融博物馆。

除了构建"金融生态圈"之外，基金小镇还积极构建高品质的生活圈。近几年，上城区出台了许多服务金融业从业人员生活的政策文件。在购房、租房、信息化应用、经营用房装修、人才引进等方面给予高额、细致的资助、补贴。通过建造人才公寓，引入超市、娱乐中心、特色餐饮、酒吧、茶楼、美容健身场所等生活娱乐设施及其他多种旅游休闲设施，园区形成了完整的生活配套服务体系。基金小镇周边有传统餐饮汇聚的高银街、中山南路美食街，还有创意餐饮集聚地桂满陇和小镇里的杭帮菜博物馆等。当然，小镇周边为杭州市高端生活区，特别是钱塘江北岸沿江大片的高档住宅区，可以为高收入的金融界人士提供理想的居住环境。与此相配套的医疗、教育等资源更是令人心生羡慕——上城区拥有全省最好的医疗资源，浙一、浙二、省妇保、省中医院等三甲医院密度全省最高，邵逸夫医院杭州玉皇山南基金小镇国际医疗中心也已建成使用，面积约 800 平

---

① 《融合区位优势　定位金融集聚》，《浙江人大》2015 年第 4 期。

方米的医疗中心可以为园区人员提供国际医保结算，并开通了就医绿色通道。孩子的教育问题同样被考虑进来，为了保证进驻人员子女教育的连续性，小镇周边新增了从幼儿园到初中的国际化双语学校。①

从玉皇山南基金小镇的发展历程来看，既有偶然性，也有一定的必然性。说起有偶然性是因为这里的区位条件并不是太好，原来只是旧民居、旧厂房，发展的也是比较低端的占地面积大、污染严重的陶瓷产业。即便是现在，这里还是杭州市的陶瓷市场，公交车的终点站。从某种程度上来说，这里也算是杭州市的"荒郊野岭"了，南山墓地就在基金小镇的旁边。这样的一片土地能发展成这个样子，确实具有一定的偶然性，是抓住几次产业升级机会的结果。这充分说明，在城市的发展过程中，没有绝对的劣势，也没有绝对的优势，需要不断对产业进行升级，发挥产业的引领作用。

说其有必然性也是从产业升级的角度来理解。经过了将近40年的高速发展，中国的制造业已经取得了辉煌的成就，正在逐步向产品研发、创新创意阶段转变，并且产生了大量的资金剩余，也出现了大量的投资人，金融业不断壮大起来。这些人不生产具体的产品，只是提供资金方面的服务，他们在经济的发展过程中具有举足轻重的地位。当这个行业成长起来后，也需要给它们寻找落地的地方，配备比较优良的办公条件。这个行业的发展具有必然性，不在这个地方落脚，就会在别的地方落脚。也许，以前它们更多地集中在上海、北京、深圳、香港等大城市，现在逐渐地向其他城市扩展；原来集中在一些金融中心，现在则更多

---

① 谢文武：《特色小镇创建的制度与政策创新》，《浙江金融》2016 年第 9 期。

地选择环境优美、设施完善、通信发达的专业小镇，小镇既有田园的舒适，又兼具便利性。

当然，基金小镇的建设不同于其他小镇，行业的特殊性使得其具有更高的建设要求。首先，从地理位置上来看，需要靠近经济中心，这样才会有发展金融业的需求和空间。这就意味着，能够建设基金小镇的范围是有限的，经济越活跃的地区，建设的可能性就越高。其次，从自然与人文环境上来看，需要有良好的环境，能够让这些金融人士在紧张的工作之余有舒缓情绪的地方。对于他们来说，环境上不能再制造压迫感。这就需要给他们一个亲近自然、亲近山水的地方，能够抬眼望处皆是风景，随时可以进入休息状态。再次，从工作、生活配套设施上来看，要能够满足他们对高品质生活的追求。拥有良好的生态环境，并不意味着偏僻，可以与完善的基础设施并存。面对千变万化的金融市场，及时的信息很重要，这就对网络的要求很高，网速越快越好，保证他们可以及时地研判情况，做出的决定可以即时执行。还有，从事金融行业的都是高端人士，他们对生活的要求很高，他们也有能力去实现那样的生活，这就意味着在生活的配套上也要与他们的品位相匹配。产业小镇与产业园区很大的不同就在于，小镇不是工厂，不只是办公的地方，还是生活的地方。经济发展的关键是要留住人才，打造宜居的环境才能稳住他们的心，让他们扎下根来。最后，从税收政策上来看，金融最大的特点就是流动性，资本的目标也是逐利，哪里能够让它们获得最大的利润，它们就会走向哪里，哪里政策优惠空间大，它们就在哪里生存。从这个角度来讲，基金小镇建设需要有优惠的税费政策支撑，政府参与的层级越高，让利空间和政策红利就会越多，该区域的吸引力就越大。

第二节　甜蜜小镇——歌斐颂

一　歌斐颂简介

歌斐颂巧克力小镇位于浙江省嘉兴市嘉善县大云镇省级旅游度假区，是歌斐颂集团投资的省级重点项目，计划总投资9亿元，规划用地430亩，总体规划布局为"一心四区、九个项目"。它主要包括歌斐颂巧克力制造中心、瑞士小镇体验区（含歌斐颂市政厅、歌斐颂会议中心、瑞士小镇风情街）、浪漫婚庆区（含歌斐颂婚庆庄园、玫瑰庄园）、儿童游乐体验区和休闲农业观光区（含可可森林、蓝莓观光园）。它是一个集巧克力生产、研发、展示、体验、游乐和休闲度假于一体的现代巧克力生产基地、特色工业旅游示范基地和文化创意产业基地，是个名副其实的"甜蜜小镇"。

小镇是由歌斐颂巧克力小镇集团有限公司打造的。该公司的前身是斯麦乐文化园有限公司。公司名称经历了两次变更，从斯麦乐文化园有限公司到斯麦乐集团有限公司再到如今的歌斐颂巧克力小镇集团有限公司。该集团是一家集食品和新型材料研发与生产、商贸与旅游、工业设计与文化创意等二、三产业相融合的多元化发展的综合性集团企业，注册资本1.5亿元。该公司由莫国平、莫雪峰父子于2011年8月8日创办。

莫国平曾在外企工作。那时，他常年忙于工作，顾不得吃饭是常有的事情。贤惠的妻子看在眼里，但又拗不过，为丈夫身体着想，她会经常准备些巧克力。在那个时代的人眼里，巧克力属于"舶来品"，价格高味道好，而且是一种缓解情绪、舒缓压力、快速饱腹充饥的食品。因为父亲的缘故，出生于1985年的莫雪峰也经常能尝到各种巧克力，深深被巧克力的美味吸引的同时，他对巧克力的历史、文化、功效产生了兴趣。巧克力的各种故事给他留下了深刻的印象。2004 年，已过不惑之年的莫国平从外企离职，开始自主创业，一手创办了浙江恒丰包装有限公司。在短短几年的时间里，恒丰包装迅速发展成为行业中的龙头企业，为全国 200 多个品牌包装提供电化铝烫金材料。莫国平敏锐探索、创新发展，恒丰包装先后完成了国家"火炬计划"项目 2 项，开发省级新产品电化铝烫印膜等环保型转移材料 30 多项，获得国家专利 21 项，其中 4 项获得国家发明专利授权。

莫雪峰大学毕业后，进入了美国波士顿大学攻读金融学。波士顿大学是全球知名学府，它的教学方式不局限在课堂授课，而是更注重让学生们把理论和实践相结合，以便更好地理解和消化所学的知识。学生在假期里面有多不胜数的实习机会。学校每周都会举行各种讲座，让成功校友或者其他成功人士来分享经验、提供职业发展规划建议。在这里，莫雪峰拓宽了眼界，从各种转型升级课程、案例分析、商业模拟项目中，明白了转型、创新对企业的重要性，也提前对今后的发展方向做着思考。

在波士顿的学习生涯中，莫雪峰看到了当地有很多成熟的工业旅游项目，"巧克力工业旅游"——好时巧克力小镇就是其中的代表。好时巧克力小镇本名为德里镇，在美国宾夕法尼亚州中部。1903 年，创始人米尔顿·好时在这里初创巧克力厂时，当地还是一片少有人烟的牧场。1906 年，好时巧克力风靡世界，小镇遂改名为好时。20 世纪上半叶，好时镇就是好时公司，镇上的居民几乎都是好时公司的员工。如今，这个只有 2.1 万多人的小镇，每年能迎来数以十万计的游客。好时小镇不只是生产巧克力的工厂，还成了热门的旅游目的地。

这给一直对巧克力念念不忘的莫雪峰带来了启发。他认为，中国人对巧克力的消费观念正在改变，随着人民生活水平的提高，巧克力市场还将进一步扩展，未来巧克力将会成为大众消费品，更将成为婚庆、佳节的馈赠佳品。近年，巧克力消费市场每年都以15%的增速在上涨，巧克力的原材料价格上涨得也比较快，这反映了市场需求的大幅度增长。① 随着国人生活质量的提高，巧克力消费市场有很大的增长空间。大家一直认为巧克力是舶来品，对国外品牌认可度比较高。所以，鲜有知名的国内品牌，庞大的市场被外国巧克力品牌占据着。这不禁让人思考，中国能不能有与世界知名巧克力品牌角逐的巧克力品牌？巧克力还有没有新的模式开发？此外，国内巧克力市场虽然在逐步形成，消费者在吃巧克力时却不知道它是如何生产出来的，更是无法与文化搭上边。巧克力生产商在制造巧克力时，只是简单地满足了消费者的口味需求，往往会忽视消费者内心对巧克力文化的诉求。②

同时，巧克力工业旅游项目在国内尚处于空白，国外的成功模式有很大的借鉴作用。莫雪峰将自己的想法通过电话和父母进行了沟通，不仅得到了父母的支持，自己的构思规划也进一步得到了完善。巧克力工业旅游项目在国内是个大胆的创新，这也意味着市场机遇。如果能结合国内的各种消费习惯、趋势，再进一步挖掘巧克力文化内涵，拓展巧克力文化体验、养生游乐等功能，一定会有更好的发展前景。

2011年，毕业回国后，莫雪峰和他的团队走访了墨西哥、美国、德国、荷兰等亚欧美国家的10多个巧克力工厂。莫雪峰原先想将斯麦乐集团的总部设在上海，但经深思熟虑之后，毅然

① 陈文文：《巧克力小镇，一趟香甜的旅程》，《浙江日报》2015年6月23日。
② 潘楠楠：《他说，巧克力是份甜蜜的事业》，《科学24小时》2016年第Z1期。

决定将总部放在嘉善大云。做这个决定有以下方面原因：一是得到了地方政府全面的配套的政策服务；二是大云旅游度假区三公里范围内无污染企业，既能满足巧克力生产环境要求，更能和旅游结合，发展旅游特色，同时大云镇是嘉善对接上海的门户，地处长三角两小时经济圈中心，坐拥地理的优势；三是出于内心对家乡故土的眷恋，希望通过这样的方式感恩回报养育自己的土地。12 月 6 日，斯麦乐巧克力乐园项目正式立项，项目一期用地 430 亩，建设用地 79.2 亩。

2012 年，斯麦乐巧克力乐园项目被省政府列入省级重点项目、嘉善县"浙商回归"重点项目。2013 年，又被列入浙江省扩大有效投资"411"重大项目建设行动计划。年底，他们引进的世界顶尖巧克力生产流水线正式投产。歌斐颂巧克力是斯麦乐集团推出的第一款巧克力。乐园在 2014 年"十一"黄金周期间试运行。

2015 年 5 月，以歌斐颂巧克力小镇为核心项目的嘉善巧克力甜蜜小镇成功入选浙江省首批服务业特色小镇。2015 年 11 月，国家工商总局核准了嘉善的"歌斐颂巧克力小镇集团有限公司"和"歌斐颂巧克力小镇集团"两个无区域名的名称。这是由国家工商总局核准的全国首个以特色小镇命名的无区域名称。这一名称核准的突破性体现在：按照法律规定的企业名称表达格式，"小镇"两个字不能代表某一具体行业，此外名称中的"小镇"两个字也有别于行政区划上"镇"的概念。这次工商总局在名称核准上的适度放宽体现了国家对浙江发展特色小镇的支持。

2016 年 6 月，歌斐颂被评为浙江省级示范特色小镇。

二 走进歌斐颂

走进歌斐颂小镇，可以看到欧式风格的厂房、浪漫的花园和充满欢乐的儿童乐园。小镇的厂房全是一幢幢新古典主义欧式风格的建筑物，就像是童话里的城堡。红黄色调、穹隆顶阁、楼亭、罗马柱……歌斐颂营造出巧克力发源地的文化印记和欧洲情调。这个小镇从开始就和其他的食品企业定位不同，他们是按照5A级旅游景区的标准来规划小镇的。①

小镇的巧克力工厂有一条156米长的全透明参观通道，游客们透过玻璃，可以看到从瑞士引进的国际顶级的全自动巧克力生产线，观赏到可可液块经过混合、搅拌、研磨、精炼、浇注、成形、内包装等工艺，目睹巧克力被制成的全过程。在玻璃生产线的旁边还放置着生产巧克力的各种原料以及各种类型的成品。客人们在这里可以边参观、边品尝。歌斐颂这条巧克力生产线是智能数控化、驱动系统化、工艺最优化、设备节能化的全自动化生产线。这条生产线处理高品质可可脂的能力达2吨/小时，全年产量2万吨左右。2万吨的产量是什么概念？眼下销量最大的德芙巧克力年产量也就在4万~8万吨。

为了确保巧克力产品的质量，歌斐颂从世界各地进口最好的原材料。比如，扁桃仁来自美国加州、榛子来自土耳其、可可豆来自西非和南美、奶源则来自新西兰和美国。同时，公司在瑞士的实验室中研制出适合中国人口味的巧克力配方。在瑞士研制配方就意味着要执行最为严格的欧盟食品标准，确保巧克力产品从一开始就与欧盟的食品标准同步，处于国内同行业的前列。歌斐颂还建立了质量追溯系统，从源头上保证了食品安全及巧克力的品质，让这款巧克力真正成为舌尖上的挚爱。这种种努力，显示了斯麦乐打造"巧克力王国"的雄心——使产品处于国内同行业的前列，打造国内一流巧克力品牌。这里生产的巧克力根据中

---

① 福蒙蒙：《甜蜜的巧克力小镇》，《全球商业经典》2017年第3期。

国人的口感进行了调整，加入了中国人喜欢的鲜花调味品，还大大降低了脂肪和糖类的含量，与外国的巧克力比起来，要清爽很多。

在巧克力生产线的位置还放有一处巧克力喷泉，喷泉顶端是一个水龙头，汁状的巧克力源源不断地从上面流出。在喷泉的旁边，已经准备好了小饼干，游客们可以品尝刚刚出炉的湿性巧克力。沿着喷泉处的楼梯拾阶而上，便到了巧克力文化展览区。馆内悬挂着一个个金黄色的可可果，墙边也是一排可可树，在一个角落甚至似乎不经意地摆放了一艘独木舟，让人仿佛置身非洲的可可种植园。在这里，游客们可以了解到可可豆是怎样经过一步步加工变成美味的巧克力的，让大家了解巧克力的"前世今生"。

楼下就是巧克力体验中心，游客们可以在这里自己动手制作个性化的巧克力，亲身体验制作巧克力的乐趣。这些从国外引进的巧克力 mini 生产线，可以让游客定制一份专属于自己的巧克力：在电脑终端中输入自己对巧克力的特殊需求，可以是口味、可可含量、配料方面的，甚至可以在巧克力上写上自己的名字。除了自己制作之外，在这里还可以欣赏到歌斐颂特邀的世界顶级巧克力大师的现场表演。在整个过程还可以和大师互动，品尝大师现场制作的手工巧克力。①

在参观的过程中，通过讲解可以了解巧克力生产的相关知识和巧克力的历史、发展及文化。巧克力乐园内还有一个巧克力厨房，这是一个手把手教做巧克力产品的场所。参观者在这里不但可以自己设计、制作个性化巧克力，还能够充分体会到参与的快乐。"巧克力是儿童快乐的食品"，所以乐园内还专门设立了让

---

① 杨洁：《嘉善将建起一座"查理的巧克力工厂"》，《嘉兴日报》2012 年2 月21 日。

儿童制作、游玩的区域，让孩子们从小在快乐中接受巧克力文化的熏陶。

在这里，顾客能够感受到巧克力不是从冰冷的工厂里生产出来的，而是在一个温暖的小镇诞生的。生产车间直接和游客的体验相结合，能够培养游客和巧克力的亲密度。游客亲眼看到巧克力是从这样的生产车间出来的，会对产品更放心，这也是一种特殊的广告。

歌斐颂小镇以这种面目出现，与创立者对其的定位有关。项目开展初期，莫雪峰发现国内巧克力市场确实很大，但在巧克力文化和巧克力相关的健康理念、生活方式方面的推广上存在很大的缺陷，往往是满足了消费者的口腹之欲，却忽视了他们内心的深层次的需求，这对巧克力的销售影响很大。巧克力不仅仅是一种食品，更代表了一种生活方式。他到过欧洲许多国家，瑞士是食用巧克力最多的地方，瑞士人在日常生活中是离不开巧克力的，但是胖的人不多，因为瑞士人喜欢户外运动，经常爬山滑雪等，吃巧克力不但不会胖，反而会使人更加强壮，这就是巧克力文化中的生活方式——讲究巧克力品质，追求享受健康生活的情趣。他们的发展目标是要做国内一流巧克力品牌，推广正确的巧克力文化。通过巧克力工业旅游项目，让消费者、参观者零距离接触巧克力，并参与到巧克力的生产监督过程中来；通过品牌塑造，在巧克力文化推广过程中融入"年轻、时尚、慢生活"的理念，传播正能量，激发人们尤其是青少年对社会，对美好生活的追求及享受。

当然，除了参观生产线、品尝和制作巧克力，消费者还可以在新古典主义和地中海两种欧式风格的建筑群和景观园林中，进行婚纱摄影、草坪婚礼、露天派对及度假休闲；儿童可以在儿童游乐区内尽情地玩耍。在甜蜜的主题上，歌斐颂是下了一番功夫的。这个甜蜜不仅仅体现在巧克力食品上，还体现在对环境的要求、园区的建设上。美丽的心形鲜花图案，高大的花束拱门，还有悠悠荡荡的秋千，很适合恋人在这里度过浪漫的时光，新人们留下温馨的一刻。这里还是孩子们的乐园，动力小火车在花丛中穿梭，许多童话中的人物就在你的身边，孩子们可以在滑梯上滑上几个来回，在这里尽情地玩耍。

对消费者而言，参观工业企业，一是增长了见识，二是了解了生产制造全过程，三是在参与过程中体验了乐趣。对企业而言，则是敞开了大门让消费者了解自己。① 可以提升企业形象、推广企业文化，让消费者对产品更有信赖感，可以说是一种特殊的广告，而且还可以在实现旅游收入的同时带动产品销售。歌斐颂巧克力小镇还是一个连接一、二、三产业的项目。巧克力的原料是农作物，属于第一产业；工厂生产线是消费品工业，是第二产业；旅游服务则是第三产业。通过巧克力这个纽带，把三个产业都联系了起来。这种结合促进了传统工业的创新发展，推进了产业结构优化调整和转型升级。

工业旅游并非新名词，在发达国家由来已久，特别是一些大企业，利用自己的品牌效应吸引游客，同时也能宣传自己的产品。在我国，也有越来越多的现代化企业开始注重工业旅游。近年来，我国著名工业企业，如青岛"海尔"、上海"宝钢"、广东"美的"等相继向游人开放，让大家参观，反响良好。但是，食品企业进行工业旅游的还比较少。歌斐颂算是进行了不错的尝试，取得了不错的效果。②

---

① 朱德莉：《现代城市文化旅游产业发展研究》，《湖南社会科学》2012 年第 4 期。
② 许佳民：《工业旅游：推销形象的艺术》，《企业改革与管理》2011 年第 3 期。

作为一种新型的特色旅游业态，歌斐颂甜蜜小镇还可以与西塘古镇旅游产品优势互补、有机组合，形成更强的市场吸引力。在这个空气中弥漫着巧克力味的小镇周围，还有休闲农庄、碧云农场、千亩鲜花示范基地，这些都在巧克力小镇的规划范围内。巧克力小镇和大云镇是"子母镇"。大云镇以农业为主，以花卉栽培为主导产业，有"全国鲜花之乡"的美称。为了让当地农民也"幸福"起来，大云镇配合歌斐颂巧克力小镇推出了国内首款水果巧克力，带动附近的农户们种植草莓和蓝莓。在这里，还将继续推出升级版的"开心农场"。这些设施既可以作为婚纱摄影基地，也可以做诸如"植物迷宫""植物绿墙"等充满乐趣的项目。

据了解，已有旅行社推出类似"碧云花海—巧克力乐园一日游"等行程。未来，巧克力产业链、文化创意创新链、休闲蜜月度假等将成为大云镇的旅游配套项目。而在发展"甜蜜"事业上，大云镇也有自己的地理优势——到上海、杭州、苏州、宁波四大城市车程均在 1 小时内。同时，大云镇也是浙江接轨上海的第一镇。大云镇正在有针对性地为巧克力小镇招商，包括刚刚引进的一家港资的巧克力包装企业，还规划建设一个天使乐园。

歌斐颂可以说是特色小镇区域新建类的典型。它既可以作为大云镇的一部分，也可以将它自己作为一个独立的个体，不管从哪个角度进行观察，都有值得思考的地方。从发生学的角度来看，它在一个新建立的产业园区，没有历史的包袱，选择了一块新的区域，出现了一些新的建筑。但是这个园区不是简简单单的园区，而是具有很高的贴合度和亲近感。首先，它是以食品加工为主，因为这些食品最后都要入口，成为人体的一部分，所以不会让人感到疏离。其次，它将整个的生产区域开放，让人们能够看到生产的过程，增强生产的透明度，消除了因为陌生、未知而带来的困惑。整个的生产线是向人们敞开的，并且希望人们能够参与进来。再次，它还在营造一种文化氛围，让游客可以从中获取知识，激发人们的求知欲，增强融入感。比如，在文化展览区详细介绍了巧克力的"前世今生"，在这里满足的不只是人们的口腹之欲，还有对知识的渴求。还有，在手工制作区，人们可以亲自体验一下当巧克力大师的感觉，该项活动尤其能激发孩子们的兴趣。最后，在室外，他们还积极地打造浪漫区域和乐园，丰富了"甜蜜"的意义。"甜蜜"不仅存在于对巧克力的品尝之中，还凝聚在身相依、心相亲的氛围中。这更增加了这个小镇的温度，让它不只是工业生产的园区，不只是食品制作的体验区，还是可以享受浪漫时光、具有甜蜜温馨氛围的倾情之地。

　　歌斐颂的发展历程还有许多可圈可点的地方，值得进一步思考。一是产业的选择上要紧跟人们对美好生活的需求，能够引领人们的消费，而不是满足基本的需求。当前，中国人的消费习惯发生了很大的变化，不再只是吃饱的问题了，而是要吃好，吃出健康、吃出品位、吃出文化。从这个角度来说，上马的只能是高端项目，需要立即投入，立即见效，没有必要再一步步地从低端做起，因为已经没有相应的产业生长的空间和时间了。二是可以在发掘本土资源和利用外部资源上同时发力，但要注意在地化、共时化，符合当地的消费习惯，满足当下的需求。歌斐颂在巧克力口感上的处理，既保证了口味醇正，也让国人感到甜而不腻。相对来说，国外品牌更加适合外国人的口味，与国人的需求还是有差异的。三是歌斐颂也正在深化和拓展对工业旅游的理解和应用。原来，对工业旅游的理解是将冷冰冰的工厂、生产线变成可参观的景点，这在某种程度上已经是进步了。可是，歌斐颂又往前一步，将整个区域都作为景区，并将"甜蜜"的文化用工厂中的参与式体验项目进行了拓展。由于受到生产工艺、安全等方面的限制，许多工业旅游只能看到工业生产的一角，有的工业的意味还特别强，旅游的味道略显不足。在歌斐颂，人们更多地感受到了旅游，而没有感受太多工业生产的意味。

当然，歌斐颂小镇与浙江省的其他小镇有很大的不同，也并不完全满足特色小镇的要求，因为这里没有居住的功能，没有与周边的居住地、村庄紧密地互动。这只是问题的一个方面，不能对这个新生事物求全责备，更不能要求所有的特色小镇千篇一律，而是要有不同的样式、不同的选择，这样更能给人启发，体现出发展的多样性。

第三节　文化小镇——彝人古镇

一　彝人古镇简介

彝人古镇隶属于云南省楚雄市，南靠楚雄市经济技术开发区永安大道、东邻太阳历公园、西挨龙川江以东、北近楚大高速公路，是滇西旅游黄金线上的门户。彝人古镇并不是真正的古镇，而是在一片没有彝人聚居的空地上建设的人造文化景观。① 所以，本书将其作为了区域新建的类型，而没有归入古镇更新类型中。这里虽然有"古"的元素，但大部分只是复古和仿古。它是以旅游为主，地产为辅，集观光、休闲、度假、商住于一体的功能齐备的大型民族文化旅游商住区。这种将旅游文化与商业住宅相结合的仿古镇开发模式，以模拟性的手段创造性地为旅游者

---

① 张文芬：《模仿式古镇旅游的开发价值》，《广西师范学院学报》（自然科学版）2012 年第 2 期。

提供体验彝人文化的场所，可以说是云南旅游的一种典范。① 依托彝人古镇，楚雄市也成了昆（明）—大（理）—丽（江）—香（格里拉）黄金旅游线路上的一个重要节点。

彝人古镇占地约 210 万平方米，总建筑面积 150 万平方米，内有 7 个大分区，70 多个小分区，集中展示彝族的建筑、服饰、饮食、礼仪、节日、图腾、音乐、舞蹈、艺术等民族文化，是一个展示彝族文化的重要窗口。古镇 2004 年开始启动，现有 3500 户、1.5 万人常住人口。

彝族是中国人口较多的少数民族之一，支系众多，有"六祖分支"之说。据统计，彝族有 50 多个支系，每支都有自己独特的建筑、宗教、民俗、节日、服饰和歌舞等文化，是中华文化的重要组成。彝族是众多少数民族中少有的具有文字、历法和独特传统文化的民族之一。彝族人文资源丰富，博大精深，仅语言和文字就有 10 多种。运用彝族文字书写的文献更是浩如烟海，内容涉及政治、经济、宗教、天文、历法、历史、地理、医学、艺术等。十月太阳历、虎宇宙观、万物雌雄观、尊左尚黑、火崇拜、毕摩画、毕摩经、史诗《梅葛》等对中国的科学史、思想史产生过重大影响。②

楚雄是我国两个彝族自治州之一，拥有很多彝文化资源，但在开发进度上一直较为缓慢。一是因为楚雄市自身经济不甚发达，缺乏相应的经济实力和消费市场，没有进行大规模开发的力量。当时，楚雄只是建设了一条彝族饮食文化街，这与大理古城、丽江四方街比起来，无论是规模还是内涵都差很多。二是原

---

① 刘德鹏：《后现代旅游背景下古镇旅游的真实性创造》，《云南地理环境研究》2009 年第 6 期。
② 欧阳林夕：《彝人古镇：城市活力的文化载体》，《创造》2006 年第 11 期。

来的历史遗迹、遗址处于政府规划开发的边缘地带，能看到的只有几个散落的小村庄，没有可依托的建筑遗迹或非物质遗产。据地方志记载，宋代大理国相高量成退位后，曾"在威楚（今楚雄）西北二公里建德江城"，过起了隐居的生活。这是一段很重要的历史，但经过千年岁月的涤荡，这里早已不见当年德江城的任何踪迹。有开发的基础，但缺少依托，所以只能以新建的方式来完成。三是相对于云南其他以优美自然资源著称的市县，楚雄不具备旅游竞争力。云南已经形成了经典的旅游路线，楚雄的自然风光并不占据优势，缺乏令人前往的吸引力。

2004年，在历史记载的德江城遗址附近建设了彝人古镇后，这种情况得到了很大的改观。经过10多年的建设，彝人古镇已经成为国家级4A级景区，年人流量达到了700万。彝人古镇以彝族文化为核心，在吸收兄弟民族生态与聚落环境精华的基础上，塑造了一个民族韵味浓郁、彝族特色鲜明、居住环境舒适、庭院布局优雅、小桥流水纵横、商铺贾市繁华的旅游文化小镇。①

彝人古镇的建筑风格以楚雄、武定等地彝族高规格古典民居为原型，博采大理、丽江、江南水乡等古城和园林建筑之长，形成了具有彝族风格又兼容其他优秀建筑元素的独特样式。整个古镇按功能能有七个大区，一区一坊，每个坊又由若干四合院组成，多为两楼一底的仿彝族建筑。每个区内以楚雄州内风景名胜为基本素材，设置了若干景观节点，二十亩的水体上，各种木桥、石桥十余座，亭台楼阁、假山景观若干，可说是"浓缩了一个彝州、乔迁了一段江南"。② 古镇各街区，每个小院都是花木繁荫、

---

① 黄海萌：《文化与经济互动研究》，《思想战线》2009年第S1期。
② 赵敏燕：《楚雄彝人古镇旅游区解说服务调查与分析》，《中国城市经济》2011年第5期。

步移景换，大多数街道流水潺潺。人性化的设计，完全体现了天人合一、以人为本的开发理念。

彝人古镇中比较核心的是彝文化主题园——彝人部落。为了再现彝族原生态的生活场景，园内布置了民居、打谷场、姑娘房、婚房、土主庙、村社广场等场景。他们还从彝族聚居地迁来了彝族村民，并通过碾米、磨面、纺织、刺绣、婚礼等活动展示彝族的生活样态。民族节庆活动是民族文化集中对外展示的机会和平台，彝人古镇可以说是天天有歌舞、月月有节日，成功地推出了彝族年、插花节、赛装节等一大批节庆活动。彝人部落还打造了一台原生态的歌舞——彝乡恋歌，把彝族原生态的歌文化、舞文化、酒文化、服饰文化通过长街宴、火把节、毕摩祭火大典及彝族左脚舞、篝火狂欢等形式展示出来。通过彝文化的还原、复兴与重构，最大限度地挖掘彝文化的内涵，提升彝人古镇的旅游竞争力。①

彝人古镇还重建了宋朝时期彝族人民市井生活的商业街，展示了彝族历史的六祖雕塑和马帮雕塑，再现了彝族土司府、相国府、六祖庙、清明河、茶花溪等历史风貌。清明河是一条比较宽的河流，两边建的都是江南水乡的风貌，在河上划着小船，可以看到清明上河图的再现，而且在河上还有各种不同形式的桥，堪称一个桥梁博物馆。另外还有一条很窄的水系，两边景色有西部水乡的风韵，建筑也是以西部特色为主，水流也是比较急。祖庙是为纪念高家对楚雄的贡献而建的，展现的是宋代的文化。

二 彝人古镇的建设历程及启示

虽然彝人古镇的开发可以追溯到 2004 年 4 月 18 日，但最初

---

① 高慧：《彝人古镇人气旺》，《中国旅游报》2007 年 12 月 17 日。

的计划并不是如此，而是经历了一系列充满偶然性和必然性的转折。在彝人古镇开发前，这片土地上散落着几个小村庄，世世代代与穿行而过的龙川江静静相伴。长期以来，这里就是楚雄州的边缘区域，是个"到了天黑，给多少钱出租车都不去"的地方，如同彝族这个古老的民族一样，一直孤独地存在着。

2004 年，政府决定对这里进行开发。在起初的设想中，仅仅将这里作为一个商业地产项目，建设两期仿古建筑，底层为商铺，二、三层为住宅，形成具有彝族风情的商业街。2005 年 4 月，项目一期开始动工。2006 年 7 月，在彝族火把节期间，古镇正式开放营业。这次活动不仅吸引了大量本地客商，许多来自周边城市的投资者也把目光聚焦到了这里。这让开发者受到了鼓舞，也改变了开发的思路。因为，商住区混合在一起，不仅给商户和入住者造成不便，也给街区的运营管理带来很大的麻烦，不容易扩大规模。作为一个小的地产项目，这样还可以接受，但是作为一个大的功能区，就存在很大的局限性。

受云南旅游业发展的启发，开发者对该项目进行了重新定位。他们开始将目光跳出楚雄州，放在已经比较成熟的"昆明—大理—丽江"旅游线路上来，提出了通过建设彝人古镇项目，打造一个新的旅游景点和集散地的设想。这样进行项目操作，不仅可以扩大彝人古镇作为商业地产项目的运营空间，还有可能将楚雄的旅游资源顺利纳入"昆明—大理—丽江"旅游环线上去，从而在根本上改变楚雄旅游资源贫乏、旅游业发展被边缘化的境地。① 这是一个比较大胆、超前的想法，即用一个人造的景点来吸引人，将基础不太雄厚的楚雄也打造成旅游胜地。

---

① 叶一剑：《彝人古镇的逻辑：从商业地产到特色文化旅游小镇》，《21 世纪经济报道》2013 年 8 月 5 日。

虽然这个思路的跨越性比较大，但也不是凭空而来，有相应的事实根据。从地理位置上来看，昆明到大理的距离约 360 公里，大理到丽江约为 180 公里，中间似乎缺点儿什么，显得不是那么完美。若是在这条黄金线路上选择一个中转站，楚雄具有得天独厚的优势。

基于上述的考虑，从项目第三期开始，彝人古镇的建设和发展就发生了些许变化，不断地向北拓展以接近旅游的主干道，并且在空间格局上让商业区和住宅区分离。同时，在古镇内建设具有彝人部落性质的特色街区，还组建了专业的演出团队，每晚都有"祭火大典"的演出。在镇区内，还开发了酒店、客栈区，为打造一个真正的旅游商业综合体和集旅游景区与集散地为一体的综合业态提供了条件。

彝人古镇在招商、销售步入尾声时，项目的地产属性逐渐淡化。在传统的"昆明—大理—丽江"旅游线上，正式形成了一个新的旅游型小镇。随着古镇经营开发程度的加深，吸引了越来越多的游客到这里旅游、参观、住宿和购物。彝人古镇不仅是一个景点，更是一个功能完备的旅游集散地。

对楚雄而言，此时的彝人古镇有着非同寻常的意义。楚雄作为西南地区的小城市，以烟草为支柱产业，面临着产业转型升级的难题，可是一直找不到合适的方向与突破口。彝人古镇的成功，让他们看到了发展旅游业的巨大潜力。当然，彝人古镇的开发也带动了其他行业的发展。所以，彝人古镇的开发得到了楚雄市委、市政府的大力支持。

彝人古镇的开发过程也是楚雄城镇化的一部分。那些来到古镇的人，有的在这里找到了工作，安了家，古镇自身也完善了产业体系，这是在开发的初期没有想到的。这种模式正是城镇化过程中所需要的。在此过程中，伟光汇通也从一个地产企业转变成了新城镇运营商。①

当然，超过 2 平方公里的彝人古镇的规划和发展过程，也是经历了多次讨论和修改的。而且，还引发了比较激烈的争议。争议之一就是作为一个以彝族文化为底色的古镇，区内的建筑风格并不统一，从北京四合院到云、贵、川等地高档民居的样式都有，广泛吸纳了中国传统建筑，尤其是明清建筑的元素。往好的地方说，这是一种兼收并蓄；往不好的地方说，这就是杂糅、混淆。对此，彝人古镇的开发商表示，彝族传统民居建筑是土掌房和闪片房，它们具有很浓厚的区域、民族色彩，但是不能满足现代旅游业对餐饮、住宿和商业建筑的要求，必须进行相应的改造。如果过于强调建筑形式上的统一，则会对古镇的旅游、商业、居住造成伤害，阻碍古镇的整体发展。

这就意味着他们在建设的过程中并不拘泥于形式，而是更注重内涵和整体的协调。小镇在内涵的刻画上可谓是精益求精，主要体现在其对待毕摩的态度上。毕摩文化是彝族文化中的核心部分，在彝族人心目中，毕摩有着特殊的地位，是彝族文化的守护者和精神象征。只有毕摩来到了这里，古镇才能真正算是坚持了彝族文化的底色。毕摩来了，这里才会变成一个实实在在的彝族村。位于古镇核心地带的彝人部落，就较多地参照了传统彝族村落的建筑设计以及功能安排。比如，毕摩居住的房间，苏尼房，苏尼的神坛，还有典型的彝族村落的姑娘房等，基本上都是按照村庄中的样子来建设的。同时，建设方还专门到彝族村落请来了第十三代毕摩，即"祭火大典"的核心人物鲁成雄。②

---

① 《发掘文化内涵 加速古镇文旅产业升级——伟光汇通集团古镇开发运营案例纪实》，《民族建筑》2014 年第 10 期。
② 牛旭诚：《新型城镇化视野下的古村镇特色构建》，云南艺术学院硕士论文，2017。

对于彝人古镇这种模式该怎么理解呢？尽管这里没有历史的遗迹，全部是重建的；尽管这里本没有彝人的部落，彝人都是从附近迁移过来的；尽管这里还有很多商业地产，甚至就是以商业地产起步的，但无疑这种开发模式是成功的。它的可取之处主要有以下几个方面。

第一，集中展现乃至重构了彝族文化。彝族因为支系太多，在生活、习惯、文化等方面的表现有些许差异，也没有集中展示的平台，很难说究竟哪个支系代表了彝族。古镇的建立，就将那些认同度比较高、具有一致性的元素进行了集中，并且每天都在展演，从某种程度上来说，这是对文化的保留和强化。

第二，打造了一个新的旅游点，擦亮了楚雄州的名片。尽管楚雄州拥有很多的文化元素，但是缺乏载体，在整个云南的表现一直是不温不火的，地位比较尴尬。彝人古镇的建立，让楚雄有了比较响亮的名头，一说到楚雄，就能想到彝人古镇，想到彝族。同时，也让它得以加入云南的黄金旅游线路，这就为旅游业的发展带来了巨大的生机和活力。旅游业的发展很重要的一点就是要有人来，如果缺乏游客，再美丽的景点也没有意义。

第三，推动了本地城镇化的发展。彝人古镇主要是围绕旅游业发展起来的，属于第三产业，其中还有部分房地产开发项目。在这里购买房屋的人，既可以单纯地当业主，也可以在这里工作。彝人古镇在发展的过程中，还有许多新增就业岗位。原来，彝人在自己的村落中只是生活，而现在他们的生活具有了表演性质，成了一种职业，性质发生了变化。他们的收入也会不断地增加，生活也发生了很大的改变。

这里面需要讨论的问题有两个。第一，商业地产的开发与资本的介入问题。彝人古镇的建设具有一定的偶然性，因为它本来是为了地产而开发的，只是加入了一些文化元素，在外观的设计上参照彝人建筑的样式。可是，随着建设的推进，逐步地转向了旅游地产。地产发展的目标不只是向业主出售住宅，而是加大商业的比重，乃至制造一种新的商业。从这个角度上来说，没有资本的介入，没有地产的开发，就没有彝人古镇的产生。彝人古镇虽然有"古"字，但并不真正的"古"，而是全新的，是带着文化帽子的新地产。在此类发展类型中必须有地产，否则就没有办法发展。地产构成了其内在的支撑。当然，这种地产的发展主要由企业来完成，政府主要是负责规划和引领方向。即便是开发失败，也不会构成政府的债务，这是比较可取的一点，不需要政府直接开发，而是发挥了市场在资源配置中的作用。

第二，传承与创新、情怀与体验的问题。因为这种类型的发展都带有很重的文化色彩，需要突出其厚重性以及本真性。可是，有些事物若真是保持了本来的面目，可能不适应当代人的需求。在彝人古镇的建设中，土掌房和闪片房更能代表彝族的特色，但与当前业态的要求不相符，也未必能让习惯城市生活的人住进去。这就意味着，许多的方式要变化，可以保持传统的内核又拥有现代的形式，也可以运用传统的形式承载当下的内容，这些都没有固定的模式。

第六章 国际经验

中国特色小镇的建设无疑受到了国外特色小镇的影响。国内的许多特色小镇都以国外的为榜样，积极对标。可是，由于环境、历史、国情和发展模式的不同，很难对国外的特色小镇进行总体性的概括，只能选择几个有代表性的进行介绍。本章主要选取了瑞士达沃斯、英国斯拉特福德、法国艾克斯、德国弗莱堡、荷兰阿尔克马尔和美国的格林尼治进行介绍。这六个小镇分属不同的国家，承担着不同的功能，代表了特色小镇发展的不同模式。可以说，达沃斯是论坛小镇，斯拉特福德是文化小镇，艾克斯是生态小镇，弗莱堡是产业小镇，阿尔克马尔是奶酪小镇，格林尼治是基金小镇。

第一节 论坛小镇——瑞士达沃斯

一 达沃斯简介

达沃斯小镇位于瑞士东南部的格里松斯地区，坐落在长 17 公里的兰德瓦瑟河谷地，隶属于格劳宾登州，面积为 245 平方公里。它靠近奥地利，被认为是阿尔卑斯山脉中海拔最高的小镇。达沃斯属于德语区，可这里最早是讲罗曼什语的人居住的地方，直到 13 世纪，才有操德语的人搬迁过来。达沃斯是由冯·瓦茨男爵命名的，其名称源出罗曼什语 davo，意为"在……背后或在后面"。因城市恰好位于圆形山谷折向北的转弯处，刚好挡住山谷里的风而得名。当时的瑞士统治者颁发了一项封地契约，赋予了达沃斯居民自治权；后来，随着人口的增多，16 世纪时，形成了达沃斯城。19 世纪末，随着铁路的开通，达沃斯逐渐以疗养胜地之名闻名于欧洲。到了 20 世纪 50 年代，它已经成了阿尔卑斯山区最大的度假胜地。①

达沃斯最早是因为空气质量良好而出名的。在 19 世纪时，肺结核还是不治之症，许多人遭受此病的侵袭。德国医生亚历山大因为政治庇护来到了这里，他发现此地海拔高、四面环山，空气干爽而清新，是肺病患者的最佳疗养地，对保健有很大好处。由此，达沃斯就成了"达沃斯旅游健康度假村"。后来，医院、疗养院纷纷在小镇上冒了出来，现在的许多酒店就是由当时的医院、疗养院改建而成的。现在，达沃斯还在医学界有很高的地位，每年都有许多国际医学大会在这里举行。②

据说，将达沃斯从疗养区变成旅游胜地是一个旅店老板的得意之作。当时，来达沃斯的游客非常少，且仅在夏天为了避暑才会到这里来。于是，这个老板就向顾客宣传说，如果他们能够在冬天到这里来度假，第二年夏天的住宿费就全免。许多人无法抵挡"买一赠一"的诱惑，在冬天也来到了这里。结果发现，这里的冬天比夏天更有趣，有许多天然的滑雪场。达沃斯从此名声大噪。1877 年，欧洲最大的天然冰场在达沃斯落成。此外，达沃斯还有一个冰雪体育馆。每年都会在这里举办众多的国际赛

---

① 顾显芝：《达沃斯：靠空气出名的小镇》，《中国地名》2015 年第 11 期。
② 西西：《达沃斯集万千宠爱的瑞士小镇》，《人人健康》2009 年第 4 期。

事，是冰雪体育爱好者的嘉年华。[①]

达沃斯的滑雪场大体由七个部分组成。其中，帕森地区（Parsenn）是最大、最受欢迎的滑雪场；毗邻它的克罗斯特滑雪场（Klosters）独受英国皇室的钟情。[②] 电缆车可达海拔1530~2610米的滑冰运动场。窄轨车通到了库尔和恩加丁，这里还设有阿尔卑斯学院。这个冬季运动场共有325公里的滑雪坡道，75公里的山地滑雪线路，还有长达数公里的穿城雪橇道和冰道。在这里可以用平底长雪橇滑雪，也可以乘坐马拉雪橇，还可以在欧洲最大的室外溜冰场上溜冰。阿尔卑斯山为滑雪者提供了变幻无尽的地形。现在的达沃斯和阿瑟·柯南道尔爵士所看到的达沃斯没有发生太大的改变。1894年，这位福尔摩斯之父与妻子路易斯·霍金斯一起计划了一次滑雪探险之旅。那时，路易斯刚刚从结核病中康复。此前，柯南道尔在她的床前陪伴了好几周，正想到外面走走、散散心。出行的地点正是达沃斯。这次探险大大增大了这个天然滑雪场的名声。不过那时，还没有区分滑降滑雪和越野滑雪，柯南道尔不得不应付被他称为"世界上最反复无常的"滑雪板。

达沃斯分为普拉茨和多夫两个部分，1.3万人的镇子只有两条狭窄的小街。这两条道路都是单行道。小镇内的交通和瑞士其他大城市没有太多的差别，都是以巴士为主要交通工具。想看到达沃斯全景，可以沿着普罗姆纳街向东走，到达布尔街之后，再继续往上前进即可。虽然达沃斯的官方语言是德语，但这里是多文化的，大部分人会讲英语、法语或意大利语。

达沃斯位置偏僻，交通不是很便利，没有到达这里的飞机，

---

① 戚永晔：《达沃斯：登临峰会》，《风景名胜》2011年第3期。
② 《达沃斯：思想风暴发源地》，《商务旅行》2008年第11期。

连高速公路也没有，火车是到达这里最好的交通工具。这里是瑞士经典火车路线——冰河列车的必经之站。

虽然达沃斯是著名的滑雪胜地，但让它闻名于世的是每年年初在这里举办的世界经济论坛。相比之下，"欧洲最大的高山滑雪场"的头衔就有点儿逊色了。世界经济论坛是一个非官方的国际性组织，总部设在瑞士日内瓦。它的前身是现任论坛主席、日内瓦商学院教授克劳斯·施瓦布于 1971 年创办的"欧洲管理论坛"。1987 年，"欧洲管理论坛"更名为"世界经济论坛"。这个论坛每年都会在达沃斯召开年会，一般是在一月下旬，会期一般持续一周。每次论坛都会确定一个主题，然后在此基础上安排 200 多个的分论坛进行具体讨论。由于论坛年会每年都在达沃斯举办，因而也被称为"达沃斯论坛"。[1]

论坛选址在达沃斯，一个非常重要的原因就是这里是滑雪胜地。每次会议结束后，论坛主办方总会邀请代表们去滑雪或者参加其他冰上运动。让大家在繁忙的工作之余轻松一下，去领略冰天雪地中的乐趣。还有就是达沃斯的社会治安状况非常好，从来没有发生过恶性案件。[2]

达沃斯小镇上的人们不会因为高级别的会议在这里举办而感到荣幸，对他们来说这是件无所谓的事情，会议期间没有欢迎的标语和人群，没有"镇长"的出面迎接，更没有欢迎宴会。因为来开会的人多，所以参会人员想在这里有个住宿的地方，必须早早地预订。据说，比尔·盖茨为了确保每年都有地方住，不至于"流落街头"，已经向酒店交付了未来十年的订金。因为房源紧张，所以有许多人要住在一两个小时车程以外的地方，晚上参

<hr>

① 虞冬青：《2012 达沃斯风向标》，《天津经济》2012 年第 2 期。
② 顾子欣：《达沃斯》，《友声》2003 年第 6 期。

加完活动后乘火车离开，第二天早上又急匆匆地赶来，但他们好像也没有感觉到有什么不好，显得很随意、自然。①

　　由于来这里滑雪、度假的人特别多，所以，参会的人经常要与滑雪的人一起挤电梯。但也没有因为要开会，就限制滑雪的人来游玩。在他们看来，滑雪、度假与开会一样重要，没有什么太大的区别。达沃斯最大的特点就是雪，街上的雪完全不需要清扫，车和人都在雪地里走。傍晚时分，在小街口经常会堵车。据说，疏导交通的人员是业余的，有时候他们看到车子太多了，自己也不管了，就一个人跑到路边上偷偷地笑起来了，也不去指挥交通了。达沃斯论坛是世界级别的，但它也没有一个特别像样的会场，许多论坛都在小酒店的餐厅里举行，几乎所有会场的座位都不够，即便是开幕时的大会也一样。如果参会者来晚了，没有空位了，就得在会场外面慢慢等。只有里面有人离场，外面的人才可以进去。出来几个，进去几个，似乎大家都习惯这样了，感觉只有这样才是达沃斯论坛。虽然会场是这样拥挤、紧张，可当你需要某种服务时，他们的周到又会让你感到吃惊。如果你把存放大衣的地方忘记了，把存衣牌交给保安就可以了，他会带你找到它。

　　达沃斯看起来一切都是那么的随意，皑皑的白雪、迷人的阳光、起伏的山峦，可来这里开会并不是件轻松的事情。会议的日程表是一本厚厚的书，每一个题目的讨论都代表着当今世界对这个问题的最高认识水平。如果不事先做好准备，可能不知道应该去哪里开会，也可能听不懂大家在讨论什么。会议的每个专题都是经过精挑细选的，会议的组织者对每个专题都进行了深入的实地调研，

---

　　① 汤园林：《小镇达沃斯》，《科学大观园》2013 年第 3 期。

因此，每个主题和思想才那么引人入胜。①

成功举办世界经济论坛给达沃斯带来了世界级的"好名声"。而这个"好名声"又为达沃斯带来了一个又一个的国际性会议，让达沃斯成功发展起了国际会议经济。如今，每年在达沃斯举办的 300～1500 人规模的大型国际会议就有 50 多个，小型国际研讨会近 200 个。达沃斯全年 GDP 大约为 8 亿瑞士法郎，其中国际会议就贡献了 3 亿瑞士法郎。据估算，就在世界经济论坛举办的几天中，达沃斯就能获得 2000 多万瑞士法郎的收入。②

同时，世界经济论坛也进一步放大了达沃斯原有的"滑雪胜地"优势，使游客倍增。当地居民也把从论坛中赚到的钱继续投入酒店、餐饮等为旅游服务的软、硬件设施改善中。这些举措，又吸引了更多的游客慕名前来，更加刺激了当地旅游业的发展。现在，仅有 1.3 万居民的达沃斯，直接从事旅游服务业的就有 4000 多人。这里拥有包括 2 家五星级酒店在内的 75 家酒店、2.4 万张床位，每年都会接待来自世界各地的 230 多万名游客。③

为什么小镇的会议旅游具有这么大的吸引力呢？有人认为，首先是这里的环境优美、民风淳朴，与繁杂喧闹的城市形成了鲜明的对比，符合当今人们对回归自然的追求。另外，更为关键的是经过了多年的建设和发展，这里的会议设施齐全，服务周到。达沃斯会议中心始建于 1969 年，后来经过了几次扩建，形成了相对成熟的功能分区，也许这里的建筑装修不是那么豪华，但是它的会议设施是一流的。不管在这里召开什么类型、规模、级别的会议，主办者都不必另租配套的技术设备。因为这里的设施一应俱全，尤其是同声传译，能做到完美，不出现任何差错。在会议期间，这里的住宿、

---

① 宁高宁：《达沃斯》，《中国企业家》2008 年第 7 期。
② 悠远：《达沃斯：中国启航》，《经营者》2007 年第 19 期。
③ 王海：《达沃斯论坛为何情移中国》，《市场报》2007 年 8 月 31 日。

餐饮、娱乐、通信、交通等全都会提供高质、高效的服务。①

会议旅游可以说是个新兴市场。据统计，全世界每年在这个市场中产生的经济效益有 2800 亿美元。在达沃斯，会议被比喻成"面包"，人们开发会议旅游的意识非常强。迈克尔说，做会议旅游是门学问，会议旅游者的层次比较高，消费能力也非常强，能产生非常大的带动效应。再加上，如果参会者对达沃斯产生好感，下次他就会带着家人、朋友来这里度假，这是一种无形的广告，其中有巨大的潜力。②

二 "达沃斯论坛"的由来

达沃斯论坛，即世界经济论坛，是瑞士一个独立的非官方机构。其前身是 1971 年由现任论坛主席、瑞士日内瓦大学教授克劳斯·施瓦布创建的"欧洲管理论坛"。

1987 年，"欧洲管理论坛"更名为"世界经济论坛"。论坛年会每年 1 月底至 2 月初在达沃斯举行，为期一周。因为每年都在风光旖旎的达沃斯举行，故又称达沃斯论坛。论坛的参加者主要是各国的高层政治和经济界领导人、企业家以及著名专家，宗旨是探讨世界经济领域存在的问题并促进国际经济合作和交流。近年来，随着论坛的影响不断扩大及与会者层次的提高，达沃斯论坛被称为"非官方的国际经济最高级会谈"，并已成为世界各国政要、企业界人士研讨经济问题最重要的非官方聚会和进行私人会晤的场所。③

---

① 《"天堂"里的"面包"——达沃斯会议旅游一瞥》，《中国会展》2003年第 3 期。
② 周到：《博鳌：论坛成就度假胜地》，《旅游时代》2005 年第 3 期。
③ 万艳：《达沃斯，拯救力量寄予亚洲》，《中国经营报》2008 年 1 月28 日。

有人说，如果没有施瓦布提出的倡议，那些全球的顶尖人物仅仅是散兵游勇。正是因为有了他的经营，世界的精英们才会如此紧密地联系起来。若是按照既定的人生轨迹，施瓦布应该成为一名德国工程师，而不是论坛的组织者。1938 年，克劳斯·施瓦布出生在德国的拉芬斯堡，一个与瑞士接壤的偏远小城。这里曾经饱受战争的蹂躏，生活在这样的土地上，让年轻的施瓦布产生了强烈的社会责任感。他发誓要改变世界，避免发生人为的劫难。怀揣着这样的抱负，他在获得瑞士联邦高等技术工程学院工程学博士学位后，又在美国哈佛大学的肯尼迪学院拿到了机械工程学和经济学两个博士学位，并且还获得这个学校的公共管理学硕士学位。人生的转折由此开始。

　　1967 年，法国人让·雅克的《美国的挑战》道出了欧洲经济所面临的危机，面对状况，欧洲的企业家们除了诚惶诚恐之外，基本上是手足无措，不知道该怎么办才好。刚刚从哈佛大学毕业、血气方刚的施瓦布坐不住了，他认为欧洲的企业需要举行一次会晤，商讨应对策略。有了这个想法之后，他说干就干，从一个德国老板那里借了 5 万瑞士法郎，招聘了几个助手，在日内瓦的郊区租了一个很小的办公室，开始了论坛的筹备工作。他事后回忆说，为了借到这笔贷款，被迫签订了"卖身契"。如果事情搞砸的话，他要去那个公司打工还债。后来所发生的事情，大家都已经知道了，施瓦布取得了巨大的成功，在此过程中还收获了他的爱情。在他招聘的助手中，就有后来成为他妻子的希尔德女士。①

　　当时，他以经济学学者的身份向欧洲企业界发出倡议，获得了企业家们的共鸣。1971 年，首届欧洲经济管理论坛召开。地

---

① 蒋清扬：《"达沃斯之父"打造"经济联合国"》，《环球人物》2007 年第 18 期。

点之所以选在达沃斯，是因为施瓦布酷爱滑雪，他认为这里的条件非常不错。这次会议吸引了440多个欧洲公司的首席执行官来参加，32岁的他意外地从中赚取了2.5万美元，也就有了将希尔德娶回家的资金。当然，投资商们也非常愿意为这项活动提供资金支持。

后来，施瓦布发现，欧洲经济管理论坛之所以会吸引人，就在于它的非官方、非正式性质，许多不便在正式场合讨论的问题可以在这里协商，还可以不受政治立场的限制畅所欲言。不仅是欧洲，整个世界都需要这样一个开放的论坛。于是，施瓦布继续扩大论坛的规模和影响力。1987年，论坛正式更名为"世界经济论坛"（World Economic Fourm，简称WEF），并要把它打造成为一个商界、政界、学界和各界领袖开展全球性合作的平台。最初设想只是在这个平台上讨论经济问题。1973年，石油危机爆发后，达沃斯论坛的讨论范围就扩展到了政治、社会等综合性的全球问题上。这一转变使它有了一次巨大的飞跃，其后出现在达沃斯的大人物也越来越多。在这里，参会的人们可以在一个小小的咖啡区里，看到戴尔怀里抱着电脑急急忙忙地上楼，也可以看到"金融大鳄"索罗斯端着咖啡与其他人聊天，看到世界"竞争战略之父"——哈佛著名教授迈克尔·波特在电脑上查阅着他的日程，看到阿里巴巴的掌门人马云在与朋友飚着英语，谈笑风生，还有数不清的全球500强CEO穿梭其间。说不定在什么时候，就会看到一群记者和保安簇拥着某国元首走来。如今的达沃斯论坛成员囊括了世界前1000名的跨国公司、来自政府和重要国际组织的决策者、世界媒体最有影响的人物、各领域的顶尖专家以及代表性人物。施瓦布到底有什么样的魅力和方法，能够聚集全球那么多重量级的人物呢？对于这个问题，施瓦布给出的答案是："即使你已经很出名了，世界上仍然有很多人对你很重要，他有可能是印度总理、墨西哥外长、戴姆勒－奔驰集团总裁或者别的什么人。总之，出席达沃斯论坛的每一个人对其他人都是一种吸引力。"① 施瓦布就很巧妙地运用"大人物吸引大人物"的方法，轻而易举地实现了人际关系的网络效应——当你请到一位国家元首时，就会吸引到另外一个；当你说服一个顶级公司的CEO前来出席活动时，他的竞争对手也会紧随其后，想知道他到底在这里说了什么……施瓦布拥有了一本厚厚的全球大佬们的通讯录。这，就是人脉的力量。

1976 年，由于某些原因，石油、美元影响了世界经济。于是，施瓦布便邀请了 40 位阿拉伯世界的银行家、40 位欧洲的银行家以及 2000 多位工商界人士，在达沃斯共同协商建立多边金融协调体系，以稳定欧洲的金融市场。也就是从这一年开始，施瓦布把论坛变成了一个会员制的基金会。这个基金会的收入可不少，一般企业的年费为 1.25 万美元，银行会员则是 1.5 万美元，1000 个会员每年缴纳的会费至少为 1000 万美元。论坛成立了 40 多年，每年都会有新的发展，除了论坛本身的质量和影响之外，良好的商业运作模式也是保证其运转的有力手段。对会员资格，施瓦布的要求是：论坛成员公司必须是年营业额达 10 亿美元或资产达 10 亿美元的跨国公司，参加论坛活动的必须是董事长或总裁级的人物，并且是"必须在位"。②

从 1992 年起，论坛还设立了未来全球领袖组，就是每年从全球范围内，选出 10 名 45 岁以下的杰出企业家、政治家、学者和艺术家。1993 年，论坛还专门设立了全球成长性公司这一组织，以求发现世界上重要的一些创新公司。这些富有前瞻性的举措，可以认为是施瓦布让论坛保持活力的秘诀。

---

① 植万禄：《施瓦布坐拥全球权力股》，《北京青年报》2000 年 4 月 17 日。
② 王彦堂：《达沃斯论坛的前世今生》，《东北之窗》2007 年第 15 期。

生活中的施瓦布，保持着瑞士人传统的生活态度——富而不奢。他经常说自己不爱打扮，也不太喜欢名牌，人们经常会看到他穿着一套款式老旧，但非常整洁的双排扣黑色西服。虽然，每年的论坛都可以称得上是一次名流俱乐部聚会，但他本人很少参加晚宴或鸡尾酒会。除了在达沃斯，他基本上不做公开的演讲，用他自己的话来说是个"不合群的人"。尽管施瓦布已经有 80 岁了，但他一点都不服老。除了每年用 1/4 的时间运营论坛外，他还承担着众多的社会性工作：担任佩雷斯和平中心理事；当日内瓦大学的商业学教授、哈佛大学肯尼迪政府学院的访问学者、麻省理工学院和摩洛哥皇家艺术学院的访问学者；同时，他还是世界经济论坛每年发布的《全球竞争力报告》的主要作者和《世界联系》杂志的主编。1998 年，他和妻子创办了施瓦布基金会，用于支持全球社会企业家的工作。2004 年，他又创办了全球青年领袖论坛，汇聚了 1111 个致力于改善世界状况、来自各行各业的年轻人。前联合国秘书长安南曾有如下的评价："施瓦布和我在一定意义上做的都是组织全球会议的工作。我在联合国，他在瑞士达沃斯。达沃斯满足了人们需要新的世界的要求。"① 足见施瓦布所做的工作及其影响力了。

2017 年 1 月 17 日，习近平参加达沃斯论坛，发表主旨演讲时说道："达沃斯虽然只是阿尔卑斯山上的一个小镇，却是一个观察世界经济的重要窗口。大家从四面八方汇聚这里，各种思想碰撞出智慧的火花，以较少的投入获得了很高的产出。我看这个现象可以称作'施瓦布经济学'。"② 足见施瓦布、达沃斯小镇、世界经济论坛的影响力。

---

① 习近平主席在世界经济论坛 2017 年年会开幕式上的主旨演讲 http：//www. xinhuanet. com/politics/2017 - 01/18/c_ 1120331545. htm。
② 杜舟：《达沃斯论坛长盛不衰的秘密》，《IT 时代周刊》2011 年第 1 期。

三 达沃斯与中国

1979 年，中国开始参加达沃斯论坛年会。

2006 年 6 月 13 日，世界经济论坛在北京设立了其首家海外办事处，并将中国作为举办论坛新领军者年会的首选地。施瓦布认为，世界的未来并不仅取决于全球 500 强企业的影响力，新兴经济大国和成长型公司也会在未来扮演重要的角色。达沃斯夏季论坛的一个目标就是关注那些拥有成为世界 500 强企业潜力的公司，也就是当时的世界 501 强到 1000 强的企业。这些公司的入选条件有三个：一是年增长率超过 15%；二是年营业额在 1 亿美元到 20 亿美元；三是具有优异的经营模式和领导团队。当时，论坛"全球成长型公司共同体"的创始会员有 142 家，40% 来自亚洲，26% 来自欧洲，20% 来自美洲，14% 来自非洲和中东，而中国企业共有 28 家。达沃斯来到中国，不仅带来了一场强力的思想风暴，也给中国的成长型企业搭建了一个走向世界的广阔舞台。

2007 年初，施瓦布决定在中国常设一个夏季分论坛。这是除纽约分论坛外在瑞士外设立的第二个分论坛。在考察首届夏季年会承办城市时，施瓦布对海滨城市大连情有独钟，可能是它与滑雪胜地达沃斯形成强烈反差的缘故吧。9 月 4 日至 9 日，首届"从达沃斯到大连——新领军者年会"在大连举行，会议的主题是"变化中的力量平衡"。也就是从这一年起，达沃斯论坛一分为二，永久落户中国。这是世界对中国经济社会发展的认可，也显示了当时由于传统发达经济体增长动能下降，人们对新兴经济体的关注，也意味对新增长及新模式的探索。[1]

---

[1] 《历届新领军者年会回顾》，《中国经济导报》2015 年 9 月 8 日。

2008年，第二届夏季达沃斯于9月25日至27日在天津举行，主题是"下一轮增长的浪潮"。此次论坛对"走向全球"、"驾驭风险"、"未来增长的动力"、"科技与创新的下一轮浪潮"以及"中国：全球化的积极参与者"等主题进行了讨论。这届夏季达沃斯论坛是在次贷危机引发国际金融风暴后，全球财经巨头们的首次聚会，不但进一步探讨了影响全球的潜在危机，还逐渐形成了合作型的领导力。

2009年9月10日至12日，第三届夏季达沃斯在大连举行，主题是"重振增长"。在这届论坛上，中国元素备受关注。中国在应对国际金融危机中所发挥的支柱作用以及对世界经济复苏做出的重要贡献得到了一致的好评和充分肯定。同时，因为国际金融危机给亚洲经济带来了严重影响，各界开始重新思考亚洲经济发展模式所要进行的转变以及创新的必要性和途径。

2010年9月13日至15日，第四届夏季达沃斯论坛在天津举行，论坛的主题是"推动可持续增长"，重点探索"如何寻找和利用可持续的方法和手段推动经济的增长"。本次论坛充分发挥"世界经济风向标"作用，向世界传递积极信息，号召国际社会要通过协作与创新，努力促进变革，共同推动世界经济强劲、可持续和平衡增长。随着对创新本质认识的加深，广泛性的跨界合作成了与会者一致赞同的积极应对手段。

2011年9月14日至16日，第五届夏季达沃斯论坛在大连举行。本次达沃斯论坛主题是"专注增长质量，掌控经济格局"。论坛讨论了四大议题，分别是"迎接颠覆性创兴"、"探寻增长新领域"、"塑造新产业模式及政策"和"保持创业精神"。这些主题反映了论坛对增长质量的持续关注。在全球性金融危机爆发三年后，世界经济的发展处在了危急阶段，传统工业国正在试图摆脱失业、经济低迷的困扰，新兴经济体要与通胀、经济泡沫进行强力的抗争。施瓦布对这一复杂而充满变数的局面进行剖析时说，只有更加注重增长的质量，经济增长才是可持续的。共有来自90个国家和地区的1500名正式代表参加此次夏季达沃斯论坛。

2012年9月11日至13日，第六届夏季达沃斯论坛在天津举行，主题为"塑造未来经济"。三天内所有讨论围绕未来经济的发展模式展开，大多的落脚点是——中国经济走向何处？这届论坛在世界经济增长乏力、欧债危机跌宕起伏、全球金融持续动荡、国际贸易增速下滑的大背景下召开，各界都对中国及会谈的成果充满期待。无疑，在全球经济中占举足轻重地位的中国经济成了本次论坛的焦点。虽然中国的经济增速也有所放缓，但长期向好的趋势并没有改变。在全球经济增长的放缓期，中国正在准确把握改革时机，明确市场化改革的方向，持续释放出巨大的发展潜力。

2013年9月11日至13日，第七届夏季达沃斯论坛在大连举行，主题是"创新：势在必行"。在这次论坛上，议题聚焦在"改变行业生态系统、释放创新力量、打造社会抵御风险能力、连接不同市场"等方面。过去的一年，世界经济形势依然低迷，反弹乏力。然而，危机也往往孕育、催生了创新，只有通过创新，才能更好地推动经济复苏重回繁荣。这届论坛将"创新"作为主题，就是要强调通过创新来满足无限广阔的市场需求，推动新业态的出现，造就大量的新企业，提供众多的新岗位，最终促进经济的增长。

2014年9月10日至12日，第八届夏季达沃斯论坛在天津举行，主题是"推动创新创造价值"。经过了两年的调整，世界经济逐渐走出了危机，正处于修复的阶段，同时也是发展方式的转换阶段。此时，深层次结构矛盾仍然没有得到有效解决，还在阻碍着全球经济回暖的步伐。虽然世界充满着发展的希望，但也面临现实的问题。如何向创新要动力，坚定信心谋发展，是世界各国面临的共同难题。连续两届论坛都将"创新"作为关键词，是因为创新不仅是技术创新，还包括体制机制创新、管理创新、模式创新等各个方面。值得欣慰的是，中国正开启创新时代。①

2015 年 9 月 9 日至 11 日，第九届夏季达沃斯论坛在大连举行，主题是"描绘增长新蓝图"。这次论坛探讨了在科技创新背景下，影响世界和中国经济增长的新问题和关键问题。全球金融危机爆发以来，经济增长问题将世界各国紧紧联系在一起，发达经济体和新兴经济体同舟共济。回顾历史，在发生比较大的经济波动时，新兴市场国家曾表现出强劲的"免疫力"，不仅避免了全球经济大规模衰退，还帮助发达国家度过了一段"痛苦的时期"，为世界经济的发展做出了卓越的贡献。在新的时期，它们被寄予了厚望。②

2016 年 6 月 26 日至 28 日，第十届夏季达沃斯论坛在天津举行，主题是"第四次工业革命——转型的力量"。这次论坛主要围绕"第四次工业革命带来的变革、中国'十三五'规划对地区和全球的影响、技术与商业模式的突破和创新"等议题进行了广泛而深入的讨论。③ 它反映了当前国际社会希望通过转型促进经济复苏和增长的一致愿望。

2017 年 6 月 27 日至 29 日，第十一届夏季达沃斯论坛在大连举行，主题是"在第四次工业革命中实现包容性增长"。这

---

① 闫勤勤：《用好创新"金钥匙"》，《时事报告》2014 年第 10 期。
② 李想：《2015 年新领军者年会：经济增长是国际共同话题》，《中国经济导报》2015 年 9 月 8 日。
③ 《达沃斯论坛》，《台声》2016 年第 13 期。

次论坛围绕"推广以人为本的技术、引领持续再创造、创造可持续系统以及应对地缘经济变化"四个议题进行了上百场的讨论。全球化、包容性增长、工业革命与创新等成了讨论的热门话题。[1]

第二节　莎翁小镇——英国斯特拉福德

一　莎翁小镇简介

美国作家华盛顿·欧文在对英国进行实地考察后说:"外国人若欲对英国人的特性有一个正确认识,切不可将视野局限于都市。他需深入乡间,逗留于大小村庄;游览城堡、别墅、农房、村舍;漫步园林;沿树篱和青葱小道缓缓而行;流连于乡村教堂,参加教区节庆、定期集市等乡村节日,并与身份、习惯和性格各异者交往。"[2]

欧文可谓是一语中的。在英国人的脑子里,英国的灵魂在乡村,他们自己也经常说"英国就是乡村,乡村就是英国"。乡村,已经成了英国人的灵魂和血脉。英国人觉得,英格兰的乡村,以某种方式表现了这个国家所有"高贵"和"永恒"的东西。自己不属于所居住的城市,而是属于并不居住的乡村,真正的英国人应该是个乡下人。足见他们对乡村的重视和认可。他们更喜欢把乡村及其对乡村文明的享受,视为英国留给现代生活的遗产,而不是工业、城市及其产品。[3]

---

① 杨迅:《包容性增长创造美好未来》,《人民日报》2017年6月30日。
② 王晓雅:《从英国的田园风光到美国的特色小镇》,《决策探索》2013年第2期。
③ 张伟:《Hey Jude,Hey 伦敦》,《新民周刊》2012年第29期。

在英国的乡间游荡，随处可见保留着淳朴乡村特色的小镇。除了一些重要的工业中心和大都市之外，整个英国还保持着令人向往的田园风光。这些情景和一百年前众多画家、诗人作品中所描绘的没有太多的差别。① 斯特拉福德就是其中之一。

　　斯特拉福德镇的全名是"埃文河上的斯特拉福德镇"（Stratford－upon－Avon），位于英国中部伯明翰东南 45 公里处的沃里郡，距曼彻斯特 100 多公里，距伦敦大约 200 公里。美丽的埃文河横穿这个小镇，小镇的自然景观迷人，处处草木葱郁、鲜花盛开。这里的建筑大多是建于 16 世纪的木筋墙房子，古色古香，还有那一栋栋维多利亚式、哥特式建筑厚重又俏丽。伟大的剧作家、文学家威廉·莎士比亚诞生于此，并在这里度过了他的童年与晚年，最后也葬在了这里。镇上街道的格局，几百年来基本没发生什么变化，即使莎士比亚复活，他依然能找到从这里回家的路。

　　莎士比亚故居坐落在亨利街上，是一座典型的都铎式带小阁楼的两层木房，古朴典雅。木结构的房屋框架、旧旧的红色斜坡瓦顶、浅褐色的泥土外墙、凸出墙外的窗户和门廊使这座 16 世纪的老房子在周围的建筑中特别显眼。

　　一楼是厅堂、活动间和莎士比亚父亲的皮革工作坊，二楼是卧房、书房。走进这座房子，随处可见 16 世纪 70 年代的装饰，依然可以看到当时英格兰典型中产阶级家庭的生活缩影。小楼里陈设的物品和摆放位置，尽量按 400 多年前的样貌呈现，比如壁炉、床具、桌椅等，还有那扇面向小街推开的窗子——莎士比亚小时候在这里帮助家中的大人向外售卖杂货。莎士比亚的父亲是

---

① 廖素冰：《英国乡村风景游将成热门　乡村装着英国的灵魂》，《环境与生活》2015 年第 11 期。

做皮革手套和羊毛生意的，后来还从事非法借贷业务。他最初的生意很成功并做过镇上的地方官员。

上了二楼，就是莎士比亚所诞生的主卧室了，1564 年 4 月 23 日，莎士比亚的母亲就是在这里生下了他。这间卧室大约有 30 平方米，正下方是底楼的客厅。客厅里不少橡木地板呈现因常年使用而导致的塌陷状，据说这些是 400 多年前的原物。宽大的双人床上挂着绿褐相间的帐幔，床上是红、绿、白的组合。不过，这些东西大都是后来仿制的，屋里唯一一件莎士比亚用过的原物，就是一张摇篮。①

亨利街的两侧几乎全是与莎士比亚有关的书店、餐馆、酒吧和商店等，尤其商店里的商品，从书籍、画册、唱片到衣服、玩具，无不印上莎士比亚的头像，就连巧克力和茶叶盒上也有莎士比亚的名字。

沿着亨利街步行 1.5 公里，就可以看到一座有着高高烟囱的典型英国农舍。它是莎士比亚的妻子安妮·海瑟薇婚前的旧居（Anne Hathaway's Cottage）。他们的爱情细节如今已难以知晓，但这座坐落于绿树丛旁边的优雅山房，仍保持着当年的模样，墙壁上的装饰黑白相间，壁炉前的长椅也许就是当年莎士比亚和海瑟薇互诉衷肠的地方吧。屋子最大的特点在它的屋顶上——全部是用麦秆铺成的，因此屋内常年温度适宜。

再向前走一段路，就是斯特拉福德的圣三一教堂（Holy Trinity Church），这里既是莎士比亚出生受洗礼的地方，也是他的长眠之地。紧靠河边的教堂始建于 13 世纪，外表披一层深厚的苔藓。莎士比亚的墓就在教堂内，纪念碑是用汉白玉做成的方形高台，高可盈人，遗体就埋在高台之下。在他的墓碑上，刻了

---

① 王晓华:《莎士比亚故居纪行》,《当代小说》2006 年第 8 期。

这样几行字："看在耶稣的份上，朋友，切莫动底下这黄土！让我安息者上天保佑，移我尸骨者永受诅咒。"这个碑文，读起来像出自一个普通人之手。他的妻子安妮·海瑟薇（Anne Hathaway）、大女儿苏珊娜（Susannah Hall）、大女婿霍尔医生（John Hall）、外孙女的第一任丈夫托马斯·纳什（Thomas Nash）均安息在此。

位于小教堂街（Chapel Street）的纳什之屋和新坊（Nash's House & New Place），是莎士比亚购为退休养老的住宅；在旧城路（Old Town Road）的荷尔农庄（Hall's Croft），是莎士比亚大女儿苏珊娜和女婿霍尔的房子；玛丽雅顿的农舍（Mary Arden's House）离斯特拉福德镇五公里，它是莎翁母亲玛丽婚前的农舍。

事实上，有关莎士比亚的一切真相都给人扑朔迷离之感。甚至迄今无人能够确定莎士比亚到底是什么模样。现在流传的莎士比亚画像是由画家根据后人的描绘创作出来的。不过，翻看小镇教堂的受洗纪录簿，如今早已泛黄的白纸上确切地写着莎士比亚的名字。至少可以知道他何时受洗、何时结婚、何时入土安葬，还可知道他在遗嘱中捐赠给镇上穷人 10 英镑的事情。

英国人说，宁可失去英伦三岛也不能没有莎士比亚。现在，每年有约 50 万人从世界各地前来缅怀这位伟大的戏剧家，这对于只有 1.3 万人的小镇来说，是件十分骄傲的事情。尽管小镇每年要接待那么多的游客，但它没有被商业破坏，依然保持着自己所特有的那份宁静和厚重。也正因为此，它成了世界名人故居保护与商业开发相结合的典范。

走在小镇上，你会发现，这里的建筑风格相对统一，主要以莎士比亚生活的英国都铎王朝时期的风格为主。银行、快餐店、店铺等外墙体面或是修旧如旧，或是尽量保持与周围建筑的和谐，不产生冲突。故居附近的几条主要街道全部为步行道，不允许车辆通行，也许是害怕打扰到莎士比亚吧。即便是那些允许车辆行驶的街道，也与步行道差不多宽。小镇最高的建筑是教堂，其他建筑均在三层以下，营造出了以步行为主的悠闲氛围，非常适合漫步。①

二　小镇的开发与保护

目前，斯特拉福德小镇收入差不多完全依靠"莎士比亚经济"。莎士比亚诞生地基金会负责小镇五处与莎士比亚有关房产的管理与开发，实现文物古迹的维护与基础设施的更新，而小镇的街道景观、住房、庆典等其他方面则由斯特拉福德地区和镇两级议会管理。

在英国，历史建筑物的保护不是按行政层级划分成国家级或地方级文物保护单位和历史文化名城，而是根据保护的要求和范围被分为不同级别。不少小镇的建筑被列入国家级的英格兰遗产委员会保护名录。如果被列入了名录，那么这些建筑就绝对不允许拆除，即便是进行改造也有严格的限制。

对于那些未列入英格兰遗产委员会名录的建筑，则由区、镇两级议会管理。对这些建筑物的外立面风格有严格要求，建筑的拆除、改建也都需要经过批准。在建设特色小镇方面，英国始终注重整体性、原真性的保护，修葺具有历史文化价值的传统建筑，维护原有城镇的街道、民居建筑等具有地域特色的景观格局。他们甚至还立法规定，对于有 50 年以上历史的建筑禁止拆除，并由国家历史文物保护机构接管无人继承的传统建筑。斯特拉福德有份规划方案，详细规定了小镇建设的总体思路、建筑保护方案、资金来源等各方面情况。这份耗时 4 年制

---

① 桂涛：《英国如何建设莎翁小镇》，《经济参考报》2016 年 11 月 22 日。

定的方案，经地区议会批准后具有了法律效力，镇议会严格按照方案落实。①

成立于 1847 年的莎士比亚诞生地基金会是英国历史上最早由公众出资成立、购买古迹并独立运营的基金会之一。基金会独立运作，但地区议会、镇议会的负责人都是基金会的董事会成员，这样可以保证基金会在做出决定前，充分考量居民和政府的意见。莎士比亚相关建筑的维护主要靠基金会的筹资，其收入主要来自企业及私人的捐款和门票收入，还包括一些纪念品、餐饮收入等，英国政府不投入资金。

目前，这家基金会有近 200 名员工以及 70 多名志愿者，多为文物保护、展出设计、市场运营方面的专业人士，70% 的工作岗位与古迹对外开放运营有关。基金会还设立了研究室、公共关系等诸多部门，在学术上对莎士比亚作品进行整理和推荐。他们还与世界各地研究莎士比亚的大学、学会保持密切联系。②

在英国，以信托基金的形式对莎士比亚相关建筑进行管理是历史惯例。事实证明，由一个独立的慈善机构管理，可以实现建筑维护资金自筹，同时避免过度商业开发。基金会并不以赚钱为目的，所有收入都投入古迹维护和文物收集上，如果有剩余也进行商业投资运作，收益最终也用于古迹保护，整个过程受英国慈善委员会监督。

作为信托制度的发源国，英国大多数景点由与莎士比亚诞生地基金会类似的信托基金会管理。政府通过建议等方式有限参与景点的保护，不干涉资金运营，通过财税调节、规划督导、制定

---

① 范颖华：《名人特色小镇，新业态期待引进新动力》，《中国企业报》2017 年 6 月 13 日。
② 王哲：《保护名人故居的国外经验和国内尴尬》，《中国报道》2013 年第 12 期。

政策等行政手段对城镇建设的规模和发展方向进行宏观调控，调动公众及社会团体的参与热情。

小镇环境景观的规划设计不只是物质景观的建造过程，还包括非物质文化景观的创造。不论是斯特拉福德镇议会还是基金会都表示，他们对小镇的建设管理理念是：充分展示莎士比亚在小镇"从摇篮到坟墓"的一生，让全镇（而非只有景点内）成为展示莎士比亚文化的舞台，让游客在这里和自己的文学偶像进行心灵对话，增进情感交流，从走马观花的"旅"向互动交流的"游"提升。

在小镇里，游客可以选择自己喜爱的莎剧台词段落，欣赏身着都铎时代服饰的专业剧团演员的表演，也可以参加小规模的徒步旅行团，去莎士比亚在小镇上常去的地点，了解一个都铎时期普通市民的日常生活。

莎士比亚诞生地基金会在景点建设之外，还致力于传播莎士比亚文化，在全球培养莎士比亚的粉丝群和小镇潜在的"朝圣者"。基金会借助网络平台等多种手段，进行电影放映、戏剧展示，组织莎剧表演、竞赛等活动。例如，他们组织了"60分钟60个问题，与莎士比亚在一起"的活动，邀请了查尔斯、威廉王子等60位知名人士，让他们每人谈论莎士比亚一分钟。然后上传到网络，与众多网友进行互动。[1]

此外，基金会还通过与中国、西班牙、巴基斯坦等国合作，在英国以外举办莎士比亚与汤显祖、塞万提斯等名人的纪念活动，建立莎士比亚与当地的联系，推动全球视野下莎士比亚文化的挖掘。中国的乌镇也举办了戏剧节，纪念汤显祖和莎士比亚两位世界级的戏剧大师。

---

① 李超：《世界文豪故居保护启示录》，《中国艺术报》2014年1月24日。

三 英国古建筑的保护经验

在工业化国家，城市建设和古建筑保护之间存在矛盾是一个普遍问题，英国也概莫能外。据英国古建筑保护组织乔治亚集团主任贝杰瑞的介绍，英国在工业化期间，古建筑的保护工作并没有得到重视，到了第二次世界大战之后情况才有所改观。据相关资料显示，在此期间，大约有 1/6 的乡村别墅遭到了破坏，近2/3 的古建筑被夷为平地，被新建项目替代。其中，利物浦的古建筑被毁得最为严重。当时，英国各地都是大工地，放眼望去，到处是塔吊和脚手架。

即便是在第二次世界大战结束之后，许多地方的情况也没有得到很好的改善。出版于 20 世纪 70 年代的《乡村别墅的破坏》一书把英格兰被拆毁古建筑的图片和历史资料详细记载了下来。人们在谴责野蛮拆除古建筑行为的同时，也在强烈地呼吁全社会对该问题进行关注，提议要对古建筑进行妥善保护，立即停止并制止拆毁乡间的古楼、宅院和城堡式建筑。历经沧桑的古建筑是岁月的记录者，也是历史的见证者。虽然，利物浦的城市历史有八百余年，但是大量古建筑的消失，让这个原本具有深厚文化底蕴的城市失去了光彩。直到 2003 年，它才借着"欧洲文化之都"的顺风车找回了人气。

最近几十年，英国认识到了问题的严重性，逐渐加大对古建筑的保护力度。20 世纪 80 年代，英国政府设立了英格兰遗产办公室，专门负责对全国范围内的古建筑进行系统的调查、登记和保护工作。同时，还制定了相关法律，为古建筑保护提供法律保障。目前，英格兰遗产办公室大约有 2000 名工作人员，遗产地的专家和管理人员与各级机构工作人员各占一半。全国范围内被列入国家级重点保护的古建筑、历史遗迹共约 50 万处，大到皇官、古堡、教堂，小到草屋、拱门、电话亭，甚至电线杆也囊括在内。①

在专业机构的指导与管理下，认定和审批工作非常严谨地进行着。首先要由拥有者申报。对于任何建筑，只要有人认为其有独到之处，就可以申报。经过专门机构审核、批准后，拥有者便可以向政府申请拨款，对古建筑进行修缮和维护。列入国家重点保护的古建筑按照价值可以分为三个等级，第一等级只占总数的4%左右。如果拥有者不愿意在古建筑的保护和修复方面费心，不想去管这些事情，那么就可以让英格兰遗产办公室专门派人来做具体的工作。如果涉及了古建筑的搬迁、改建工作，办公室花费的心血会更多。伦敦希思罗机场的扩建工程因为古建筑的保护问题引发了争议。结果，独立调查人举行了长达五年的听证会，才最终解决了这个问题。

英国人说，这里不能破坏古建筑，要想发展请到别处去。英国人非常喜欢在古建筑里生活和工作，也非常珍视设计精湛、古朴高雅的古建筑。英格兰遗产办公室所在的大楼就是一座被认定为文化遗产的古建筑。这座建筑的外表保留了维多利亚时期的精美雕刻和鲜艳色彩，但为了适应现代办公的需求，对其内部进行了相应的改造。不要小瞧了这座古建筑，它可是伦敦黄金地段的高档写字楼。

除了官方机构之外，民间组织也在古建筑保护中发挥了积极作用。比如，英国古建筑保护协会就是一个拥有上百年历史的志愿者组织。它的成立是为了抵制维多利亚时代的建筑师对中世纪建筑所进行的极具破坏性的重建。后来，它也随着时代的发展在

---

① 任立：《英国官民不惜血本 保护古建筑50万处》，《中国文化报》2013年4月18日。

不断地扩大对古建筑的关注范围。如今，它已成为英国规模最大、历史最悠久、专业性最强的"压力集团"了。也正是因为它的存在，许多古建筑免遭衰落、拆毁、破坏的命运。现在，协会不仅对城市规划部门有建议权，还对其起着强大的监督、约束作用。

英国在古建筑保护上不惜成本的程度令人惊叹。在英格兰和威尔士的500多个古建筑保护区，在保护区内不但要对古建筑进行保护，也要对周围的环境加以保护。因为，如果环境被破坏了，古建筑被现代建筑环绕，就会让古建筑失去了自身的韵味，大大降低了美感和意义。①

除了肯花时间和精力之外，为了保护古建筑，英国人也不惜成本。英格兰东北部的纽卡斯尔有一座现代艺术博物馆，是由面粉厂改建而成的。为了保留墙体上"波罗的面粉厂"几个大字，他们竟然花费了7500万英镑。这个举动只是为了纪念该厂在第二次工业革命时期对当地经济所做出的贡献。如果将这个工厂推倒，然后进行恢复性重建的话，则只需花费3500万英镑。为了保持历史的原汁原味，他们宁愿花大价钱。

这些案例听起来可能有些偏执，但真实地反映了英国人保护古建筑所秉持的理念。英国古建筑保护协会的创始人威廉·莫里斯曾经说过："这些古建筑绝不仅仅属于我们自己，它们曾经属于我们的祖先，未来将属于我们的子孙。从任何意义上来说，它们都不是我们可以任意处置的对象。我们只不过是后代的托管人而已。"②

---

① 沈洁：《城市景观的文化"置换"研究》，南京林业大学硕士论文，2007。
② 王云鸥：《从昆明文明街看古建筑的保护》，《云南科技管理》2009年第6期。

第三节 浪漫小镇——法国艾克斯

一 艾克斯简介

说起艾克斯（Aix – en – Provence），知道的人也许不多，要是说起普罗旺斯，几乎没有人不对之产生憧憬和向往。艾克斯是普罗旺斯的前首府，罗旺斯伯爵领地的都城。早在罗马时期，这里就是帝国的北部重镇，抵御北方高卢人入侵的前沿阵地。这座古城距离著名的蔚蓝海岸仅35公里，拥有漂亮的林荫大道和喷泉，可能是普罗旺斯地区最有"都会"意味的城市了。清新、浪漫的优雅氛围，细腻、饱满的艺术气息，吸引了世界各地的文人雅士和游客前来一睹它的容颜。在这里，大约600年前就有了大学和高等法院。整座城市分为南北两块，总人口不到15万，却有几十所大学和教育机构，学生的数量超过了10万人。①

这座小巧雅致的古城，有"千泉之乡"的美誉，市区内有上百处喷泉。公元前122年，罗马将军发现这里有许多天然、纯净的泉水，并且发现这些泉水还能治病，于是，这座城市也被称为"水城"。"艾克斯"就是由拉丁文的"水"演变而来的，也有人说这是普罗旺斯地区最好的地方。亮丽的美人都有清澈的双眸，也许那遍布大街小巷的泉就是它深情的眼吧。与拥有少妇般风情的巴黎不同，艾克斯更像是清纯的少女，那清澈的泉水更让她显得活泼、灵动。泉的分布也像一条项链和洒落其周围的珍珠一样，更加衬托出这个小城的高贵和美丽。

在艾克斯，有一条全法国最漂亮的林荫大道，被称为米拉波

---

① 周天意：《普罗旺斯——法兰西的花园》，《绿化与生活》2008年第2期。

林荫大道（Le Cours Mirabeau）。它建于 17 世纪，是在一段中世纪城墙的基础上修建的。它的起点和终点都是著名的喷泉——狮子喷泉和雷恩国王喷泉，它全长只有 500 米，却是全市的焦点和中心。大道东西走向，将艾克斯分成了南北两个部分。南部的街道整齐划一，直线直角；北部的则是弯弯曲曲，错综复杂。喷泉与林荫大道是艾克斯的象征，当地人建造喷泉的目的，除了作为地标之外，还发挥着强烈的带入作用。当人们沿着林荫大道漫步时，潺潺的水声很容易让你进入宁静的状态。大道的两旁是咖啡店、商店和书店，形成了另一道风景线。人们惬意地坐在街边的咖啡座上，午后的阳光暖暖地照在身上，有意无意地看着街上的行人，时不时地有时尚的法国女郎走过，于是目光齐刷刷地转过去，目送着女郎消失在大道的尽头。也许，这就是艾克斯人的生活。[①]

　　街道的两旁，那些古老的建筑，散发着浓浓的巴洛克气息，高大阔气是它们的典型特征，每个楼的高度与现代建筑差不了多少，仿佛许多年前就是这个标准一样，顺着巨大的转梯，可以直达屋顶。硬木的扶手，华丽的铁艺，透露着几分高贵和典雅。最让人惊叹的是这里的门，每一扇都是一件艺术精品，雕刻细腻，无与伦比。门头多雕拟人化的神的头像，悬在拱门或方门的上方。这些石雕面部刻画细致入微，表情丰富。有俊美的少年，有庄严的武士，有纯美的女神，有迷人的少女，也有小丑顽童，或哭或笑或惊或静，各个不同。不愧为人像艺术的博物馆。

　　艾克斯的市中心是高耸的圣·让玛勒特教堂，在它的旁边有一座不太引人注意的米黄色建筑，那就是葛哈内博物馆，被认为

---

　　① 文航：《爱克斯——秀丽隽永的普罗旺斯小城》，《城市开发》2004 年第 4 期。

是法国南方最重要的艺术博物馆之一。它原是马耳他骑士团的祈祷堂，始建于 1670 年。在 1828 年被改建为一所美术学校。后来，画家葛哈内将自己的作品和藏品全部捐献于此，于是它就有了现在的名称。随后，18 世纪、19 世纪艾克斯有权势的家庭，将他们收藏的大量艺术品也都放在了这里。①

市政厅是原伯爵的府邸，说它是市政厅不如说是座博物馆。这里进入与办事是全面免费的，市民可以自由且免费出入办理各项政事公证、职介、申请，连结婚证都免费办理，甚至可以和市长聊天，提出建议和意见。议政厅的墙壁上挂满了油画，它们都是几百年前的作品，件件是古董。在走廊里，摆放着许多巴洛克式的雕塑，处处都能看到文艺复兴的影子。

著名的印象派画家塞尚 1839 年出生于此。他在现代美术史上具有很高的地位，被称为"现代艺术之父"。为了纪念他，小城专门用他的名字保罗·塞尚为一条街命名，这条大街的 9 号就是他生前的画室。在维克多亚山旧采石场的山腰上，有一座黄赭色的老石宅，那就是多次在他画布上出现的"黑堡"。市内的许多美术馆以及塞尚故居、画室中都收藏有他的珍贵画作。塞尚的艺术作品，增添了艾克斯小城迷人的艺术气息，也使这里成了各地学子心目中的艺术殿堂和世界知名的大学城。

赶上周末，法院广场是最热闹的地方，市民和游客从四面八方涌向市中心，来赶每周六的大集。农民带着自家的土特产来到这里，希望卖个好价钱；城里的人带着家中的旧货和自己的绝活，也会颇有收获。这里的居民很少购置新的家具，都来这里淘旧货，在他们眼里，经过历史沉淀的才是珍贵的。

---

① 罗晓磊：《普罗旺斯之旅——法国水城艾克斯》，《航空港》2010 年第 12 期。

艾克斯只是普罗旺斯地区的一个小城，也许还不是最有特点的城市，它的优势多半是受益于政治中心的地位。也许，走出小城，在普罗旺斯地区进行漫无目的的游荡，更会让你感到陶醉。

二 迷人的普罗旺斯

普罗旺斯（Provence），简称 PACA，全称普罗旺斯 – 阿尔卑斯 – 蓝色海岸（Provence – Alpes – Côte d'Azur），原为罗马帝国的一个行省，现为法国东南部的一个地区，毗邻地中海，和意大利接壤，是从地中海沿岸延伸到内陆的丘陵地带。从阿尔卑斯山经里昂南流的罗讷河（Rhone），在普罗旺斯附近分为两大支流，然后注入地中海。①

普罗旺斯在罗马时期，被称为"帝国的外省（Provence Gallia Narbonensis）"。现称"Provence"就是那个年代流传下来的，外省包含边缘的意思。普罗旺斯是罗马在公元前 212 年至前 125 年打败许多外族后建立的属土。普罗旺斯地域范围变化很大，古罗马时期普罗旺斯行省北至阿尔卑斯山，南抵比利牛斯山脉，包括整个法国南部。18 世纪末法国大革命时，普罗旺斯成为五个行政省份之一。到了 20 世纪 60 年代，法国被重新划分为 22 个大区，普罗旺斯就是其中之一。

普罗旺斯是欧洲的"骑士之城"，自然也就成了中世纪重要文学体裁——骑士抒情诗的发源地。这类诗歌产生于法国南部地区，并由行吟诗人用普罗旺斯的方言创作和演唱。它们主要表现骑士的爱情和观念。骑士的爱冲破了中世纪观念的禁锢，宣传爱情至上。普罗旺斯历尽沧桑的古迹、赏心悦目的风光、风情万种的植物和丰富多样的气候更增加了浪漫气息。普罗旺斯的薰衣草

---

① 《薰衣草故乡——普罗旺斯》，《时代青年》2017 年第 3 期。

花田更是难得的美景，所以，这里也被称为薰衣草的故乡。这里有风光如画的滨海城市马赛、戛纳、圣特洛佩兹，也有艾克斯（Aix）、尼姆（Nimes）、阿维尼翁（Avignon）、阿尔勒（Arles）、奥朗日（Orange）等散发古罗马气息的悠悠古城，吕贝隆（Luberon）山区和施米雅那山区（Simiane - la - Rotonde）寂静的峡谷、苍凉的古堡和蜿蜒的山脉令人神往、让人倾倒。据传说，这块备受恩宠的土地，是上帝用开天辟地剩下的精华为自己创造的伊甸园。① 普罗旺斯有 100 多个美丽乡村小镇。这些小镇朴实而美丽，相似又各异。

普罗旺斯也是著名的"艺术之城"。塞尚、梵高、莫奈、毕加索、夏卡尔等人均在普罗旺斯达到了艺术的新高度，蔚蓝海岸的享乐主义风气，也吸引了美国作家费兹杰罗、英国作家劳伦斯、科学家赫胥黎、德国诗人尼采等人前来，当然，还包括将普罗旺斯推向巅峰的彼得·梅尔。彼得·梅尔写了《山居岁月》《普罗旺斯这一年》《重返普罗旺斯》《永远的普罗旺斯》等一系列描写普罗旺斯地区人物风情和生活艺术的书籍，特别是他对这一地区风光、环境、气氛、细节的描述和渲染，成为来自各国的游客来普罗旺斯寻找远离现代、远离现实的生活经历的理由。② 所以说，普罗旺斯广为人知也就是近二三十年的事情。

在梅尔的笔下"普罗旺斯"已不再是一个单纯的地域名称，而是代表了一种简单无忧、轻松慵懒的生活方式，一种"宠辱不惊，闲看庭前花开花落，去留无意，漫随天外云卷云舒"的闲适意境。如果旅行是为了摆脱生活的桎梏，普罗旺斯会让你忘掉一切。罗曼·罗兰曾说过："法国人之所以浪漫，是因为它有

---

① 刘念雄：《普罗旺斯——古罗马荣光的见证》，《城市建筑》2006 年第 10 期。
② 何农：《普罗旺斯：因文化而长久》，《光明日报》2004 年 6 月 11 日。

普罗旺斯。"可见普罗旺斯在法国的地位。现在,该地区每年接待游客约 3500 万人,是法国接待本国游客最多的地区,接待外国游客的数量排在巴黎之后,稳居第二位。①

普罗旺斯地区属地中海气候,夏季干燥,冬季温和,每年日照达到 3000 小时以上。山区气候特点是冬季漫长、多雪,夏天炎热、多雷雨;山谷的阴面和阳面存在着明显的差异,并根据地形、地势拥有各种小气候。夏季通常为 7 月到 9 月,白天气温一般都在 30 度以上。冬季通常为 12 月到来年 2 月,气温在 10 ~ 15度。尽管普罗旺斯南北气候有所差异,但总体上来说常年适合旅游,尤其是春夏秋三季。普罗旺斯冬季的风非常著名,尤其是冬季从阿尔卑斯山脉吹来的风,顺着罗讷河山谷畅通无阻,有时风速甚至可以达到每小时 100 公里。

三 普罗旺斯的三宝

有人说,阳光、葡萄酒与薰衣草是普罗旺斯的三宝。环着地中海的普罗旺斯海岸,被称为里维耶拉(Riviera),诗人们用"蔚蓝海岸"的名字赞美它。这里是法国全年日照量最大、阳光最为充沛的地方。从 18 世纪开始,这里就是王公贵族、富贾名流的度假胜地。当法国的北方被厚重的冰雪覆盖时,他们就像候鸟一样飞向南方,来到这里享受温暖的阳光和沙滩。也因为他们的到来,蔚蓝海岸多了一分奢靡和浮华。至今,普罗旺斯海岸依然保持着这种风气。②

薰衣草,英文名 Lavender,在拉丁文中的意思为"洗涤",花语为"等待爱情"。它最早被发现于法国的南部和意大利的地

---

① 郑宾:《说不尽的普罗旺斯》,《科学生活》2007 年第 6 期。
② 冯雁军:《薰衣草之乡》,《世界文化》2007 年第 2 期。

中海沿岸，后来，在英国、法国和南斯拉夫被广泛种植，以法国普罗旺斯最为著名。薰衣草属唇形科芳香植物，具有洁净身心的功效。在古代，希腊人用它治疗咳嗽，罗马人则用它来泡澡和清洁伤口。中古时期，它则被用来放在衣橱里驱虫，素有"芳香药草之后"的美誉。

传说，在普罗旺斯有一个名叫香阁娜的少女。有一天，她独自到山中采摘鲜花，遇到了一位逃难到此、身负重伤的英俊少年。刚一见面，他们就被对方的魅力吸引。于是，香阁娜就冒着危险把受伤的少年带回了家。并且，她不顾家人的反对，坚持为他疗伤，并日夜在床侧进行精心照顾。经过一段时间的接触，两人的心紧紧地贴在了一起，到了难舍难分的程度。可是，少年痊愈之后必须马上回到战场，还有重要的任务等着他。于是，香阁娜就决定随少年到一片开满玫瑰花的地方告别，在那里表白自己的心意。尽管家人很反对她这样做，但她已经暗暗下定了决心。在她临走时，村中的老人给了她一束薰衣草，让她用这束薰衣草来试探少年的心。传说，薰衣草的香气能够让不洁之物现形。于是，在走出村口时，香阁娜便将这束薰衣草丢掷在青年身上。没想到，青年却随着一缕紫色的轻烟慢慢消散了！没过多久，香阁娜也不见了踪影，只留下一句"其实我就是你想远行的心"。有人认为，香阁娜与她心爱的少年一起消失在了山谷中；也有人说，她是随着玫瑰的花香去寻找她的心上人了。

薰衣草的花期一般为 6 月到 8 月，如果怀着能看到一片片的薰衣草田的想法到普罗旺斯，可能会让你感到失望。因为，大片的薰衣草田多在深山中，离海岸线还是有段距离。吕贝隆山区 Sault 修道院的花田算是本地区最著名的薰衣草观赏地了。据说，这个修道院修建于 12 世纪，修道士们在门前的空地上栽种了一大片薰衣草，色彩缤纷，甚是好看。所以，这里也被认为是全法国最美丽的山谷之一。将普罗旺斯扮靓的除了薰衣草之外，还有开满山野的向日葵。一年中，薰衣草的花期是固定的，但普罗旺斯的美存在于每一个季节，存在于每一个角落。如果很不幸错过了薰衣草花期，也不要太失望，当地人会用莫泊桑的经典名言来安慰你：薰衣草只是普罗旺斯美丽的衣衫，葡萄酒才是普罗旺斯的血液。①

在普罗旺斯，葡萄酒与薰衣草就像是一对双胞胎，血脉相连，彼此相应。法国马尔罗有一句诗：美丽的薰衣草田，那是葡萄的襁褓。普罗旺斯是法国葡萄酒的原产地，其中 20% 为高级和顶级酒种。地中海沿岸的阳光比较充足，普罗旺斯葡萄的含糖量比较高，使得这里的酒精度要比法国北部的酒高出两度，略带橙黄色的干桃红酒可能是本地最具特色的葡萄酒。葡萄酒旅游已经成了当地旅游的重要内容。它不但可以使葡萄园增值，还可以使游客了解当地的葡萄酒文化——葡萄树、葡萄酒和一切有关葡萄酒酿造的文化。在这里，你可以品酒、参观酒窖和酿酒厂，在葡萄园中漫步，还可以与酒农聊天、在酒家小住，参加各种各样的活动，每个酒农都会毫无保留地将一个个小秘密与你分享。

普罗旺斯的出名，还因为这里是许多全球性大型庆典的举办地。其中，最为著名的要数一年一度的戛纳电影节了。在戛纳国际电影节上，每年都用它的金棕榈奖励那些富有创意的电影作家和观点独特的影评家。每次电影节大约要持续半个月，是影迷们同他们喜欢的影星真正面对面的绝好机会，也是提前享受该年度大片的精彩时刻。同时，戛纳红毯也成了演员、导演们宣传自己的最佳场合。

在普罗旺斯，时光仿佛停止了步伐，许多事物依然保持着原

---

① 黄娟：《普罗旺斯的芬芳》，《今日工程机械》2009 年第 3 期。

来的模样，几乎没有什么变化，更不要说发展了。也许，正是这份对传统的坚守以及与自然的亲近，才让普罗旺斯比单纯的经济发展得到了更多。普罗旺斯人很清楚地认识到，迷人的风光和热烈明亮的阳光是上帝恩赐的，众多的古迹是先人留下的，这一切不仅属于自己，还属于子孙们，自己可以使用，但更要做的是保护好它们。所以，对于普罗旺斯人来说，保护历史、文化的痕迹，不仅是"不拆旧的建筑"、保护古迹本身；更为重要的是"不建新的建筑"、保护已经形成的氛围。它们可以"旧瓶装新酒"，根据现实的需要对内部的设施进行改善，但绝对不能对外观进行改造。最好的是对内外部都不改变，保持原样，一动不动。

在普罗旺斯地区，有许多老城，依然完好地保存着属于罗马时期的遗址：竞技场、剧场、公共浴室、陵园等。特别是那些剧场、斗牛竞技场并不是摆在那里仅供人们参观，而是在为现代人使用，仍然发挥着本来的功能，是人们生活中的一部分。在拉克斯特小村的山顶上有个建于罗马时代的小剧场，现在还经常承办露天音乐会。奥拜德老村是个仅有 30 户居民的小村子，山坡上有座 12 世纪的教堂，整个村落及周围基本上无一新建筑。即便是老建筑进行翻新、改建，也有非常严格的程序，不管做什么样的翻修，都要保持外表和其他古建筑无区别，否则就不要动。一个邮筒，一家咖啡馆，一家兼卖明信片、小工艺品的餐厅，就构成了"市中心"。世纪的变迁，好像未给当地人的生活带来什么变化。如果不是驶在公路上汽车的提醒，还真会以为这里的人们仍然生活在中世纪。

对于现代社会来说，平和、幽静的生活氛围是奢侈品，但在普罗旺斯，却是俯拾皆是，抬眼可见。虽然，这些小村子离法国最前卫、奢华的明星城市尼斯以及以闪光灯、红毯为标志的戛纳只有百十公里。但那爵士乐的喧嚣、赌场里角子机的转动声丝毫不会对它们产生影响。那些喧闹的东西，就像浓密的橄榄树隔绝炊烟一样，被隔绝在了千里之外。这些古朴的居民从不倾慕，也不追随所谓现代、时髦的生活方式，他们恪守、保护着祖先留下的文化遗产。他们从未感到精神世界的苍凉，反而认为生活多姿多彩。他们世世代代走在铺满石子的老路上，村口梧桐树下的林荫空地上，永远有村民们坐在石桌旁，要么是边喝普罗旺斯特产的桃红葡萄酒边看报纸，要么是没完没了地用土语聊天。有的小村子，甚至还保持从古井汲水喝的传统，他们说那些水很甜，而且还是免费的。他们还会用鲜花和植物把村子打扮得漂漂亮亮的，那不是出于绿化、美化的要求，而是发自内心的对美的追求。

　　普罗旺斯人也并不会因为承受了太多大自然的恩赐而不思进取，坐享其成。他们在珍视和继承固有财富的同时，更愿意去弘扬、丰富它的意义。一项古老而传统的艺术形式，如果运用现代科技手段进行改进创作的话，可能效果会更好。但普罗旺斯人，却不舍得丢弃千百年来的传统。比如，他们把彩色泥人称为"小圣人"，随处可见泥人作品、泥人制作车间和泥人展览馆，多少年过去了，制作的方式和手法一点儿都没有变。流传已久的斗牛表演，依然是当地最为惊心动魄的演出。斗牛士穿着传统服装，神采奕奕；长着双角、黝黑的公牛壮实勇猛。普罗旺斯花卉集市、植物药材集市、地方特色食品集市也是很有趣的。还有很多地方节日，如每年八月都会在笛纳温泉镇举办四天的"薰衣草收获节"，最后一天是收获节的高潮，全镇居民都会参加盛大的花车游行。他们被分成了许多队伍，由一辆沿途喷洒薰衣草水的花车引导。用薰衣草装饰的花车，伴着音乐和男女老少的歌舞表演穿街而行。当地居民身着色彩艳丽的传统服装，妇女们头戴镶着蕾丝花边的白色小帽，一路载歌载舞，小镇处处飘散着薰衣草的醇香气息。看到过普罗旺斯的民间艺术品、参加过普罗旺斯民间节日和艺术表演的人，都能强烈地感受到普罗旺斯人对本民族文化和民间艺术形式的热爱。每件艺术品中都蕴涵着他们的民族精神，表现出他们对家乡土地的依恋与虔诚。他们懂得自己民间艺术的精神意义与价值美感所在，他们也把每件民间艺术品、每种民间艺术形式，作为普罗旺斯精神和普罗旺斯人情感世界的最佳载体。①

第四节　阳光之城——德国弗莱堡

一　弗莱堡简介

弗莱堡（Freiburgim Breisgau）有句话，说世界上有两种人：一种是住在弗莱堡的人，另一种是想住在弗莱堡的人。②

弗莱堡隶属于德国巴登 – 符腾堡州布赖施高郡，面积 153 平方公里，人口 20 多万。"弗莱堡"在德语中有"自由城堡"的意思。它位于德国的西南边陲，靠近法国的阿尔萨斯州和瑞士的巴塞尔。由于特殊的地理位置，它发展成了一个商贸重镇。1120年，泽林根公爵看中了这个地方，在城市东北角的山上建起城堡，建立起了这座都市。

14 世纪中叶，弗莱堡开始接受哈布斯堡王朝的庇护。15 世纪之后，在德国皇帝弗利德里克三世与其儿子马克西米利安统治

---

① 阿三：《法国人之所以浪漫是因为有普罗旺斯》，《西部广播电视》2008年第 3 期。
② 老迟：《梦想中的小城生活　在弗莱堡邂逅传说》，《旅游纵览》2013 年第 3 期。

时期，弗莱堡逐渐成为钢铁和盐的交易中心。16 世纪初，弗莱堡城进行了一系列激进的法律改革，因抵制德国宗教改革而成为上莱茵地区天主教的中心。接下来的 300 多年中，战争与冲突、动荡与变迁陆续在它身上发生，曾先后归属奥地利、法国、瑞典、西班牙和德意志邦联。第二次世界大战期间，城市遭受了德军和盟军的两次炸毁，市中心绝大部分建筑被夷为平地，唯有大教堂幸免于难。1945 年，被法军占领，直到 1991 年才完全摆脱法国的军事控制。

弗莱堡是一座需要用心仔细品读的城市，不能"走马观花"，匆匆而过。要想发现它的美，最好的办法就是用脚步丈量，碎石子铺满了大街小巷，两侧的建筑色彩斑斓，好像童话书里所描写的情景一样。那令人陶醉的花香穿过了街巷，飘过了窄窄的清澈水渠，留下的细碎花瓣也被融化在空气里了，弥漫在灿烂的阳光下，手指触碰到的地方，似乎都沾染了花的香气。无论是从高处俯瞰，还是在街中漫步，弗莱堡都像是一幅油彩未干的油画。如果说世上真有童话的话，那应该是从清晨被第一缕阳光照醒的弗莱堡开始的。

弗莱堡的市中心仍然保留着早期的城市结构，位于马丁门（Martintor）和施瓦本门（Schwabentor）之内，散发着那种质朴的古色古香。马丁门建于 1210 年，1900 年它由原来的 21 米被加高成现在的 63 米。施瓦本门建于 1250 年，原高 26 米，1900 年后也被加高。鹅卵石铺成的人行道多姿多彩，上面的各种图案华美、实用，"面包圈"的后面是面包店，"剪子"的后面则是裁缝店。在这座城市里没有高楼大厦，也没有立交桥和地下通道，但几乎所有的建筑，不管是办公场所还是住宅，阳台上都摆着美丽的鲜花。悠闲的有轨电车映衬出了这座城市的从容与淡定，偶尔从其前面穿过的行人，也并没有引发急促的鸣笛声，而是那悦耳清脆的铃铛响声在发出提醒，为这座城市增添了几分美感。①

随处可见的人工街溪（Bchle）是弗莱堡老城区特有的街景。街溪据说是从附近黑森林里流出来的泉水汇聚而成的，最初的作用大概是提供救火消防用水、生活用水和排解污水，也为了让牛羊解渴。现在，这些水渠则成了城市的天然空调，也成为弗莱堡最生动的特色，为它增添了不少灵气。关于这条人工溪有一种说法：哪位游客若是一不小心踏入街溪，就意味着他还会重访弗莱堡。还有句老话，"谁要是踏进这溪水，谁就会娶到一位弗莱堡姑娘"。在这里不用低头注意脚下的路，就算不小心踩进了小溪又何妨，穿着湿漉漉的鞋子，也可以去找寻一份浪漫的邂逅。

市政厅街是一条非常窄的街道，两旁商店林立，在周末时常常拥挤不堪。沿着市政厅街朝东前行，很快就能到市政厅广场了。广场中央有座漂亮的喷泉，西侧是带有钟台的新市政厅大楼，旧市政厅也在附近，广场喷泉的后面就是圣马丁教堂。广场边上的市政厅分为南边的老楼和北边的新楼两个部分，中间有一座横跨的连接楼，从它下面走过去就进入市政厅新楼前面的院子。这里是弗莱堡城中的露天舞台，夏天的时候经常有话剧演出。新市政厅与老市政厅相比，反而显得更为古旧。原来，新市政厅的建筑要早建于老市政厅，它是创立于 1457 年的弗莱堡大学（Albert－Ludwigs－Universitt Freiburg）早期的校址，老市政厅要比它晚竣工。后来弗莱堡大学各系所开始搬到城里各处，遍布整个弗莱堡（弗莱堡因此成为一座大学城）。之后，老校

---

① 　王一茹：《德国弗莱堡市：灿烂阳光下的童话之城》，《走向世界》2012年第 35 期。

址在原建筑基础上加盖了中间的钟楼，变成了新市政厅，作为市民结婚之类的活动场所。而老市政厅，现在成了旅游信息中心总部。

弗莱堡大教堂是这座城市最著名的建筑。建筑风格是罗马式与哥特式的融合，其名声在德国乃至世界都屈指可数。大教堂于1354年开始动工，经过了150多年，直到1513年才全部竣工。沿着台阶攀登可以到达116米高的尖塔，从塔顶向下俯瞰，城市街道和建于16世纪的哥特式商店的那些金光闪闪的小尖塔格外引人注目。据说，著名作家布克哈德（Carl Jakob Burckhard）因此把大教堂的塔楼称为"基督教世界最美的塔楼"。教堂内安装有巨大的管风琴，占了整整一面墙壁。沿着狭窄的楼梯爬上顶层，呈现在眼前的是教堂那座时钟裸露的巨大内脏：齿轮和发条，它们环环紧扣，缓缓转动，准时发出仿佛来自神秘天堂的悠扬浑厚而使人心情平静的钟声。由于这座教堂，弗莱堡还拥有了"哥特之城"的桂冠。教堂内部有许多珍贵的艺术品，比如祭坛雕刻、绘画等，非常具有观赏价值。

弗莱堡大学是阿尔布莱希特六世公爵建立的，是德国最古老的大学之一。建立之初是为了当政者和教会培养法学和神学人才，像中世纪欧洲其他大学一样，它设有神学、法学、医学、哲学4个学院，17世纪时曾是天主教神学的中心。19世纪下半叶，德意志帝国成立后，学校开始大量吸收北德学生，学生人数大增，学科也有了发展。19世纪末，首开自由之先河，允许女子入学读书。到第一次世界大战前，已有在校学生3000多人。第二次世界大战后不久，曾因战争被迫关闭的大学又重新开放，此后更是发展迅速。到今天，来自世界各地的400多位教授、近3000名学者和2万多名学生使弗莱堡成了著名的大学城。弗莱堡总共才有20万人，大学生就占了约1/10，可见其大学的规模。这里诞生过十几位诺贝尔奖获得者，也走出了大批著名的思想、文化和科学界人物。经济学家冯·哈耶克，文学家埃米尔·斯特劳斯、莱因霍尔德·施奈德以及社会学家马克斯·韦伯，哲学家胡塞尔和海德格尔都曾在这里学习或工作过。弗莱堡大学不是一个独立、完整、封闭的校园，而是在城市这边一个系，那边一个学院，散布在城市的各处，也就是说，整个城市就是大学校园。弗莱堡最著名的是图书馆和医学院，在德国都是最顶尖的。它还有自己的博物馆和教堂。

弗莱堡的郊外是富有浪漫气息的"黑森林"。其实，它就是一片南北长 160 公里，东西宽 20 至 60 公里的山区。由于整片区域种植的绝大部分是冷杉，一棵挨着一棵，密密麻麻地连在一起，从远处看就是黑压压的一片，故而得名。弗莱堡就位于黑森林南部的最西端，坐落在山区与平原交界之处，植被覆盖情况良好，拥有林地 5138 公顷，市域面积的 50% 属于自然风景区和自然保护区。由于林地面积占市辖区总面积的 43%，弗莱堡也成了德国拥有最多林地的城市之一。

"黑森林"之所以那么著名，是因为绮丽的自然风光和独特的暖温带气候。这让它成了天然氧吧和度假胜地，也让葡萄园遍布于城市周围的山野，带来了酿酒业的繁荣。所以，对于弗莱堡人来说，最惬意的休闲就是到黑森林中漫步、跑步或骑自行车。另外，《白雪公主》《灰姑娘》等许多童话故事都被写成发生在黑森林，更增加了它的浪漫之感。①

二 弗莱堡的环保事业

弗莱堡还被认为是欧洲最具生态意识的小城。它收集的太阳

---

① 孙琳：《绿色之都——德国小城弗莱堡》，《园林》2013 年第 10 期。

能几乎是德国其他城市太阳能的总量，故有"阳光地带"之称，也被称为"太阳能之城"。弗莱堡的环保与绿化在德国排第一位，也是全球率先落实永续发展概念的城市之一，是欧洲当之无愧的"环境之都"。作为绿色城市的典范，弗莱堡在环境保护、能源利用、交通规划和垃圾处理等方面有许多值得借鉴的地方。[1]

1975 年，经德国联邦政府同意，计划在距离弗莱堡 30 公里，名为菲尔（wyhl）的地方兴建一座核电站，市民闻讯后开展了一系列的抗议活动，由此该核电站建设无限期地搁置。1986 年，切尔诺贝利核事故发生之后，更加坚定了他们弃核的决心，将太阳能发电作为他们首要的发展任务。同年，弗莱堡成立了环保署，成为德国最早拥有环保署的城市之一。弗莱堡地处德国最南端（北纬 48 度），被认为是德国日照最充足的城市。但它的年平均日照时间仅超过了 1800 个小时，这个数字远低于我国东三省的省会城市，哈尔滨的年平均日照时间达到 2282.6 个小时。但是，弗莱堡在太阳能产业和绿色产业中的发展遥遥领先，聚集了全德最优秀的太阳能企业的信息产业中心，建立了欧洲最先进的太阳能系统研究所。1992 年，弗莱堡获得了德国"环保及永续市镇"的头衔；2004 年，再度获得德国"永续之城"的名号。[2]

在发展太阳能产业的初期，弗莱堡并不是一帆风顺的，也面临着种种困难，其中最为重要的就是技术难题。在没有任何前期基础的前提下，如何实施的确是非常困难的。在此过程中，很多人对能否发展太阳能产业表示怀疑，但弗莱堡最终克服了一个个

---

① 李忠东：《"阳光地带"弗莱堡城》，《中关村》2010 年第 6 期。
② 李莉：《工业小城镇的胜利：德国工业产业城镇群的制胜秘诀》，《北京规划建设》2017 年第 3 期。

难题，坚持了下来，并发展至今，还取得了了不起的成绩。[1] 目前，弗莱堡有欧洲最大的太阳能技术和材料研究机构——弗劳恩霍夫研究院太阳能系统研究所（ISE），从事太阳能的企业有100多家，从事太阳能、环境科学和环保经济的人有近12000人，这对于一个只有20多万人口的小城来说，占了全市所有就业人员的约3%，这个比例远远高于德国其他城市。在欧盟和巴符州政府的支持下，弗莱堡市建起了"绿色之都产业集群"。它跨行业整合了从事环境和太阳能产业的企业和机构，搭建了合作平台，以利于研究开发创新型产品和为本地区产品、服务探索未来市场定位。

政府为了鼓励居民使用太阳能电池板，专门建了一个网站。只要居民输入家庭地址，就能很轻松地查到自家的房顶是否适合安装太阳能电池板。那些房顶上安装着太阳能电池板的房屋，被弗莱堡人形象地称为"向日葵屋"或"太阳船屋"。这些居民屋顶上的太阳能电池板并不是自家使用的，而是要被"返还"到城市供电系统中，进行整体调配，居民可以从中受益。每年，每户的太阳能电池板平均可以获得6000欧元的收益，市政府也做出了承诺，向居民购买太阳能发电的政策至少要维持20年。

太阳能在弗莱堡不只是可以利用的能源，还成了城市的支柱产业，成了城市的一道风景。在弗莱堡，只要是向南、没有被阴影遮挡的屋顶或墙面，大部分都安装了一片片大小如瓷砖、深蓝色硅晶材质的太阳能电池板，或一条条太阳能集电管，将太阳能

---

① 吴庆敏：《德国弗莱堡：科技与人文完美融合》，《中国信息界》2013年第6期。

转变成电能，或者利用太阳能加热水。① 在硬件设施上，从一座小小的建筑再到一个个的园区，都被当成了产业信息化的展览馆和新技术的试验田。在这座城市，太阳能发电被运用到了各个角落，民居、教堂、学校、超市、市政厅大楼和巴登诺瓦足球场，太阳能电池可以说是无处不在。弗莱堡还重点建设了丽瑟菲尔德新城区和沃邦小区两个示范区，其成为业内考察团的必选目的地。同时，弗莱堡还把大师建筑旅游操作到了极致。由建筑大师罗孚·迪士（Rolf Disch）设计建造的旋转屋，为了更好地利用太阳能，整座房屋都随着太阳旋转，每年会吸引大批参观者前来学习。十几年来，弗莱堡的城市规划与建筑设计一直都是世界各国环保团体、能源从业者乃至建筑从业者的热门考察点之一。

为了更多地节约能源，弗莱堡提出了建设自行车之城的目标。他们不仅重新规划、修缮以自行车为主的道路交通体系，还与德国著名的自行车俱乐部进行合作，推出了一系列限量版的"弗莱堡城市自行车"，产品种类相当齐全，很受居民的欢迎。弗莱堡的城市主要道路上还设有自行车流量监测器，据测量，海因里希 – 冯 – 斯蒂芬大街上每天平均有 6705 次自行车穿行，城区的 Wiwili 桥上一年则有 245 万次的自行车穿行而过。如今，城市自行车在弗莱堡不仅仅是交通工具，俨然已经成了城市营销的标志产品。

走在大街上，随处可见玩耍的孩子，但不必为他们的安全担心。因为弗莱堡的街道不欢迎汽车，30 公里的限速标志非常明显，另外，还有一些人为设置的柱桩、断头路，分布在城市的各处，让人们感到开车的不易。在这里，将近七成的居民没有私家

---

① 王壮凌：《德国"阳光城市"——弗莱堡》，《生态经济》2007 年第 4 期。

车，人们出行主要是骑自行车或乘坐有轨电车。电车站点比较人性化，与居民的住处非常近，下了电车就能走路回家。家门口的服务设施也非常齐全，出门几步就能获得所需要的服务，非常便捷。在弗莱堡，停车费非常高，开车出去很不划算。如果遇到搬运大件物品或是出远门，弗莱堡人就会打的或租车。

弗莱堡不只是充分地利用太阳能，还非常注重节能。比如，房子多是"被动式房子"，也被称为"被动式节能住宅"。这种房子，安装了超厚的绝缘材料和复合式门窗，把住宅包裹在密闭的外壳中，使得室内的热空气几乎出不去，外面的冷空气也进不来。[1] 房屋主人不需要主动去提供热能，因此对传统的一次性能源需求较低，每年一平方米供热能耗仅为 15 千瓦时左右。在这样相对密闭的空间，也不需要担心空气流通的问题。因为房子的能量回收通风系统能够将预排出室外的室内废气中的热量留住，再使用这个热量吸入新鲜空气。

在被动式住宅里面，温度基本是恒定的。做饭、照明，甚至哺乳类动物的体温，都可以为这所房子提供热量。当地人开玩笑说，每个人都可以提供 100 瓦的热量，狗也可以提供 20 瓦，如果要举行一个家庭聚会，那就不得不打开窗户吹吹冷风了。在德国的法律中，对于房子的能耗问题有明确的规定。一般新房子的标准是每年一平方米室内面积消耗的能量不大于 75 千瓦时，而在弗莱堡，这个数值则为 65 千瓦时。据弗莱堡市的居民介绍，市政府还将制定更低的标准，可能低至 40 千瓦时。

德国人还有一个非常好的生活习惯，那就是进行垃圾分类。在弗莱堡，这种习惯被发挥到了极致。垃圾分类必须从源头做

---

① 郑洁颖：《德国被动式节能住宅实例探讨与思考》，《山西建筑》2013 第22 期。

起，每位居民都要学会，并能准确地将垃圾分类到位。为了节省人力，让垃圾分类处理变得更加简单易行，该市允许部分垃圾处理工作由居民承担。此外，弗莱堡人还想办法将垃圾变废为宝，这座城市近八成的用纸是利用可回收废纸加工而成的。对于那些不可回收的垃圾，则通过焚烧让其产生热量，用于供暖。此外，因垃圾发酵而产生的热能还可以发电。在这里，垃圾不会惹人讨厌，真的被认为是放错地方的资源，可以不断地为城市带来效益。

　　弗莱堡不但重视垃圾的资源化，还特别重视垃圾的减量化。减少垃圾的投放是减少垃圾处理的前提。由于社会教育比较发达，这里公民素质非常高，他们都有很强的自觉性。当然，政府也在积极地通过各种办法，从源头上控制垃圾。比如，如果居民使用了环保尿不湿，那么他可以获得补贴。对于那些垃圾投放量比较少的居民来说，还有一定的奖励，减免他们的垃圾处理费，或者对他们制作垃圾堆肥给予补助。为了减缓全球变暖，居民们都积极地参与"为二氧化碳减肥"的活动中。该项活动主要是居民通过与其他人的二氧化碳排放量进行对比，制定自己的二氧化碳"减肥"计划。环保低碳的理念已经深深地嵌入了弗莱堡人的生活中。[①]

　　鉴于弗莱堡良好的生态环境，每年都有许多的人到这里度假，享受这里的阳光和森林。也许，从光照的角度来看，弗莱堡并不具有太明显的优势，但他们充分地利用了这些资源，整个城市都是在围绕着产业发展。太阳能在这里不只是能源，还是一个产业，一个可以观光的产业。弗莱堡在充分利用太阳能的同时，还在想尽一切办法节约能源，保持良好的生态环境，

---

　　① 符玉琴：《弗莱堡的低碳经验对海南低碳城市发展的启示》，《科技创业月刊》2013 年第 1 期。

从而让自己的城市更加宜居、美丽，在这方面，弗莱堡人是花了心思的。

第五节　奶酪小镇——荷兰阿尔克马尔

一　阿尔克马尔简介

阿尔克马尔（Alkmaar）小镇位于荷兰的西北部，属于北荷兰省，距离首都阿姆斯特丹 30 多公里，距离北海岸只有 10 公里。在 10 世纪时，这里还是个小渔村。1254 年建立市镇，现存有 15 世纪的教堂和 16 世纪的市政厅。现在，小镇的人口不足 8 万人。但不要小瞧了这个小镇，它可是世界上最大的奶酪市场，有着 350 年历史的过磅广场（Waag Plein）是小城的标志。如果说荷兰是奶酪的故乡，阿尔克马尔则是奶酪的天堂，交易会后这些奶酪就会被发运到世界的各个角落，摆放在无数人家的餐桌上。阿尔克马尔奶酪市场是世界上规模最大的奶酪交易市场，也是荷兰保留下来的最古老的奶酪交易方式。

镇上有许多古老、奇特、充满韵味的狭小街道，并有纵横交叉的运河通往修建于中世纪的中心广场。1300 年以来，每到大集市时，农民们都会把那些丰满扁圆、颜色鲜艳的奶酪装在齐胸高的铁框大轮车或笨重的木板车上，然后挥舞着马鞭，赶着马车经过街道，来到运河边，装上船只后再运到交易的大广场。在广场的青石地板上，一排排黄澄澄的圆饼状奶酪整齐地堆放着，好像巨大的中国烧饼，耀眼又诱人。每块奶酪饼直径 30 厘米左右，厚约 10 厘米，重约 12 公斤。奶酪的表面有一层薄薄的石蜡外壳，上面印着"奶酪身份证"：品种、产地、生产者以及每块奶酪独有的数字编号。在奶酪旁边站着的卖家身着蓝衣，脖子上系着红底、带花的小方巾，有的还穿着传统荷兰木鞋；那些穿着白色大褂，头戴鸭舌帽的则是买家了。①

现在的交易过程完全遵循 400 多年前的方式：买卖双方都身穿白色衣袍，将一支钻管插入奶酪后，旋转着把奶酪扭转出来，然后或尝或闻或用手拍捏来检验奶酪的品质，最后定下价格。交易以古老的击掌方式进行，双方不断地拍击对方的手掌来讨价还价。交易成功后奶酪搬运工成为全场的主角，他们身着白衣白裤，头戴红、黄、蓝、绿四色草帽，两人一组挑起奶酪，双手有规律地甩动，步伐一致，健步如飞，面带笑容挺直腰背，把商家订好的奶酪用船型板抬到过磅房。搬运工们奔来走去的身影成了交易广场上最受游客青睐的一道风景，把个奶酪竞卖交易会演变成了一场娱乐演出。当然，这些"演员"都是奶酪运输同业公会的，而不是马戏团的。

市场周围还会有几位头戴白色蕾丝尖顶帽，身穿民族服装的少女拿着奶酪让您品尝。集市上也聚集了各种荷兰传统美食和工艺品摊位，有奶酪摊，也有别的小吃摊，还有现场手工木鞋摊及各式各样的手工艺品摊。每一位摊主都穿着传统民族服装，让身处其中的人仿佛回到了中世纪小镇。不只是在这里，在荷兰的各地，都有奶酪文化的印迹。在各地的博物馆，均陈列着不同时期的乳品制作工具和设备。在集镇中心的广场上，奶酪集市依然保持着传统的模样，那些雕塑和建筑则永恒地记载着荷兰乳业辉煌的过去。②

在这个市场上，每个交易日大概有 300 吨的奶酪售出。荷兰每年生产约 6.6 亿公斤奶酪，其中有 4.98 亿公斤出口到世界各

---

① 朱七七：《吃在豪达 这里是奶酪王国》，《旅游世界》2013 第 15 期。
② 龙玺：《荷兰奶酪：郁金香之国品奶酪》，《中国食品》2008 年第 13 期。

地，出口最多的是邻近的德国和比利时，法国是第三位。而自供部分，如果按荷兰总人口计算，相当于每人每年食用 14.6 公斤奶酪。

二 奶酪简史

奶酪营养丰富，里含脂肪、蛋白质、钙，和维生素 A、B、D，其中蛋白质的含量比同等重量的肉类都要高。对于荷兰人来说，奶酪是每日必备食品。每日的早餐及午餐绝对少不了香浓的奶酪，就连晚餐，都得来点奶酪调味！他们甚至将奶酪作为零食，加上一杯红酒细嚼品味。

荷兰语奶酪"kaas"一词源自拉丁语的"caseus"。据传，大约 6 万年前，游牧民族将鲜牛奶保存在牛皮背囊中，经不断来回摇动后发酵变酸，放置在凉爽湿润的地方，数日后便会凝成固态的奶酪。

在北荷兰，奶酪初次制作的历史可以追溯到公元前 2000 年。当然，荷兰的奶酪工业则大约始于公元 9 世纪。那时，奶酪出产于弗里斯兰省，专为莎琳马格宫廷享用。在中世纪，荷兰的奶酪工业已日趋成熟，在哈勒姆、莱顿和里沃登都建有专门的奶酪交易市场，用以规范奶酪的大小和重量。也就是从那时开始，荷兰人开始了更大规模的奶酪贸易。早期的荷兰奶酪储藏性特别好，它们不易变质而且便于运输。因此，那时可以通过陆路运送到德国，甚至通过海运送到波罗的海和地中海地区以及更远的地方。几个世纪以来，荷兰奶酪的出口始终没有间断过，荷兰已成为世界最大的奶酪输出国，对于很多人来说荷兰与奶酪是同义词。①

荷兰奶酪多种多样，许多地方都有其独特的传统奶酪，其中

---

① 卢峰：《我们正加速迈入奶酪时代》，《山西农业》2008 年第 6 期。

豪达（Gouda）奶酪是荷兰最有名且最广泛食用的奶酪之一。每个豪达奶酪重量从 1 公斤至 16 公斤，外形像一个车轮，实际脂肪含量为 32%。北荷兰省的伊丹（Edam）的传统奶酪起源于荷兰 17 世纪黄金时代，实际脂肪含量为 25%。它最大的特点在于外形是一个约 1.7 公斤重的小球，其表面由红蜡包裹，这主要是为了保持奶酪的新鲜度。食用时必须用奶酪刀切除红蜡，未食用完的奶酪须以塑料袋或保鲜膜包紧切口，避免因接触空气而硬化。

　　人们通常称荷兰人为"笨脑袋"（cheese – head），因为荷兰人的奶酪更多的是用于出口，自己食用的占比例较小。作为世界上最大的奶酪出口国，荷兰人不单不会生气，反而感到很自豪。荷兰加工的原料奶中，大约有 56% 被制成奶酪。荷兰的乳制品在国内大概消费掉 35%，其余约 65% 都用于出口。欧盟是其最重要的出口目的地，占荷兰全部乳制品出口的 45%。具体来说，最重要的出口市场就是周边的德国、法国和比利时。①

　　荷兰的奶酪之所以能够举世闻名，除了自然条件良好的因素之外，与奶牛饲养的专业化、生产的工业化、奶农的合作化和整个产业的组织化高度相关。原来，为了安全起见，荷兰农场的发展方向是多种经营、多品种饲养，看似品种很多，但是产量有限，分散了农场主的精力。随着专业化的发展，同许多奶业经济发达国家一样，荷兰奶农数量下降，但牧场科技水平和奶牛单产在不断提升，养殖规模也在逐渐扩大。因此，单个牧场的年牛奶产量在急剧上升。在 1960 年，荷兰奶牛养殖场的平均牛奶产量是 37 吨，现在已达到了 616 吨。奶牛养殖已成为荷兰农业中最重要的一个组成部分。全国大约 60% 的农业用地被用于奶牛养

---

① 陈兵：《荷兰奶业概况》，《中国奶牛》2013 年第 3 期。

殖，仅牛奶一项就贡献了大约18%的荷兰农业生产总值。

当前，荷兰奶牛养殖场运用计算机管理已经相当普遍，几乎每个农场都在使用。每头奶牛都佩带有电子耳标，耳标中的芯片会把奶牛的个体身份、育种记录、健康记录以及每天的采食量、产奶量等相关情况记录下来，然后传输到电脑上。这种管理方式极大地提高了农场主的管理和决策效率。同时，养殖场还利用机器人挤奶，每天可以均衡地挤奶3至4次。在其他条件不变的情况下，奶牛的单产至少可以提高15%以上。据悉，荷兰是欧洲各国中采用机器人挤奶最多的国家。荷兰农民总是希望能够采用世界上最先进的技术，不断提高自己的生产率。[①]

早期的奶酪通常是农民在自家农场制作的，他们将自制的奶酪拿到附近的市集售卖。由于生产了越来越多的奶酪，而且技术日渐成熟，一些荷兰人甚至将奶酪贸易带到邻国，渐渐让外国认识了荷兰的奶酪。后来，荷兰许多大城市建立了奶酪交易市场，吸引了世界各地的商人到来。到了黄金时代，荷兰更成为世界知名的奶酪国。荷兰第一个乳制品加工厂成立于1871年，到了1910年，其已有958个黄油加工厂和291个奶酪加工厂。从此，荷兰乳制品加工行业出现了集中和规模扩大的趋势，且趋势越来越明显。目前，几乎所有的原料奶（98%）都要送到加工厂进行加工，荷兰已成为全球奶业整合度最高的国家之一。[②] 目前，荷兰国内大概有500家奶制品工厂，最大的奶酪加工商年处理牛奶的量达到了100万吨。

荷兰奶业的一个重要特征是高度的组织化。产业链上的每一个环节都有代表和维护自身利益的机构。奶农的组织有荷兰农业

---

①　张莉：《荷兰的农业现代化》，《当代农机》2015年第3期。
②　刘玉满：《荷兰以家庭农场为基础发展现代奶业》，《中国农村经济》2005年第9期。

和园艺组织（LTO – Nederland），乳制品加工行业有荷兰奶业组织（NZO），贸易商有奶业联合会（Gemzu），零售机构有荷兰食品零售协会（CBL），而代表劳工的机构有 FNV 联盟、全国基督教贸易组织联合会以及 CNV 服务机构联合会。这些机构全部参加荷兰奶业委员会并担任理事，而荷兰奶业委员会代表了从奶牛养殖、乳制品加工、批发直至零售整个产业链上的各个环节的企业家以及劳工的利益。

该委员会拥有监督管理的权力。这就意味着它可以制定规章制度，所有的奶农、乳制品加工商以及贸易商必须遵守。而奶业行业的税收被指定用于提高金融服务、科研、动物福利以及产品质量水平等项目。除了商讨国内及国际奶业政策发展之外，委员会还是荷兰奶业信息及技术中心。此外，奶业委员会还负责配额制度以及其他奶业行业的法规与欧盟法规的衔接与实施（如贸易、学生奶项目等）。

除了上述几个奶业组织外，荷兰奶业还有一些重要的组织机构。比如，荷兰乳品研究所（NIZO）食品研究院，负责奶业研究和技术发展；动物育种研究站，进行奶牛养殖方面的研究；荷兰乳制品检测中心（QLIP），提供奶业产业链分析和认证的服务；代芬特尔动物健康服务局（GD），为预防和处理动物疾病提供服务；荷兰国内外市场的品种改良则由荷兰乳制品协会的一个部门负责，同时发布有关牛奶与健康的信息。

农民合作社（Cooperative）最初是由荷兰农民自发形成的。因为知识和经验告诉他们，合作可以增加力量，还可以共同抵御风险。为了把自产的牛奶制成奶酪，单独建造一个加工厂几乎是不可能的，但如果把附近的农场主集合起来，一起进行建设就有可能了。奶农们的合作涉及了耕作、生产、加工农产品、购买农资、销售产品等多个环节，甚至涉及金融领域。现在的拉博银行就是荷兰农业领域最大的金融机构。它以比较低的利率为农民办理农业信贷用于农场经营。拉博银行和它的经营模式已经有了上百年的历史。①

第六节 对冲基金小镇——美国格林尼治

美国格林尼治镇隶属于康涅狄格州，濒临长岛海峡，距离金融中心纽约约40公里，面积为174平方公里，总人口约5.9万。有380多家对冲基金将总部设在了这里，管理的资产总额超过了1500亿美元。全球管理10亿元美元以上资产的对冲基金大概有350家，其中有近50%的公司将总部设在了这里。所以，格林尼治就成了名副其实的"对冲基金大本营"。

格林尼治能够成为享誉世界的对冲基金中心之一，不仅归功于优越的自然环境、明信片般的海湾美景、充足的停车场和游艇泊位以及大量个性化的设计师商店，康涅狄格州有利的个人所得税税率、毗邻纽约的优势区位和完善的对冲基金配套工作人员都是对冲基金小镇发展不可或缺的有利因素。②

原来，这里只是纽约金融从业者逃避城市生活之地。由于距离纽约比较近，风光优美，许多人到这里就是为了休息、消遣和度假，有点儿像避暑山庄。40多年前，巴顿·比格斯，这位在投资界与索罗斯、朱利安齐名，曾任摩根士丹利首席战略官的传奇投资人，在这里设立了第一个对冲基金。这个有着300多年历史的小镇的命运悄然发生了改变。20世纪90年代，对冲基金开

① 孙冰：《中国新农村建设可借鉴荷兰经验——专访荷兰农业大臣魏尔曼》，《中国经济周刊》2006年第21期。
② 傅超：《特色小镇发展的国际经验比较与借鉴》，《中国经贸导刊》2016年第31期。

始在格林尼治周边涌现，最多时有近4000家。①

格林尼治曾被金钱杂志（Money Magazin）评为美国100个最宜人居住的地区中的第一。说起格林尼治的有名居民，有一些是中国人熟悉的：美国前总统老布什在这里长大，小布什在这里出生并在走读学校（Country Day School）上小学，还有摩根大通总裁之一史蒂夫·布莱克，前百事集团两位总裁唐纳德·肯德和克里斯托费·斯卡利，花旗银行董事长桑福德·威尔，前高盛集团总裁约翰·温伯格。还有许多影视名人，电视节目"法官JUDY"就是格林尼治的居民，她的法庭公开判案节目在美国有很高的收视率，据说她是美国收入最高的节目主持人。她在格林尼治拥有两价值处数千万美元的豪宅。

格林尼治经过几十年的发展，逐渐形成了如此的规模。它的发展既有自发的因素，也有政府积极推动的原因。自发的因素主要是指在优越的自然条件基础上形成的产业集聚。对于许多的美国投资机构来说，基金的办公地基本上就是纽约或格林尼治，其他的地方很少考虑。② 这主要考虑到距离的问题，也就是时间成本。出差对他们来说是需要成本的，机构投资者选择对冲基金投资首先要对基金进行尽职调查，这就需要有足够样本的访问量。而且，投资者维护投资组合还必须要定期跟踪，距离太远多少有些不方便。这也就意味着规模效应一旦建立起来，优势在短时间内将很难撼动。综观全球，对冲基金聚集区一般都位于沿海地区，因为对于它们来说网速非常重要，现在追求的是毫秒级的，网速慢几秒将是很大的劣势。此外，对于对冲基金中心来说，还要距离金融中心近，因为涉及银行的兑换，起码要靠近一个比较

① 祝金林：《衢州"离"乌镇有多远》，《衢州日报》2015年12月11日。
② 徐高阳：《小镇"大跃进"》，《中国民商》2016年第10期。

大的分行。格林尼治小镇都符合这些条件，自然而然地就成了对冲基金公司的聚集地。① 原来，许多的技术条件不具备，公司只能设在金融中心。随着技术的进步，可以将公司开到金融中心以外，但这个距离是有一定限度的，不能太远。这也对基金小镇的建设提出了苛刻的条件，大部分地区是不适合的，只有极少的地区才可以。不过对于收入丰厚的对冲基金经理人来说，钱可能就只是一个抽象的概念，时间则是一种更有价值的商品。

除了距离金融中心较近之外，这里还有一个很大的优势，那就是环境优美。格林尼治是一个海岸城市，由于良好的地理位置和气候，本地植物茂盛、森林密布，处处都是美丽的自然风景。长长的海岸线在城市的南端，大大小小的海湾星罗棋布。小内海为那些喜欢水岸生活的人提供了优质的水上生活、运动乐园。这样一个小镇竟然有 4 个美丽的公共海滩公园对居民开放，海滩风景美不胜收；还有 6 个高水准的高尔夫俱乐部，分布在小镇的不同区位，其中 1 个是公共的，5 个是私人的。同时，还有许多的公园、绿地，居民们可以在这里进行跑步、骑马、骑自行车和溜冰等活动，还可以在里面开个野餐派对。当然，最受欢迎的要数 300 英亩大的巴布科克保护区（Babcock Preserve）森林公园了，里面有崎岖不平的跑道，可以散步、跑步，甚至滑冰和滑雪。②

同时，整洁的街道上各种风格的漂亮建筑体现了小镇的历史和文化，让人既有小镇的宁静又有大都会奢华的感觉，豪华的格林尼治大道上聚集着各种奢华品牌和高档餐馆，如同曼哈顿的第五大道一样。对于那些从事金融行业的人来说，每天都顶着巨大

---

① 福蒙蒙：《国外经典特色小镇》，《全球商业经典》2017 年第 3 期。
② 王忠：《我心目中的理想小镇》，《中国房地产》2017 年第 8 期。

的压力，希望有放松身心的地方，不能一直让自己的神经紧绷着。所以，在这里很难看到密集的办公楼，大多是带着草坪、泳池、码头的豪华独栋别墅，面积基本上在2英亩以上。

当然，这里的人文气息和居民的素质也是不错的。格林尼治的人口构成以白人为主，占近80%的比例，第二多的族裔是亚裔，占近7%的比例。有意思的是居民中超过21.89%的人口的出生地是在其他国家，这充分说明格林尼治是一个开放、包容、友好的小镇。镇里大部分居民受过良好教育，有大学以上的文凭，他们爱读书，有文化，爱艺术，拥有相当的财富，在绿色环绕的自然环境中享受着都市奢华的生活方式。高素质的居民与巨大的艺术和文化资源的投入，形成了镇里浓厚的文化艺术氛围。本地艺术中心、剧院常常有各种文化活动举行。还有一个由著名的音乐指挥家戴维·吉尔伯所指挥的90人交响乐团。

在对冲基金进驻格林尼治的数十年间，相关配套也日益完善，对冲基金行政管理人员、技术人员、经理人、贸易商以及其他提供支持服务的团队、群体均在这里开设了业务机构，格林尼治的"对冲基金圈"日趋成熟。

政府的作用主要表现在税收优惠和基础设施建设方面。在格林尼治刚开始准备吸引对冲基金的时候，推出了比较优惠的税收政策。以年收入1000万美元为单位来计算的话，在格林尼治比纽约要少缴50万美元的税，占到了总收入的5%，这是不小的力度。20世纪80年代，日本的对冲基金也非常活跃，远远超过了中国香港，但后来没有发展起来。主要原因就是税收非常高，日本人好像很不喜欢对冲基金，似乎有意要把它们赶出，最后这些对冲基金都被移到新加坡等地，逃离了日本。如今，在日本，对冲基金几乎销声匿迹了。还有，格林尼治很早就修建了海底光缆以保证网络的速度；同时，还搭建了新型电网或者在办公楼内配备发电机，防止停电产生的消极影响。① 这些都是政府积极作为的表现。

对冲基金给格林尼治最大的影响就是数十年来楼市的持续繁荣。据当地杂志《格林尼治时报》报道，1968 年以来，房价的年均涨幅超过了 10%，2005 年，房屋的平均售价为 247 万美元。房价的飙升也使得优惠的税收难以抵消高额的商业成本：纽约派克大街 230 号赫尔姆斯利大厦（Helmsley Building）办公场所每平方英尺租金达 53 美元，而格林尼治的价格超过了 60 美元。虽然这里的成本很高，但美国共和党国会议员克里斯·谢斯表示："这里仍然是生活和工作的好地方，前提是你能承受这里的生活成本。"

基金小镇在经济发展中的作用很重要，但它的建设要求也非常苛刻，不是什么地方都可以建的。也许，基金小镇是众多特色小镇中最难建设的一种类型，因为它所需要的资源基本上都是稀缺的。首先，它的分布范围是在区域中心城市的周边，这就把许多地区给排除了。其次，那里要有良好的自然环境，能够让交易员有在画中办公的感觉。对于许多的郊区小镇来说，过早地受到了城市发展的辐射，建设工厂也许是它们早已开展的活动，没有了土地。再次，可以建设一流的配套设施，比如学校、医院、健身设施等。从事此类行业的人，都是行业的精英，对生活品质有很高的要求，他们不缺少金钱，而是缺乏能够满足生活要求的条件。最后，这里还要有人才配套，要能够吸引相关人才的到来。对冲基金不是几个人就可以完成的事情，需要一个团队，以及为其服务的相关人员。这就需要附近地区有培养人才的基地，可以让新鲜的血液不断地输入，这也是一个很高的要求。

---

① 来佳飞：《特色小镇看"特色"》，《浙江经济》2015 年第 6 期。

结　语

　　不管基于何种目的、要实现什么样的目标，特色小镇在全国范围内已呈现遍地开花之势，成为一种重要的发展模式。有些地区基于自身的优势，发展得比较好，取得了不错的成绩；有些地区则盲目地跟风建设，投入不少而收效甚微，造成了资源的浪费。所以，有段时间，各大媒体纷纷发表文章为特色小镇建设降温。在特色小镇的发展过程中，不只会出现盲目上马、跟风的问题，还会出现空心化、悬浮化和过度化的问题。

　　特色小镇建设的空心化主要是指基础设施的建设速度超前，而后期的产业升级没有跟上，由此出现新一轮的"圈地造城"运动。这种状况已在许多地区出现，主要是因为地方政府或投资方尚未考虑好发展的方向，只是看到其他地方在建设特色小镇，自己也要进行建设。特色小镇的建设关键是要有产业支撑，缺失了产业，就会让特色失去支撑。即便是发展旅游业，也是产业的一种，最可怕的是当地什么资源都没有，却打出了特色小镇的旗号，建设了一排排所谓有特色的房子，空在那里，造成了极大的浪费。

　　之所以出现空心化的问题，主要是因为对特色小镇的理解偏差。许多人将特色小镇与建制镇混淆，以为特色小镇就是建设那些已经成熟的、比较有特色的镇。对于建制镇来说，当前较为重要的任务是提高城镇化的水平，吸纳周边农业人口。对于这样的镇来说，发展房地产业是很有必要的，因为它们还处于成长期，需要有住房容纳不断进入的人口。但许多人就错将这种态势认为是特色小镇建设的必需内容。特色尚未彰显，楼房先建立了起来。

从浙江省的经验来看，特色小镇的建设主要是为了发展经济，作为产业转型升级的重要手段。当然，随着小镇的发展，居住也是其中的重要功能。特色小镇不但不排斥居住功能，而且要更加宜居。但是，特色小镇不宜优先发展居住功能，因为没有实际的内容进行支撑小镇是无法发展起来的。只有产业发展起来，才会吸引人前来，才会有居住需求。到那时，为了满足居民的需求，房地产建设就是自然而然的事情，不建住房反而影响特色小镇的建设，会出现配套设施建设滞后的问题。

当然，除了优先发展房地产外，有些地方的特色小镇建设也表现为圈地建设工业园区。这些地方希望发展产业，也在规划中说明了发展的方向，大多是发展比较高新的产业。可是，基础条件不完备，既缺乏资金，也缺乏人才，还缺乏技术的孵化，最后只能是一厢情愿，只是有个挂着特色小镇的空园区摆在那里。这也是特色小镇建设空心化的一种表现形式。这种园区多处于城郊地区，配套设施不完善，基本上没有什么人气，这不是大家所想象的特色小镇。不过，既然园区已经建设了，则可以在发展的过程中调整产业布局，而不拘泥于已经做出的规划。如果机会合适，总可以将其利用，这要取决于其所处区域的整体发展布局。

特色小镇的悬浮化主要是指发展的方向与既有的基础不太吻合，或者说将局部作为特色，导致在全域范围内特色不明显。对于这种特色小镇不能否定它建设的成绩，但无法看出它与其他地区不同的特征。这类特色小镇就是希望借助特色小镇的名头获得政策上的支持，以促进城镇的发展。有这种想法无可厚非，但可能会适得其反，限制了该区域的发展。

对于这类地区来说，其定位更加接近小城市，应该按照城市的建设目标来发展，而不是特色小镇。特色小镇虽好，但并不适用于所有的地区。这类地区的发展方向是不断地向中小城市迈进，不局限于特色小镇建设。可以吸收特色小镇发展中的经验，但没有必要将特色小镇作为自己发展的目标。当然，如果规划只是纸上画画、墙上挂挂，在规划思路之外，还有自身的实践逻辑，那就另当别论。

特色小镇的过度化就是将所有的任务压在小镇上，或者说镇域范围内都算是特色，对全部范围进行特色小镇建设，不分主次；或者是为了达到某个目标，所有的措施用上，不分先后。这类小镇多是比较成熟、有了一定发展基础的乡镇，由于具有某种特色，希望借机会进行提升。由此就很容易出现将所有的工作涵盖在特色之下的状况。这样做，反而会让既有的特色不明显，缺乏发展的重点，丧失自己的优势。

特色小镇不是阵风，切莫跟风。特色小镇是个新事物，具有很大的发展潜力，也是未来的发展方向之一，但并不意味着所有的地区适合发展特色小镇。特色小镇的建设需要一定的基础，尤以产业为重，并且可以不断地发展壮大。有些地区只要有点儿资源、优势，就希望建设特色小镇。许多的小镇只是在农村里面，稍微布置几个院子，张贴一些标语，摆放几个垃圾桶，就被当作特色小镇，这就背离了建设特色小镇的初衷。许多地区跟风式地发展特色小镇，结果是一场空。

有些地方的特色小镇建设，因为没有产业支撑，沦为了新一轮的造城运动，有的是决策失误，有的则是有意为之。在特色小镇建设中，房地产商是一股重要的力量，有的已经转变为小镇的运营商，有的则还继续开发房地产的老路。开发商介入特色小镇的建设在情理之中。一方面是当前地方政府债务过多，不宜大规模举债建设。毕竟，特色小镇的建设效果存在不确定性，如果建设失败，就会形成新一轮的债务。另一方面是许多的房地产企业也在借此机会转型。它们不再只是作为房地产的开发商，而是成了特色小镇的运营商，把小镇的经营和管理囊括了进来。这是一个很大的转变，也是受到了行业调整的影响。当然，有些地方还在借建设特色小镇之机，获取政策支持，希望获得土地指标，进行房地产开发。这种模式迟早要进入死胡同，没有太强的生命力。

特色小镇建设不应靠房地产，但也不是不建房。在特色小镇的开发、建设中，虽要极力避免房地产化，但也会有部分的房地产建设项目，还会涉及房屋的修缮、出租和出售。旅游是特色小镇的重要功能之一，在许多古镇开发的小镇中，发展起来的高端民宿，大多是从原住民手中租来的房子，进行修缮后运营。另外，对于一些产业小镇来说，也要考虑员工的住宿问题，将员工转变为居民，这些都需要房地产业务，但它不应是主业，而是辅助性的，是为了特色小镇更好地发展。

特色小镇不是"镇"，但也别不把它当镇。从众多发展的案例中来看，也许将特色小镇当成独立区域，可以更好地促进它的发展。因为，当前的建制镇管理与发展同特色小镇建设还是有很大区别的。建制镇所管辖的面积比较大，需要统筹各个方面的工作，而特色小镇更多的是关注自身的主导产业，对其他的事务不会涉及太多。建制镇可以在规划层面对特色小镇进行指导，但并不太适合将二者合二为一。当然，对于某些地区来说，两者一同发展，在建制镇的基础上打造特色小镇也是可以的，要根据实际情况而定。

虽然特色小镇不是建制镇，但在相关的公共服务和建设上，要从全镇的角度着眼。因为特色小镇还要有良好的居住功能，满足人们的生活需要，这是建制镇的基本功能。若特色小镇是在原来工业区的基础上发展而来的，产业服务较好，居民服务可能会弱一些，要在此方面不断加强，把它的"镇区"建设得更加美丽、便捷，符合居民对美好生活的追求。

当前，特色小镇建设只是处于起步阶段，每个地区都在进行探索，很难说有统一的模式和标准。只要能够促进产业发展，提高居民的生活质量，保护好生态环境，将优秀文化传承下去，都是好的模式，都值得学习和借鉴。

后　记

　　这本小册子终于要完稿了。首先，要感谢我的小伙伴们，正是在他们的建议下，我才下定决心去写这本书。我曾经关注过城镇化的问题，但没有深入研究下去，正在思考转向什么议题。小伙伴们提醒，可以关注特色小镇，这是个比较新的话题，并且在特色小镇建设上，长三角地区走在了全国前列，调查起来也有地利的优势。在此建议下，我开始搜集资料，到建设得比较成功的小镇去调查。小伙伴们还经常催问研究进度，让我不敢懈怠，不断地思考。他们还为我提供了重要的观点和素材，让这本小册子更加丰满。

　　这个小册子不是严谨的学术著作，更像是本游记。所以，我也非常感谢那些曾经接待过我调研、学习的领导和老师们，感谢他们不吝赐教。尤其要感谢枫泾镇的张斌书记和星辉委员，他们不单接待了我，还接待了许多与我一同前往的学员。张书记思路清晰、思维敏捷，对特色小镇建设有深入的思考和独到的见解，星辉委员工作认真负责、待人诚恳，与他们交往受益匪浅。在此，还要感谢我所在的两个学术团队，华东理工大学中国城乡发展研究中心和武汉大学中国乡村治理研究中心。团队的集体调研给了我调查特色小镇的机会，团队成员之间真诚而热烈的讨论，给我带来了灵感。

调研之后，对特色小镇的建设只是有了初步的印象和想法，还没有形成深刻的认识。看见的东西，写出来与讲出来是不一样的，要想成为自己的东西，就要想办法把它讲出来。在此方面，非常感谢学校培训处、教务处的领导和老师们，他们给了我极大的鼓励和包容，让我开设了现场教学课和选修课。为了上好课，我不断地将相关材料条理化，也逼迫自己关注最新的实践进展和研究动态。在上课的过程中，学员们提出了许多好问题，也给出了新颖的见解，让我学到了很多新知识。

　　社会学教研部的马西恒、何海兵和潘鸿雁三位领导和老师，在实地调研和课程开发过程中，给予了我极大的指导和帮助，感谢他们提供的宽松环境和良好氛围。同时，还要感谢社会科学文献出版社的童根兴副总编辑和责任编辑任晓霞老师，他们的辛勤付出使得本书得以顺利出版。他们认真负责的态度令我十分感动，经他们编辑的书大大提高了质量。

　　在调查和写作的过程中，妻子积极地出谋划策，还帮我修改了部分章节，感谢她的理解和帮助！家人是我前进道路上的重要动力和保障，也是我不断进行人生思考源泉。

图书在版编目（CIP）数据

特色小镇 / 李宽著. – – 北京：社会科学文献出版
社，2018.8
（城乡融合发展丛书. 镇域研究系列）
ISBN 978 – 7 – 5201 – 3020 – 2

Ⅰ.①特… Ⅱ.①李… Ⅲ.①小城镇 – 城市建设 – 研
究 – 中国 Ⅳ.①F299.21

中国版本图书馆 CIP 数据核字（2018）第 146888 号

城乡融合发展丛书·镇域研究系列

特色小镇

著　　者／李　宽

出 版 人／谢寿光
项目统筹／任晓霞
责任编辑／任晓霞

出　　版／社会科学文献出版社·社会学出版中心（010）59367159
　　　　　地址：北京市北三环中路甲 29 号院华龙大厦　邮编：100029
　　　　　网址：www. ssap. com. cn
发　　行／市场营销中心（010）59367081　59367018
印　　装／三河市尚艺印装有限公司

规　　格／开　本：787mm×1092mm　1/16
　　　　　印　张：16　字　数：201 千字
版　　次／2018 年 8 月第 1 版　2018 年 8 月第 1 次印刷
书　　号／ISBN 978 – 7 – 5201 – 3020 – 2
定　　价／79.00 元